A Chave para a Teosofia

Helena Petrovna Blavatsky

9ª edição

Uma clara exposição, sob forma de perguntas e respostas, da Ética, Ciência e Filosofia para o estudo das quais a Sociedade Teosófica foi fundada por

HELENA PETROVNA BLAVASTKY

A CHAVE PARA A TEOSOFIA

Tradução
Celia de Moraes

Revisão técnica
Ricardo Lindemann

EDITORA
TEOSÓFICA

The Key to Theosophy
Theosophical Publishing House, 1889
Adyar, Chennai, Índia

B 645
Blavatsky, H. P.
A chave para a teosofia
Brasília: Editora Teosófica, 9ª ed., 2025.

ISBN 978-85-7922-259-7

1. Teosofia
II. Título

CDU 141.332

SIG Quadra 6, nº 1.235, 70.610-460, Brasília (DF), Brasil
E-mails: comercial@editorateosofica.com.br
editorateosofica@editorateosofica.com.br
Site: www.editorateosofica.com.br
Instagram: @editorateosofica
Fones: (61) 986134909 (comercial) - (61) 9861134906 (vendas)

Projeto gráfico e diagramação: Usha Velasco
Revisão: Ricardo Lindemann, Usha Velasco e Zeneida Cereja da Silva

Dedicado por H.P. Blavatsky a todos os seus discípulos, a fim de que possam aprender e, por sua vez, ensinar.

Sumário

Prefácio da edição brasileira

Esta é uma edição completa de *A Chave para a Teosofia*, agora obra centenária, de H.P. Blavatsky. Dado seu caráter histórico, manteve-se nas margens a numeração das páginas da edição original (primeira edição inglesa, 1889).

É bem verdade que muitas posições das religiões e da ciência oficial daquela época são hoje muito diferentes, mas o pensamento da autora foi aqui conservado intacto, pela sua relevância histórica. Na verdade, os preconceitos que ela enfrentou exemplificam vivamente as tendências da mente humana, que, na busca de segurança psicológica, se apega a ideias e formas, perdendo assim, por passos imperceptíveis, a verdadeira essência.

Por outro lado, se Blavatsky fosse escrever *A Chave para a Teosofia* nos dias de hoje, poderia argumentar com muito mais facilidade, com base justamente na evolução do conhecimento científico. Teorias como a da relatividade do espaço-tempo e da conversibilidade da matéria em energia estariam em seu favor. Provavelmente por isso, ela chegou a afirmar que sua obra só seria verdadeiramente reconhecida depois de cem anos, quando a ciência começasse a corroborá-la, conforme consta na página p. 280 desta edição.

O valor peculiar desse trabalho, contudo, seria o seu caráter sintético, pois tudo parece indicar que sua publicação um ano depois da obra maior de Blavatsky, *A Doutrina Secreta*, e dois anos antes de sua morte, não foi casual. A própria forma de perguntas e respostas, em que o texto foi redigido, sugere a ideia de que a autora sentiu a necessidade de legar às gerações futuras uma chave de introdução à sua vasta obra e ao pensamento teosófico em geral.

Agradecimentos são devidos a todos que contribuíram para a publicação desta obra.

Prefácio da autora

O propósito deste livro está explícito em seu título, *A Chave para a Teosofia*, e requer apenas poucas palavras de explicação. Não é um texto completo ou exaustivo sobre Teosofia, mas apenas uma chave para abrir a porta que conduz ao estudo mais profundo. Traça as linhas gerais da Religião-Sabedoria e explica seus princípios fundamentais. Enfrenta, ao mesmo tempo, as várias objeções levantadas pelo pesquisador ocidental mediano, e busca apresentar conceitos não familiares de uma forma tão simples e em uma linguagem tão clara quanto possível. Que este livro conseguisse tornar a Teosofia inteligível sem qualquer esforço mental da parte do leitor seria expectativa demasiada; mas espera-se que a obscuridade ainda nele restante seja devida ao pensamento, e não à linguagem; à profundidade, e não à confusão. Aos de mente preguiçosa ou obtusa, a Teosofia tem de permanecer um enigma; pois no mundo mental, assim como no espiritual, o homem tem de progredir por seus próprios esforços. A autora não pode se incumbir de pensar pelo leitor, nem este obteria qualquer proveito se isso fosse possível. A necessidade de uma exposição, tal como a presente, desde há muito se faz sentir entre aqueles que se interessam pela Sociedade Teosófica e seu trabalho, e espera-se que forneça informações, tão livres de tecnicismos quanto possível, àqueles cuja atenção foi despertada, embora até agora estejam meramente intrigados, e não convencidos.

Tomamos alguma precaução em separar, até certo ponto, o que é verdadeiro do que é falso nos ensinamentos espíritas,[1] no que

[1] Nos tempos de Blavatsky, o "Espiritismo" europeu e americano era muito diferente daquele praticado hoje no Brasil. Era o que se conhecia na época por "espiritualismo", e seus seguidores eram chamados "espiritualistas", termos mais amplos e mais abrangentes nos dias de hoje. (N. ed. bras.)

concerne à vida *post mortem*, e em mostrar a verdadeira natureza dos fenômenos/ espíritas. Explicações anteriores sobre esse assun- 0
to provocaram muita indignação contra esta autora por parte dos espíritas, que, assim como muitos outros, preferem acreditar antes no que é agradável do que no que é verdadeiro, ficando muito irritados com quem quer que venha a destruir uma agradável ilusão. Durante o ano passado,[1] a Teosofia foi alvo de todo tipo de ataque pernicioso por parte do espiritismo, como se os possuidores de uma meia-verdade sentissem maior antagonismo pelos possuidores da verdade inteira do que aqueles que não possuem qualquer fé da qual possam se vangloriar.

A autora deve os mais sinceros agradecimentos a muitos teósofos que enviaram sugestões e perguntas, ou que de alguma maneira contribuíram com seu auxílio durante a redação deste livro. A obra será ainda mais útil devido ao seu auxílio, e essa será sua melhor recompensa.

H.P.B. 1

[1] 1888. (N. ed. bras.)

I

Teosofia e a Sociedade Teosófica

O significado do nome

Pergunta: A Teosofia e suas doutrinas são frequentemente referidas como uma nova seita religiosa. Ela é uma religião?
Teósofo: Não, não é. Teosofia é Ciência ou Conhecimento Divinos.

P: Qual o real significado do termo?
T: Sabedoria Divina, θεοσοφία (*Theosophia*) ou Sabedoria dos deuses, como θεογονία (*Theogonia*), genealogia dos deuses. A palavra θεός significa "um deus" em grego, um dos seres divinos – certamente não Deus no sentido atribuído em nossos dias ao termo. Portanto, não é "Sabedoria de Deus", como traduzido por alguns, mas Sabedoria Divina, aquela possuída pelos deuses. O termo existe há muitos milhares de anos.

P: Qual é a origem do nome?
T: Ele nos foi transmitido pelos filósofos alexandrinos, conhecidos como os que amam a verdade, *Philaletheus*, de θιλ (*phil*), "aquele que ama", e ἀλήθεια (*aletheia*), "verdade". O nome Teosofia data
do/ terceiro século de nossa era; foi introduzido por Amônio Saccas 2
e seus discípulos,[1] os quais iniciaram o Sistema Teosófico Eclético.

---

[1] Também chamados analogistas. Como explicado pelo professor Alex Wilder, MST (Membro da Sociedade Teosófica), em seu *New Platonism and Alchemy: The Ecletic*

P: Qual era o objetivo desse sistema?

T: Em primeiro lugar, inculcar certas grandes verdades morais em
seus discípulos e em todos aqueles que "amam a verdade". Daí o
lema adotado pela Sociedade Teosófica: "Não Há Religião Superior à
Verdade".[1] O objetivo principal dos fundadores/ da Escola Teosófica 3
Eclética era um dos três objetivos de sua sucessora moderna, a So-
ciedade Teosófica, ou seja, reconciliar todas as religiões, seitas e na-
ções sob um sistema de ética comum, baseado em verdades eternas.

Philosophy (Neoplatonismo e Alquimia: A Filosofia Eclética), eles eram assim chamados por causa de sua prática de interpretar todas as lendas e narrativas, mitos e mistérios sagrados, por uma regra ou princípio de analogia e correspondência, de forma que os eventos relatados como ocorridos no mundo externo eram vistos como expressões de operações e experiências da alma humana. Eram também chamados neoplatônicos. Embora a Teosofia — ou Sistema Teosófico Eclético — seja geralmente atribuída ao terceiro século, se for dado algum crédito a Diógenes Laertius, sua origem é muito anterior, pois ele atribuiu o Sistema a um sacerdote egípcio, Pot-Amun, que viveu nos primeiros dias da Dinastia Ptolomaica. O mesmo autor nos diz que é um nome copto, e significa "consagrado a Amun, Deus da Sabedoria". Teosofia é o equivalente a *Brahma-Vidya*, conhecimento divino.

[1] A Teosofia Eclética estava dividida em três partes: (1) a crença em uma absoluta, incompreensível e suprema Divindade, ou essência infinita, que é a raiz de toda a Natureza e de tudo o que existe, visível e invisível. (2) A crença na natureza eterna e imortal do Homem, porque, sendo uma radiação da Alma Universal, é de uma essência idêntica à dela. *Teurgia*, ou "trabalho divino", ou o ato de produzir um trabalho de deuses; de *theoi*, "deuses", e *ergein*, "trabalhar". O termo é muito antigo, mas, como pertence ao vocabulário dos MISTÉRIOS, não era de uso popular. Era uma crença mística, comprovada na prática por adeptos e sacerdotes iniciados, que, tornando-se tão puro quanto os seres incorpóreos (isto é, retornando à sua primitiva pureza natural), o homem poderia fazer com que os deuses lhe transmitissem os mistérios divinos, e até que se tornassem visíveis ocasionalmente, seja subjetiva ou objetivamente. Este era o aspecto transcendental do que é agora chamado espiritismo. Mas, devido ao abuso e à má compreensão das massas, veio a ser considerado por alguns como necromancia, e foi proibido de um modo geral. Uma caricatura da teurgia de Jâmblico ainda é conservada na magia cerimonial de alguns cabalistas modernos. A Teosofia moderna evita e rejeita ambos os tipos de magia e "necromancia", por serem muito perigosos. A real teurgia *divina* requer pureza e santidade de vida quase sobre-humanas; de outro modo, degenera em mediunidade ou magia negra. Os discípulos imediatos de Amônio Saccas, que eram chamados *Theodidaktos*, "ensinados por Deus" [no sentido cristão; no sentido grego, ensinado por deuses. N. ed. bras.], como Plotino e seu seguidor Porfírio, a princípio rejeitaram a teurgia, mas foram por fim reconciliados com ela através de Jâmblico, que escreveu para isso um trabalho intitulado *De Mysteriis*, sob o nome de seu próprio mestre, um famoso

P: Como você pode demonstrar que esse não é um sonho impossível/ 4
e que todas as religiões do mundo *são* de fato baseadas na mesma e única verdade?

T: Através de seu estudo e análise comparados. A "Religião-Sabedoria" era *una* na antiguidade, e a uniformidade da filosofia religiosa primitiva é comprovada pelas doutrinas idênticas ensinadas aos iniciados durante os MISTÉRIOS, uma instituição universalmente difundida em outros tempos. "Todos os cultos antigos indicam a existência de uma única Teosofia anterior a eles. 'A chave que desvendar um terá de desvendar todos; de outra forma não poderá ser a chave verdadeira.' "[1]

A política da Sociedade Teosófica

P: Nos dias de Amônio Saccas havia diversas grandes religiões antigas, e numerosas eram as seitas somente no Egito e na Palestina. Como poderia ele reconciliá-las?

T: Fazendo o que estamos novamente tentando fazer agora. Os neoplatônicos formavam um grupo numeroso e pertenciam a várias

---

sacerdote egípcio chamado Abammon. Amônio Saccas era filho de pais cristãos e, tendo repelido o Cristianismo espiritual dogmático desde a infância, tornou-se neoplatônico; assim com Jacob Boehme e outros grandes videntes e místicos, diz-se que obteve a sabedoria divina por revelação em sonhos e visões. Daí chamarem-no *Theodidaktos*. Ele resolveu reconciliar todos os sistemas religiosos, e, demonstrando sua origem idêntica, estabelecer um credo universal baseado na ética. Tão inatacável e pura foi sua vida, e tão profundo e vasto seu saber, que vários padres católicos foram seus discípulos secretos. Clemente de Alexandria o enaltecia. Plotino, o "São João" de Amônio, foi também um homem universalmente respeitado e estimado, e tinha conhecimento e integridade dos mais profundos. Aos 39 anos de idade, acompanhou o Imperador romano Gordiano e seu exército ao Oriente, para ser instruído pelos sábios da Báctria e Índia. Ele teve uma Escola de Filosofia em Roma. Porfírio, seu discípulo, cujo nome real era Malek (um judeu helenizado), reuniu todos os escritos de seu mestre. Porfírio era, ele mesmo, um grande escritor, e deu uma interpretação alegórica a algumas partes dos escritos de Homero. O sistema de meditação usado pelos filaleteus foi o êxtase, um sistema semelhante à prática do *Yoga* indiano. Tudo o que se sabe sobre a Escola Eclética se deve a Orígenes, Longino e Plotino, os discípulos imediatos de Amônio Saccas. (Veja A. Wilder, *op. cit.*)

[1] Wilder, *op. cit*, p. II.

filosofias religiosas,[1] da mesma forma que nossos teósofos. Naqueles dias, o Judeu Aristóbulo afirmava que a ética de Aristóteles representava/ os ensinamentos *esotéricos* da Lei de Moisés; Fílon, o Judeu, esforçava-se por reconciliar o *Pentateuco* com a filosofia pitagórica e platônica; e Josefo provava que os essênios do Carmelo eram simplesmente os copistas e seguidores dos terapeutas egípcios (os curadores). Assim é em nossos dias. Podemos mostrar a linhagem de todas as religiões cristãs, assim como de todas as seitas, mesmo das menores. Estas últimas são os brotos ou rebentos menores dos ramos maiores; mas rebentos e ramos brotam do mesmo tronco: a RELIGIÃO-SABEDORIA. Provar isso era o objetivo de Amônio Saccas, que se esforçou por induzir gentios e cristãos, judeus e idólatras, a deixarem de lado suas contendas e disputas, lembrando apenas que todos possuíam a mesma verdade sob roupagens diversas, e tinham todos uma origem comum.[2] Esse também é o objetivo da Teosofia.

---

[1] Foi sob Filadelfus que o Judaísmo se estabeleceu em Alexandria, e imediatamente os mestres helênicos se tornaram perigosos rivais do Colégio de Rabis da Babilônia. Como pertinentemente aponta o autor de *New Platonism and Alchemy*, "os sistemas *buddhistas*, vedantino e mágico foram expostos ao mesmo tempo que as filosofias da Grécia [naquele período]. Não era surpreendente, portanto, que homens pensadores supusessem que o duelo de palavras devesse cessar, e considerassem possível extrair um único sistema harmônico desses diversos ensinamentos. Panteno, Athenágoras e Clemente foram inteira e profundamente instruídos na filosofia platônica, e compreenderam sua unidade essencial com os sistemas orientais" (p. 4).

[2] Mosheim fala de Amônio Saccas: "Concebendo que não apenas os filósofos da Grécia como também todos os das diferentes nações bárbaras estavam em perfeito uníssono uns com os outros, em relação a todos os pontos essenciais, [ele] assumiu o encargo de moderar e expor os princípios de todas essas variadas seitas de forma a deixar claro que todas elas se originaram de uma única e mesma fonte, e todas tendiam para um único e mesmo fim." Se o autor que escreveu sobre Amônio Saccas na *Edinburgh Encyclopaedia* sabia o que estava dizendo, então estava descrevendo os modernos teósofos, suas crenças e seu trabalho, pois ele diz, falando do *Theodidaktos*: "Ele adotou as doutrinas que eram recebidas no Egito (as esotéricas eram as da Índia) relativas ao Universo e à Divindade, consideradas como constituindo um grande todo relativo à eternidade do mundo (...) e estabeleceu um sistema de disciplina moral que permitia ao povo em geral viver de acordo com as leis de seu país e os ditames da Natureza, mas exigia do sábio que exaltasse sua mente através da contemplação." (Wilder, *op. cit.*, p. 5.)

P: Quais são as fontes que a autorizam a dizer isso dos antigos teósofos de Alexandria?/ 6

T: Um quase incontável número de escritores bem conhecidos. Mosheim, um deles, diz que:

> Amônio Saccas ensinou que a religião da multidão estava lado a lado com a filosofia, e com ela compartilhou o destino de ser gradualmente corrompida e obscurecida por meras presunções, superstições e mentiras; que se deveria, portanto, trazê-la de volta à sua pureza original, purgando-a dessa escória e explicando-a sob princípios filosóficos; e que tudo o que Cristo tinha em vista era reinstaurar e restaurar a Sabedoria dos antigos à sua primitiva integridade — restringir dentro de limites o universalmente prevalecente domínio da superstição — e em parte corrigir, em parte exterminar, os vários erros que se inseriram nas diferentes religiões populares.[1]

Isso, de novo, é precisamente o que os modernos teósofos dizem. Apenas que, enquanto o grande Filaleteu era apoiado e auxiliado na política que seguia por dois padres católicos, Clemente e Athenágoras, e por todos os instruídos rabinos da Sinagoga, da Academia e dos Bosques, e enquanto ele ensinava uma doutrina comum para todos, nós, seus seguidores na mesma linha, não recebemos qualquer reconhecimento; ao contrário, somos ofendidos e perseguidos. As pessoas há 1.500 anos mostram, assim, terem sido mais tolerantes do que são neste século "de luzes".

P: Amônio era encorajado e apoiado pela Igreja porque, apesar de suas heresias, ensinava Cristianismo e era cristão?

T: De forma alguma. Ele nasceu cristão, mas nunca aceitou o Cristianismo da Igreja. Como foi afirmado pelo mesmo autor:

> Ele teve apenas de expor suas instruções "de acordo com os antigos pilares de Hermes, que Platão e Pitágoras já conheciam e a partir dos quais construíram suas filosofias." Encontrando os mesmos sentimen-

---

[1] Wilder, *op. cit.*, f. 12, p. 5.

tos no/ prólogo do Evangelho segundo São João, supôs, com muita propriedade, que o propósito de Jesus era restaurar a grande doutrina de Sabedoria em sua primitiva integridade. Ele considerava as narrativas da Bíblia e as histórias dos deuses como alegorias ilustrativas da verdade, ou então fábulas a serem rejeitadas." [Além disso, como afirma a *Edinburgh Encyclopaedia*], "ele reconhecia que Jesus Cristo era um homem excelente e o amigo de Deus, mas alegava que não era desígnio seu abolir inteiramente o culto aos demônios (deuses), e que sua única intenção era purificar a religião antiga."[1] 7

A Religião-Sabedoria esotérica em todas as eras

P: Já que Amônio Saccas nunca deixou nada escrito, como se pode ter certeza de que tais foram de fato seus ensinamentos?

T: Nem Buddha, ou Pitágoras, ou Confúcio, ou Orfeu, Sócrates ou mesmo Jesus deixaram qualquer coisa escrita. No entanto, a maioria destes são personagens históricos, e todos os seus ensinamentos sobreviveram. Os discípulos de Amônio Saccas (e entre eles Orígenes e Herenius) escreveram tratados e explicaram sua ética. Certamente estes últimos são tão históricos — se não mais — quanto os escritos apostólicos. Além disso, seus alunos (Orígenes, Plotino e Longino, conselheiro da famosa Rainha Zenóbia) todos deixaram volumosos registros do Sistema Filaleteu, pelo menos até onde sua profissão de fé podia ser conhecida publicamente, pois a escola estava dividida em ensinamentos exotéricos e *esotéricos*.

P: Como estes últimos princípios chegaram aos nossos dias, já que você nos diz que aquilo que é propriamente chamado RELIGIÃO-SABEDORIA era esotérico?

T: A RELIGIÃO-SABEDORIA sempre foi uma só, e sendo a última palavra do conhecimento humano possível, foi, portanto, cuidadosamente
preservada. Precedeu por longas eras os teósofos/ alexandrinos, atin- 8
giu os modernos e sobreviverá a qualquer outra religião e filosofia.

[1] Wilder, op. cit., p. 8-9, 5.

P: Onde e por quem foi assim preservada?

T: Entre os iniciados de todas as nações; entre profundos buscadores da verdade – seus discípulos; e naquelas partes do mundo onde tais assuntos têm sido sempre mais valorizados e buscados: na Índia, Ásia Central e Pérsia.

P: Você pode me dar algumas provas desse esoterismo?

T: A melhor prova que você pode ter desse fato é que todos os antigos cultos religiosos, ou melhor, filosóficos, consistiam em um ensinamento esotérico, ou secreto, e um rito exotérico (para o público geral). Além disso, é um fato bem conhecido que os MISTÉRIOS dos antigos compreendiam, em todas as nações, os MISTÉRIOS "Maiores" (secretos) e os "Menores" (públicos), como, por exemplo, nas solenidades de celebração chamadas *Eleusínias*, na Grécia. Desde os hierofantes da Samotrácia, do Egito, e os brâmanes iniciados da Índia antiga, até os posteriores rabinos hebreus, todos preservaram secretas, por medo de profanação, suas reais crenças *bona fide*.[1] Os rabinos judeus chamavam sua série religiosa secular de *Merkabah* (o corpo exterior), "o veículo" ou *o invólucro que contém a alma oculta* – ou seja, seu conhecimento secreto mais elevado. Nenhuma das nações antigas jamais transmitia, através de seus sacerdotes, seus verdadeiros segredos filosóficos para as massas, mas dava a elas apenas os envoltórios mais externos. O *Buddhismo* do Norte tem seus veículos "maior" e "menor" conhecidos como as Escolas *Mahayana*, a esotérica, e a *Hinayana*, a exotérica. Não se pode censurá-los por tal sigilo, pois seguramente você mesmo não pensaria
em alimentar seu rebanho de ovelhas/ com cultas dissertações sobre 9
botânica, em vez de capim. Pitágoras chamou sua *Gnose* de "o conhecimento das coisas que são", ou ἡ γνῶσις τῶν ὄντων, e reservava esse conhecimento apenas para seus discípulos juramentados, ou seja, para aqueles que podiam digerir um tal alimento mental e se sentirem satisfeitos; e ele os comprometia em juramento de silêncio

[1] De boa fé. (N. ed. bras.)

e segredo. Os alfabetos ocultos e os códigos secretos são o desenvolvimento das antigas escritas hieráticas egípcias, cujo segredo estava, naqueles tempos, exclusivamente em poder dos hierogramáticos, ou sacerdotes egípcios iniciados. Amônio Saccas, como nos dizem os biógrafos, fazia com que seus discípulos se comprometessem por juramento a não revelar *suas doutrinas mais elevadas*, exceto àqueles que já tivessem sido instruídos no conhecimento preliminar e que também estivessem comprometidos por juramento. Finalmente, não encontramos a mesma tradição no Cristianismo primitivo, entre os gnósticos, e mesmo nos ensinamentos do Cristo? Não falou Ele às multidões em parábolas que tinham duplo sentido, e explicou suas razões apenas para seus discípulos? "A vós", disse Ele, "é dado conhecer os mistérios do reino de Deus; mas aos que estão de fora todas essas coisas são ditas por parábolas" (Marcos, 4:11). "Os essênios da Judeia e Carmelo faziam distinções semelhantes, dividindo seus seguidores em neófitos, irmãos e os *perfeitos*", ou aqueles que eram iniciados.[1] Exemplos desse tipo podem ser encontrados em todos os países.

P: Pode-se alcançar a "Sabedoria Secreta" simplesmente por estudo? As enciclopédias definem *Teosofia* de uma forma muito parecida com a do Dicionário Webster, ou seja, "*suposta comunicação com Deus e espíritos superiores, e consequente atingimento de conhecimento super-humano por meios físicos e processos químicos*". Isso é exato?

T: Não creio, e nem existe lexicógrafo algum capaz/ de explicar, seja 10
para si mesmo ou para os outros, como o conhecimento super-humano pode ser alcançado por processos *físicos* ou químicos. Tivesse o Webster dito "por processos *metafísicos* e alquímicos", a definição seria aproximadamente correta. Como está, é absurda. Os antigos teósofos afirmavam, assim como fazem os modernos, que o infinito não pode ser conhecido pelo finito — ou seja, percebido pelo eu finito —,

---

[1] Wilder, *op. cit.* p. 7.

mas que a essência divina podia ser comunicada ao Eu superior espiritual em um estado de êxtase. Essa condição dificilmente pode ser alcançada, assim como o hipnotismo, por "meios físicos e químicos".

P: Qual é a sua explicação para isso?

T: O verdadeiro êxtase foi definido por Plotino como "a liberação da mente de sua consciência finita, tornando-se una e identificada com o infinito." Essa é a condição mais elevada, diz o professor Wilder, mas não é permanente, e é alcançada apenas por *muito* poucos. É, de fato, idêntica ao estado conhecido na Índia como *Samādhi*. Este é praticado pelos *yogues*, que o facilitam fisicamente, com uma ampla abstinência na alimentação e na bebida, e mentalmente, com um incessante esforço para purificar e elevar a mente. Meditação é prece silenciosa e *não expressada*, ou, como Platão a definia, "o ardente voltar da alma para o divino; não para pedir qualquer benefício especial [como no sentido comum da oração], mas pelo bem em si – pelo Bem Supremo universal", do qual somos uma parte na Terra e de cuja essência todos surgimos. Portanto, acrescenta Platão, "permanece em silêncio na presença dos *seres divinos*, até que eles removam as nuvens de/ teus olhos e te capacitem a ver, através 11
da luz que emana deles mesmos, não o que parece ser bom para ti, mas o que é intrinsecamente bom."[1]

[1] Isso é o que o erudito autor de *New Platonism and Alchemy* (Neoplatonismo e Alquimia), o Dr. A. Wilder, descreve como *fotografia espiritual*: "A alma é a câmera na qual fatos e eventos futuros, passados e presentes estão igualmente fixados, e a mente torna-se consciente deles. Para além do nosso mundo limitado do dia a dia, tudo é como um só dia ou estado – o passado e o futuro compreendidos no presente." A morte é o último *êxtase* na Terra. "Então a alma é libertada do confinamento do corpo, e sua parte mais nobre é unida à natureza superior, passando a partilhar da sabedoria e presciência dos seres superiores." A verdadeira Teosofia é, para os místicos, aquele estado que Apolônio de Tyana foi movido a descrever da seguinte maneira: "Posso ver o presente e o futuro como num claro espelho. O sábio não precisa esperar pelos vapores da terra e a contaminação do ar para prever pestes e febres... Os *theoi*, ou deuses, veem o futuro; homens comuns, o presente; os sábios, aquilo que está prestes a acontecer" (p. 15). "A Teosofia dos Sábios" da qual ele fala é bem expressa na afirmação: "O Reino de Deus está dentro de nós". [Lucas, 17:21.] (N. ed. bras.)

P: Então a Teosofia não é, como alguns sustentam, um esquema recém-esboçado?

T: Apenas pessoas ignorantes podem se referir a ela assim. Ela é tão antiga quanto o mundo, em seus ensinamentos e ética, se não no nome; assim como é o mais amplo e mais católico[1] de todos os sistemas.

P: Como, então, a Teosofia pôde ter permanecido tão desconhecida para as nações do Hemisfério Ocidental? Por que teve de ser um livro selado para as raças evidentemente mais cultas e avançadas?

T: Acreditamos que existiram nações igualmente cultas na antiguida-
de, e certamente mais "avançadas" espiritualmente do que nós so-
mos hoje. Mas há diversas razões para essa ignorância voluntária.
Uma delas foi apresentada por São Paulo aos atenienses cultos –
uma perda, por longos séculos, da verdadeira percepção espiritual
e mesmo do interesse, devido à devoção demasiada às coisas dos
sentidos e sua/ longa escravidão à letra morta do dogma e do ritu- 12
alismo. Mas a razão mais poderosa para isso está no fato de que a
verdadeira Teosofia foi sempre mantida em segredo.

P: Vocês apresentaram provas de que tal segredo existiu; mas qual foi a real causa dele?

T: As causas foram as seguintes: *primeiro*, a perversidade da natureza humana comum e seu egoísmo, sempre tendendo à gratificação dos desejos *pessoais* em detrimento de parentes e vizinhos. A tais pessoas nunca poderiam ser confiados segredos *divinos*. *Segundo*, sua não confiabilidade para resguardar o conhecimento sagrado e divino da profanação. Foi esta última a responsável pela perversão das verdades e dos símbolos mais sublimes, e pela gradual transformação das coisas espirituais em imagens antropomórficas, concretas e grosseiras – em outras palavras, pela idolatria e pelo rebaixamento da ideia de deidade.

[1] Ou seja, universal. (N. ed. bras.)

Teosofia não é *Buddhismo*

P: Vocês são com frequência considerados “*buddhistas* esotéricos”. Todos vocês são, então, seguidores de Gautama Buddha?

T: Não mais do que os músicos são todos seguidores de Wagner. Alguns de nós são *buddhistas* de religião; no entanto, há muito mais hindus e brâmanes do que *buddhistas* entre nós, e mais europeus e americanos nascidos cristãos do que *buddhistas convertidos*. O erro surgiu de uma má compreensão do real sentido do título da excelente obra do Sr. Sinnett, *Esoteric Buddhism* (*O Budismo Esotérico* [Brasília: Editora Teosófica, 2023].), cuja última palavra deveria ter sido escrita *com um, em vez de dois “dd”*. Assim, *Budhism* teria
significado o que/ se pretendia, ou seja, meramente “sabedoria” 13
(*bodha*, *bodhi*, “inteligência”, “sabedoria”), em vez de *Buddhism*, a filosofia religiosa de Gautama Buddha. A Teosofia, como já foi dito, é a RELIGIÃO-SABEDORIA.

P: Qual a diferença entre *Buddhismo*, a religião fundada pelo Príncipe de Kapilavastu, e *Buddhismo*, a “Sabedoria” que vocês dizem ser sinônimo de Teosofia?

T: Exatamente a mesma diferença que existe entre os ensinamentos secretos de Cristo, que foram chamados “os mistérios do Reino dos Céus”, e o posterior ritualismo e a teologia dogmática das igrejas e seitas. Buddha significa “iluminado” por *bodha*, ou entendimento, sabedoria. Esta passou integralmente para os ensinamentos *esotéricos* que Gautama partilhou apenas com seus *Arhats* escolhidos.

P: Mas alguns orientalistas negam que o Buddha tenha ensinado qualquer doutrina esotérica.

T: Eles podem, da mesma forma, negar que a Natureza tenha quaisquer segredos ocultos para os homens de ciência. Provarei isso, mais tarde, através do diálogo do Buddha com seu discípulo Ananda. Seus ensinamentos esotéricos eram simplesmente *Gupta-Vidyā* (conhecimento secreto) dos antigos brâmanes, cuja chave seus modernos sucessores, com poucas exceções, perderam completamente. E esta

Vidyā passou para os que são hoje conhecidos como os ensinamentos *internos* da escola *Mahayana* do *Buddhismo* do Norte. Aqueles que negam isso são, simplesmente, ignorantes aspirantes ao orientalismo. Aconselho você a ler a obra do reverendo Edkins, *Chinese Buddhism* (*Buddhismo* Chinês) – em especial os capítulos sobre as escolas e os ensinamentos exotéricos e *esotéricos*/ – e então compa- 14
rar o testemunho de todo o mundo antigo sobre esse assunto.

P: Mas a ética da Teosofia não é idêntica à ensinada por Buddha?

T: Certamente, porque essa ética é a alma da Religião-Sabedoria, e foi um dia propriedade comum dos iniciados de todas as nações. Mas Buddha foi o primeiro a incorporar essa elevada ética aos seus ensinamentos públicos e a fazer dela o fundamento e a própria essência de seu sistema público. É nisso que reside a imensa diferença entre o *Buddhismo* Exotérico e todas as outras religiões. Porque, enquanto nas outras religiões o ritualismo e o dogma assumiram o primeiro e mais importante lugar, no *Buddhismo* é a ética que sempre tem sido mais enfatizada. A isso se deve a semelhança, chegando quase à identidade, entre a ética da Teosofia e a da religião do Buddha.

P: Existem grandes diferenças?

T: Uma grande distinção entre a Teosofia e o *Buddhismo Exotérico* é que o último, representado pela Igreja do Sul, nega totalmente: (a) a existência de qualquer Divindade; e (b) qualquer vida *post mortem* consciente, ou mesmo qualquer individualidade autoconsciente no homem que o sobreviva. Tal é, pelo menos, a doutrina da seita siamesa, considerada hoje *a forma mais pura* do *Buddhismo Exotérico*. E assim é, se considerarmos somente os ensinamentos públicos do Buddha; darei mais adiante a razão para tal reticência de sua parte. Mas as escolas da *Igreja Buddhista do Norte*, estabelecidas nos países para os quais os seus *Arhats* iniciados se retiraram após a morte do Mestre, ensinam tudo aquilo que é agora/ chamado de doutrinas 15
teosóficas, porque estas fazem parte do conhecimento dos iniciados – provando assim como a verdade tem sido sacrificada à letra mor-

ta pela ortodoxia demasiadamente zelosa do *Buddhismo* do Sul. Mas quão mais grandioso e nobre, mais filosófico e científico, mesmo em sua letra morta, é esse ensinamento, se comparado ao de qualquer outra igreja ou religião. No entanto, Teosofia não é *Buddhismo*./ 16

II

Teosofia Exotérica e Esotérica

O que a Sociedade Teosófica moderna não é

P: Suas doutrinas não são, então, um renascimento do *Buddhismo*, nem inteiramente copiadas da Teosofia neoplatônica?

T: Não, não são. Mas a essas perguntas eu não posso dar melhor resposta do que citar um trabalho sobre Teosofia feito pelo Dr. J. D. Buck, membro da ST, apresentado antes da última Convenção Teosófica em Chicago, Estados Unidos [abril de 1889]. Nenhum teósofo vivo expressou e compreendeu melhor a verdadeira essência da Teosofia do que o nosso nobre amigo Dr. Buck:

> A Sociedade Teosófica foi organizada com o propósito de promulgar as doutrinas teosóficas, e para promover a vida teosófica. A presente Sociedade Teosófica não é a primeira desse tipo. Possuo um livro intitulado *Theosophical Transactions of the Philadelphian Society* (Anais Teosóficos da Sociedade Filadélfica), publicado em Londres em 1697, e um outro com o seguinte título: *Introdução à Teosofia, ou Ciência do Mistério de Cristo*; ou seja, da Deidade, Natureza e Criatura, abrangendo a filosofia de todos os poderes em ação da vida, mágicos e espirituais, e constituindo um guia prático para a pureza mais sublime, a santidade e a perfeição evangélica; também para o atingimento da visão divina e das/ artes angélicas sagradas, assim como das potencialidades e outras prerrogativas da regeneração, publicado em Londres em 1855, com a seguinte dedicatória: "Aos estudantes de universidades, faculdades e escolas do mundo cristão; aos professores de Ciências Me-

tafísicas, Mecânicas e Naturais em todas as suas formas; aos homens e às mulheres da Educação em geral, de fé ortodoxa fundamental; aos deístas, arianos, unitaristas, swedenborguianos e outros credos imperfeitos e infundados, racionalistas e céticos de todos os tipos; aos maometanos, judeus e religiosos orientais de linha patriarcal, esclarecidos e de julgamento justo; mas especialmente ao ministro e missionário evangelista, seja dos povos bárbaros ou intelectuais, esta introdução à Teosofia, ou ciência dos fundamentos e mistérios de todas as coisas, é humilde e afetuosamente dedicada."

No ano seguinte [1856] foi publicado um outro volume, em *royal octavo*, 600 páginas, em tipo diamante, de *Miscelâneas Teosóficas*. Dessa obra apenas 500 cópias foram impressas, para distribuição gratuita a bibliotecas e universidades. Esses movimentos anteriores, que eram muitos, originaram-se dentro da Igreja, com pessoas de grande piedade e zelo, e caráter inatacável; todas essas obras estavam na forma ortodoxa, usavam expressões cristãs e, assim como as obras do eminente eclesiástico William Law, seriam distinguidas pelo leitor comum apenas por sua grande piedade e zelo. Eram todas, sem exceção, apenas tentativas de resgatar a origem e explicar os significados mais profundos e as implicações originais das escrituras cristãs, e de revelar e ilustrar a vida teosófica. Essas palavras foram logo esquecidas, e são agora, em geral, desconhecidas. Elas buscavam reformar o clero e reviver a genuína piedade, e nunca foram bem-vindas. Uma única palavra, "heresia", era suficiente para enterrá-las no limbo onde estavam todas as outras utopias semelhantes. Na época da Reforma, John Reuchlin fez uma tentativa similar com o mesmo resultado, apesar de ser amigo íntimo e fiel de Lutero. A ortodoxia jamais quis ser informada e esclarecida. Esses reformadores foram informados, como Paulo o foi por Festus, que o estudo demasiado os havia enlouquecido, e que seria perigoso prosseguir. Relegando-se à verbosidade, que nesses escritores era em parte uma questão de hábito e educação e em parte devida ao
controle religioso através/ do poder secular, e chegando-se ao cerne da 18
questão, essas obras eram teosóficas no mais estrito senso, e referem-se apenas ao conhecimento humano de sua própria natureza e da vida superior da alma. O movimento teosófico atual tem sido às vezes apontado como uma tentativa de converter a cristandade ao *Buddhismo*, o que simplesmente significa que a palavra 'heresia' perdeu sua conotação terrível e abdicou de seu poder. Indivíduos de todas as épocas têm compreendido mais ou menos claramente as doutrinas teosóficas e as entremeado na estrutura de suas vidas. Essas doutrinas não pertencem exclusivamente a qualquer religião, nem estão restritas a qualquer so-

> ciedade ou época específica. Elas são direito inato de toda e qualquer alma humana. Uma coisa tal como a ortodoxia deve ser resolvida por cada indivíduo, de acordo com sua natureza e necessidades e com suas diversas experiências. Isso pode explicar por que aqueles que imaginaram a Teosofia como uma nova religião procuraram em vão por seu credo e seu ritual. Seu credo é "Lealdade para com a Verdade", e seu ritual "Honrar cada verdade através dos atos".
>
> Quão pouco esse princípio de Fraternidade Universal é compreendido pelas massas da espécie humana, e quão raramente sua importância transcendente é reconhecida, pode ser constatado pela diversidade de opiniões e interpretações fictícias referentes à Sociedade Teosófica. Esta Sociedade foi organizada com base neste único princípio, a Fraternidade Essencial da Humanidade, como aqui foi brevemente esboçado e imperfeitamente apresentado. Ela tem sido atacada como *buddhista* e anticristã, como se pudesse ser essas duas coisas ao mesmo tempo, já que tanto o *Buddhismo* quanto o Cristianismo, como apresentados por seus inspirados fundadores, fazem da fraternidade a essência da doutrina e da vida. A Teosofia tem sido também considerada como algo novo sob o sol, ou, na melhor das hipóteses, como velho misticismo mascarado sob um novo nome. Embora seja verdade que muitas sociedades fundadas sobre, e formadas para sustentar os princípios de altruísmo, ou fraternidade essencial, tiveram vários nomes, é também verdade que muitas foram da mesma forma chamadas teosóficas, e tinham os mesmos princípios e metas da sociedade que atualmente leva esse nome. Em todas essas sociedades, a doutrina essencial tem sido a mesma, e tudo o mais incidental, apesar disso não evitar o fato de que muitas pessoas são atraídas pelo incidental, passando por alto ou mesmo ignorando o essencial./ 19

Nenhuma resposta melhor ou mais explícita que essa – por parte de um dos nossos mais estimados e dedicados teósofos – poderia ser dada às suas perguntas.

P: Nesse caso, que sistema vocês preferem ou seguem, além da ética *buddhista*?

T: Nenhum, e todos. Não nos fixamos a qualquer religião, assim como a nenhuma filosofia em especial: selecionamos o que de bom encontramos em cada uma delas. Mas aqui, novamente, deve ser esclarecido que, assim como em todos os sistemas antigos, a Teosofia é dividida em Seções Exotérica e Esotérica.

P: Qual é a diferença?

T: Todos os membros da Sociedade Teosófica são livres para professar qualquer religião ou filosofia que desejarem, ou nenhuma, se assim preferirem, desde que estejam em sintonia com, e prontos a realizar, um ou mais dos três objetivos da Associação. A Sociedade é um organismo filantrópico e científico para a difusão da ideia da fraternidade em *bases práticas, e não teóricas*. Os membros podem ser cristãos ou muçulmanos, judeus ou parses, *buddhistas* ou brâmanes, espiritualistas ou materialistas, isso não importa; mas todo membro deve ser ou um filantropo, ou um estudioso, um pesquisador da literatura ariana ou outra literatura antiga, ou um estudante dos fenômenos psíquicos. Em síntese, ele tem que ajudar, se puder, na realização de pelo menos um dos objetivos do programa. De outro modo, ele não tem nenhuma razão para se tornar um "Membro". Assim é a maioria da Sociedade Exotérica, composta de membros filiados e não filiados.[1] Estes podem ou não se tornar/ 20
teósofos de fato. Membros eles são, em virtude de terem se filiado à Sociedade; mas esta não pode fazer um teósofo de alguém que não tenha qualquer senso do aspecto divino das coisas, ou daquele que compreenda a Teosofia à sua própria maneira *sectária* e egoísta — se essa expressão pode ser usada. O ditado "generoso é aquele que age generosamente" poderia ser parafraseado, nesse caso, como "teósofo é aquele que age teosoficamente".

---

[1] "Membro filiado" se refere àquele membro que se vinculou a algum Grupo ou Loja específicos da Sociedade Teosófica. Um membro não filiado é aquele que pertence à Sociedade como um todo, tendo recebido seu diploma diretamente da Sede Internacional em Adyar, Madras, na Índia (atualmente denominada Chennai). No Brasil existe também o "membro livre", ligado diretamente à Seção Nacional, quando não existe em sua cidade Loja ou Grupo teosóficos. A vinculação direta à Sede Internacional somente é aceita se existem motivos justificados que impeçam a vinculação à Seção Nacional. (N. ed. bras.)

Teósofos e membros da Sociedade Teosófica

P: Se compreendi bem, isso se aplica aos membros leigos. E quanto àqueles que buscam o estudo esotérico da Teosofia? São eles os verdadeiros teósofos?

T: Não necessariamente, até que se tenham provado como tais. Eles entraram para o grupo interno e se comprometeram a cumprir, tão estritamente quanto possível, as regras do círculo oculto. Essa é uma realização difícil, já que a primeira e principal regra é a completa renúncia à própria personalidade – isto é, o membro juramentado deve se tornar um completo altruísta, nunca pensar em si mesmo e esquecer sua própria vaidade e orgulho para pensar no bem de seus semelhantes, além do de seus companheiros do círculo esotérico. Ele deve viver, se quiser se beneficiar das instruções esotéricas, uma vida de abstinência em relação a tudo, de abnegação e estrita moralidade, cumprindo seu dever para com todos os homens. Os poucos verdadeiros teósofos da ST estão entre esses membros. Isso não implica que fora da ST e do círculo interno não existam teósofos, pois existem,/ e mais do que se tem notícia; certamente muito mais do 21
que são encontrados entre os membros *leigos* da ST.

P: Então, qual é a vantagem de se filiar à assim chamada Sociedade Teosófica, nesse caso? Onde está o incentivo?

T: Nenhuma vantagem, exceto a de obter instruções esotéricas, as genuínas doutrinas da Religião-Sabedoria e, se o programa real for cumprido, receber muito auxílio da solidariedade mútua e da afinidade. União é força e harmonia, e esforços simultâneos bem regulados produzem maravilhas. Esse tem sido o segredo de todas as associações e comunidades desde que a humanidade existe.

P: Mas por que não poderia alguém com mente equilibrada e sinceridade de propósitos – alguém, por exemplo, com energia e perseverança indomáveis – tornar-se um ocultista e mesmo um Adepto, trabalhando sozinho?

T: Ele pode, mas há dez mil chances contra uma de que falhará. Para citar uma só razão dentre muitas, não existem livros sobre Ocultismo ou Teurgia nos nossos dias que revelem os segredos da Alquimia e da Teosofia medieval em linguagem simples. Todos são simbólicos ou em parábolas; e como a chave para eles foi perdida há tempos no Ocidente, como pode um homem aprender o correto significado daquilo que está lendo e estudando? Aí jaz o maior perigo, um perigo que leva à magia *negra* inconsciente ou à mais irremediável mediunidade. Aquele que não tem um iniciado como Mestre deveria abandonar esse perigoso estudo. Olhe à sua volta e observe: enquanto dois terços da sociedade *civilizada* ridicularizam a mera noção de que existe alguma coisa na Teosofia, no Ocultismo, no Espiritualismo ou na Cabala, o outro terço é composto dos elementos mais heterogêneos e opostos./ Alguns acredi- 22
tam no místico, e mesmo no *sobrenatural*!, mas cada um acredita à sua própria maneira. Outros se precipitam sozinhos ao estudo da Cabala, do psiquismo, do mesmerismo, do espiritismo, ou a uma das formas de misticismo. Resultado: não existem dois homens que pensem da mesma maneira, nem que concordem sobre qualquer princípio oculto fundamental, embora haja muitos que reivindiquem para si a *Ultima Thule* do saber, e fariam as pessoas que estão de fora pensarem que são Adeptos perfeitos. Não só não existe conhecimento científico e preciso de Ocultismo acessível no Ocidente – nem mesmo da verdadeira astrologia, o único ramo do Ocultismo que, em suas doutrinas exotéricas, tem leis e um sistema definidos – como também ninguém tem qualquer ideia do que significa o verdadeiro Ocultismo. Alguns limitam a sabedoria antiga à Cabala e ao Zohar judaico, que cada um interpreta à sua própria maneira, de acordo com a letra morta dos métodos rabínicos. Outros consideram Swedenborg ou Boehme como as expressões últimas da mais elevada sabedoria, enquanto outros ainda veem no mesmerismo o grande segredo da magia antiga. Todos aqueles que colocam a sua teoria em prática estão sendo rapidamente levados pela ignorância para a magia negra. Felizes são aqueles que esca-

pam dela, já que não têm experiência nem critério com os quais distinguir entre o verdadeiro e o falso.

P: Com isso devemos entender que o grupo interno da ST afirma estar aprendendo através de verdadeiros iniciados, ou mestres da sabedoria esotérica?

T: Não diretamente. A presença pessoal de tais mestres não é necessária. É suficiente que eles deem instruções a alguns daqueles que estudaram sob sua orientação por anos e dedicaram suas vidas inteiras ao seu serviço. Então, por seu turno, estes podem/ transmitir 23
o conhecimento assim comunicado a outros que não tiveram tal oportunidade. Uma parcela das verdadeiras ciências é melhor do que uma massa de conhecimentos não digeridos e mal-interpretados. Uma onça de ouro vale mais que uma tonelada de poeira.

P: Mas como se pode saber se a onça é de ouro verdadeiro ou apenas uma falsificação?

T: Uma árvore se conhece por seus frutos, um sistema por seus resultados. Quando nossos oponentes forem capazes de nos provar que algum estudante solitário de Ocultismo se tornou, em algum momento da história, um santificado Adepto como Amônio Saccas, ou mesmo um Plotino, ou um teurgo como Jâmblico, ou que realizou feitos como os atribuídos a Saint Germain, sem qualquer mestre a orientá-lo, e tudo isso sem ser um médium, um psíquico autoiludido ou um charlatão – então nos admitiremos errados. Mas até então, os teósofos preferem se guiar pela comprovada lei natural da tradição das Ciências Sagradas. Há místicos que fizeram grandes descobertas na química e nas ciências físicas, quase nas fronteiras da alquimia e do Ocultismo; outros que, com o único auxílio de sua própria genialidade, redescobriram parte, se não o todo, dos alfabetos perdidos da "linguagem dos Mistérios", e são, portanto, capazes de ler corretamente pergaminhos hebraicos; ainda outros que, sendo videntes, captaram maravilhosos vislumbres dos segredos ocultos da Natureza. Mas todos esses são *especialistas*. Um é

um inventor teórico; outro um hebreu, isto é, um cabalista sectário; um terceiro um Swedenborg dos tempos modernos, negando tudo e todas as coisas que estão fora de sua própria ciência ou religião particular. Nenhum deles pode se gabar de ter produzido um benefício universal ou mesmo nacional com isso, nem sequer para si mesmo.
Com/ exceção de uns poucos curadores — daquela classe que o Co- 24
légio Real de Médicos ou cirurgiões chamaria charlatães —, nenhum ajudou a humanidade com sua ciência, nem mesmo alguns homens de sua própria comunidade. Onde estão os caldeus dos tempos antigos, aqueles que fizeram curas maravilhosas, "não por encantamentos, mas por símplices"? Onde está um Apolônio de Tyana, que curava os doentes e ressuscitava os mortos em qualquer clima e circunstância? Conhecemos alguns *especialistas* daquela natureza na Europa, mas nenhum representante desta última — exceto na Ásia, onde o segredo *yogue* "viver na morte" ainda é preservado.

P: O objetivo da Teosofia é produzir Adeptos curadores como esses?

T: Seus objetivos são vários, mas os mais importantes de todos são aqueles que tenham a possibilidade de levar alívio ao sofrimento humano em toda e qualquer forma, tanto moral quanto física. E acreditamos ser a primeira muito mais importante do que a segunda. A Teosofia tem de inculcar ética; tem de purificar a alma se pretende aliviar o corpo físico, cujos males, salvo casos de acidente, são todos hereditários. Não é estudando Ocultismo para fins egoístas, para a gratificação da ambição, orgulho ou vaidade pessoais, que se pode alcançar a verdadeira meta: a de ajudar a humanidade sofredora. E nem é estudando um único ramo da filosofia esotérica que um homem se torna um ocultista, mas estudando, se não dominando, todos eles.

P: Então é oferecida ajuda para alcançar essa mais importante meta apenas àqueles que estudam as ciências esotéricas?

T: Definitivamente não. Todo membro *leigo* tem direito a receber instrução geral, desde que o deseje; mas poucos estão dispostos a se

tornarem o que chamamos “membros trabalhadores”, e a maioria prefere permanecer como/ *zangões*[1] da Teosofia. Que fique bem en- 25
tendido que a pesquisa particular é incentivada na Sociedade Teosófica, contanto que ela não ultrapasse o limite que separa o exotérico do esotérico, a magia *cega* da magia *consciente*.

A diferença entre Teosofia e Ocultismo

P: Você fala de Teosofia e Ocultismo. São coisas idênticas?

T: De forma alguma. Um homem pode, de fato, ser um teósofo muito bom, seja *dentro* ou *fora* da Sociedade, sem ser de forma alguma um ocultista. Mas ninguém pode ser um verdadeiro ocultista sem que seja um verdadeiro teósofo; de outra forma, ele é simplesmente um mago negro, seja consciente ou inconscientemente.

P: O que você quer dizer?

T: Eu havia dito que um verdadeiro teósofo tem de pôr em prática o mais elevado ideal moral, tem de se esforçar para realizar sua unidade com toda a humanidade e trabalhar incessantemente pelos outros. Agora, se um ocultista não faz isso tudo, ele necessariamente está agindo de maneira egoísta e para seu próprio benefício pessoal; e se ele obteve mais poder prático do que outros homens comuns, ele imediatamente se torna um inimigo muito mais perigoso para o mundo e para aqueles que o rodeiam do que o mortal mediano. Isso é claro.

P: Então um ocultista é simplesmente um homem que possui mais poder do que outras pessoas?

T: Muito mais — se ele for um ocultista *prático* e realmente instruído, e não apenas no nome. As ciências ocultas não são, como descrito
nas enciclopédias, “aquelas ciências *imaginárias* da/ Idade Média 26
que se referiam à *suposta* ação ou influência de qualidades ocultas ou poderes sobrenaturais, como alquimia, magia, necromancia e as-

[1] Ou, figurativamente, parasitas, ociosos. (N. ed. bras.)

trologia", porque são ciências reais, atuais, e muito perigosas. Elas ensinam a potência secreta das coisas da Natureza, desenvolvendo e cultivando os poderes ocultos "latentes no homem", dando a ele, portanto, vantagens enormes sobre mortais mais ignorantes. O hipnotismo, agora tão comum e objeto de questionamento científico sério, é um bom exemplo desse ponto. O poder *hipnótico* foi descoberto quase que por acidente, tendo seu caminho preparado pelo mesmerismo, e agora um hipnotizador hábil pode fazer quase tudo, desde forçar um homem a inconscientemente fazer papel de tolo, até cometer um crime — com frequência no lugar do hipnotizador, e *para benefício deste último*. Não é um poder terrível, se deixado nas mãos de pessoas inescrupulosas? E queira lembrar, também, que esse é apenas um dos ramos menores do Ocultismo.

P: Mas todas essas ciências ocultas, a magia e a feitiçaria, não são consideradas pelas pessoas mais cultas e instruídas como resquícios da ignorância e superstição antigas?

T: Permita-me lembrá-lo de que essa sua objeção é ao mesmo tempo contra e a favor de seu argumento. Os "mais cultos e instruídos" dentre vocês veem também o Cristianismo e todas as outras religiões como resquícios de ignorância e superstição. De qualquer forma, começa-se agora a acreditar no *hipnotismo*, e alguns — mesmo dentre os *mais cultos* — na Teosofia e nos fenômenos. Mas quem dentre eles, com exceção dos pregadores e dos fanáticos, confessaria uma crença nos *milagres bíblicos*? E é nesse ponto que surge a dife-
rença./ Há teósofos muito bons e puros que poderiam acreditar no 27
sobrenatural, inclusive em *milagres* divinos, mas nenhum ocultista acreditará. Pois um ocultista pratica Teosofia *científica*, baseada no conhecimento preciso do funcionamento secreto da Natureza; mas um teósofo, praticando os poderes chamados anormais, *sem* a luz do Ocultismo, simplesmente tenderá a uma perigosa forma de mediunidade, porque, mesmo se mantendo fiel à Teosofia e ao seu mais elevado código de ética concebível, ele os pratica no escuro, com uma fé sincera, porém *cega*. Qualquer pessoa, seja um teósofo

ou um espírita, que tente cultivar um dos ramos da ciência oculta — seja hipnotismo, mesmerismo ou ainda os segredos da produção de fenômenos físicos, etc. —, sem o conhecimento dos fundamentos e princípios filosóficos desses poderes, é como um barco sem leme lançado a um mar tempestuoso.

A diferença entre Teosofia e Espiritismo

P: Mas vocês não acreditam no espiritismo?

T: Se por "espiritismo" você quer dizer a explicação que os espíritas dão sobre alguns fenômenos anormais, então decididamente *não acreditamos*. Eles sustentam que essas manifestações são todas produzidas pelos espíritos de mortais desencarnados, em geral seus parentes, que retornam à Terra, dizem, para se comunicar com aqueles que eles um dia amaram, ou a quem estão apegados. Nós negamos isso frontalmente. Afirmamos que os espíritos dos mortos não podem retornar à Terra — salvo em casos raros e excepcionais, dos quais posso falar mais tarde. Nem se comunicar com os homens, exceto *por meios inteiramente subjetivos*. Aquilo que/ apa- 28
rece objetivamente é apenas o fantasma do que foi o homem físico. Mas no espiritismo *psíquico*, e, por assim dizer, "espiritual", nós decididamente acreditamos.

P: Vocês negam os fenômenos também?

T: Certamente que não — salvo casos de fraude consciente.

P: Como então vocês os explicam?

T: De muitas maneiras. As causas de tais manifestações não são de forma alguma tão simples quanto os espíritas gostariam de acreditar. Em primeiríssimo lugar, o *deus ex machina* das assim chamadas "materializações" é geralmente o corpo astral[1] ou "duplo" do mé-

[1] A autora chamava de corpo astral, nessa época, ao *prānamayakosha* dos vedantinos, ou *linga-sharīra* do *Buddhismo* esotérico, sendo hoje mais conhecido como "duplo etérico". (N. ed. bras.)

dium ou de alguém presente. Esse corpo *astral* é também o produtor ou força operante nas manifestações de escrita em lousa, nas do tipo "Davenport", etc.

P: Você diz "geralmente"; então, o que é que produz as restantes?

T: Isso depende do tipo de manifestação. Às vezes o astral permanece, são as "cascas"[2] do *Kāma-loka* das *personalidades* que existiram e se foram; outras vezes, são elementais. "Espírito" é uma palavra de significação ampla e variada. Realmente não sei o significado que os espíritas dão ao termo; mas o que compreendo é que eles pretendem que os fenômenos físicos sejam produzidos pelo *Ego* reencarnante, a "individualidade" *espiritual* e imortal. Essa hipótese nós rejeitamos completamente. A *individualidade consciente* dos desencarnados *não pode se materializar*, nem pode retornar de sua esfera mental "*devachânica*" própria para o plano da objetividade terrena.

P: Mas muitas das comunicações recebidas dos "espíritos" demonstram não apenas inteligência, mas um conhecimento de fatos desconhecidos pelo/ médium, e às vezes nem mesmo conscientemente 29
presentes na mente do investigador ou de quaisquer daqueles que compõem a audiência.

T: Isso não comprova, necessariamente, que a inteligência e o conhecimento dos quais você fala pertencem aos *espíritos* ou emanam de almas *desencarnadas*. Já ouvimos falar de sonâmbulos que compuseram música, fizeram poesia e resolveram problemas de matemática enquanto no estado de transe, sem nunca terem aprendido música ou matemática. Outros responderam de forma inteligente a perguntas que lhes foram feitas, e mesmo, em diversos casos, falaram línguas, tais como hebraico e latim, as quais ignoravam inteiramente enquanto despertos — tudo isso em um estado de sono profundo. Você sustentaria, nesse caso, que isso foi causado por "espíritos"?

---

[1] Resíduos de princípios que foram de personalidades humanas. (N. ed. bras.)

P: Mas como você explicaria isso?

T: Nós afirmamos que a centelha divina no homem, o nosso "Eu espiritual", sendo una e idêntica em sua essência com o Espírito Universal, é praticamente onisciente, mas não pode manifestar seu conhecimento devido aos impedimentos da matéria. Então, quanto menos impedimentos houver — em outras palavras, quanto mais o corpo físico for paralisado quanto à sua própria atividade e consciência independentes, assim como no sono ou transe profundos, ou ainda, na doença —, mais plenamente o Eu *interior* pode se manifestar nesse plano. Essa é a nossa explicação para aqueles fenômenos realmente maravilhosos de uma ordem superior nos quais inteligência e conhecimento inegavelmente são exibidos. Quanto à ordem inferior de manifestações, assim como fenômenos físicos, e aos chavões e às vulgaridades do "espírito" comum, para explicar mesmo o mais importante dos ensinamentos que temos sobre o
assunto/ tomaria mais espaço e tempo do que é possível dedicar 30
a ele agora. Não temos qualquer desejo de interferir na crença dos espíritas mais do que em qualquer outra crença. O *onus probandi* deve recair nos que creem nos "espíritos". E no presente momento, ao mesmo tempo que ainda estão convencidos de que o tipo superior de manifestações ocorre através das almas desencarnadas, seus líderes, e os mais instruídos e inteligentes dentre os espíritas, são os primeiros a confessar que não são *todos* os fenômenos que são produzidos pelos espíritos. Gradualmente eles chegarão a reconhecer toda a verdade; mas enquanto isso, não temos nenhum direito ou desejo de convertê-los aos nossos pontos de vista. Ainda menos porque, como nos casos de *manifestações puramente psíquicas e espirituais*, nós acreditamos na intercomunicação do espírito do homem
vivente com os das personalidades desencarnadas.[1]/ 31

[1] Dizemos que, nesses casos, não são os *espíritos* dos mortos que *descem* à Terra, mas os espíritos dos vivos que *ascendem* às Almas Espirituais puras. Na verdade, não há nem *ascensão* nem *descensão*, mas uma mudança de *estado* ou *condição* do médium. Mantendo seu corpo paralisado, ou "em transe", o Ego espiritual é libertado de seus entraves e se encontra no mesmo plano de consciência dos espíritos desencarnados.

P: Isso significa que vocês rejeitam a filosofia do espiritismo *in totum*?

T: Se por "filosofia" você quer dizer suas toscas teorias, nós de fato a rejeitamos. Mas, na verdade, eles não têm uma filosofia. Seus melhores, mais intelectuais e mais fervorosos defensores assim o dizem. Sua fundamental e única incontestável verdade, ou seja, que os fenômenos ocorrem através de médiuns controlados por forças e inteligências invisíveis, ninguém, exceto um cego materialista da escola de Huxley, negará ou *pode* negar. Com relação à sua filosofia, no entanto, permita-me citar o que o qualificado editor da *Light* – os espíritas não poderiam encontrar mais sábio ou mais dedicado campeão – diz deles e de sua filosofia. O seguinte é o que "M.A. Oxon", um dos poucos espíritas filosóficos, escreveu a respeito da sua falta de organização e seu fanatismo cego.

> Esse ponto merece ser encarado firmemente porque é de vital importância nesse momento. Temos uma experiência e um conhecimento perante os quais todos os outros conhecimentos são comparativamente insignificantes. O espírita mediano fica irritado se alguém se arrisca a contestar seu indubitável conhecimento sobre o futuro e sua certeza absoluta sobre a vida que virá. Ali onde outros homens, ao penetrarem na escuridão do futuro, tatearam com mãos hesitantes, ele caminha audaciosamente como se tivesse um mapa e soubesse o caminho. Onde outros homens se acomodaram a uma aspiração piedosa, ou se contentaram com uma fé hereditária, ele se gaba de saber o que eles apenas acreditam, e de que com suas ricas fontes ele pode suprir as crenças

---

Portanto, se há alguma atração espiritual entre os dois, *eles podem se comunicar*, como frequentemente ocorre em sonhos. A diferença entre uma natureza mediúnica e outra não sensitiva é a seguinte: o espírito libertado de um médium tem a oportunidade e a facilidade de influenciar os órgãos passivos de seu corpo físico em transe, para fazê-los agir, falar e escrever por sua vontade. O EGO pode fazê-lo repetir como um eco, e na linguagem humana, os pensamentos e as ideias da entidade desencarnada, assim como os seus próprios. Mas o organismo *não receptivo* ou *não sensitivo* de alguém muito positivo ["ativo", em oposição a "receptivo" (N. ed. bras.)] não pode ser influenciado dessa forma. Por isso, embora dificilmente haja um ser humano cujo Ego não mantenha livre comunicação durante o sono de seu corpo com aqueles a quem amou e perdeu, ainda assim, por causa da positividade e não receptividade de seu envoltório e cérebro físicos, nenhuma lembrança, ou então uma muito tênue, como um sonho, permanece na memória da pessoa, uma vez desperta.

> agonizantes deles, construídas apenas sobre esperanças. Ele é soberbo ao lidar com as mais caras expectativas humanas. "Vocês têm esperanças", ele parece dizer, "sobre aquilo que eu posso demonstrar". "Vocês aceitaram uma crença tradicional, quando eu posso provar experimentalmente, de acordo com o método científico mais estrito. As velhas crenças estão agonizando; venham para fora, afastem-se delas. Elas contêm tanta falsidade quanto verdades. Somente construindo sobre
> o alicerce seguro/ dos fatos demonstrados pode a sua superestrutura 32
> ser estável. Por toda a sua volta as velhas crenças estão desmoronando. Evitem o desastre e salvem-se!"
>
> Quando se vem a tratar com tão soberbo personagem em termos práticos, qual é o resultado? Muito curioso, e muito desapontador. Ele está tão certo do chão onde pisa que não se dá ao trabalho de avaliar a interpretação que outros atribuem a seus fatos. A sabedoria das eras se ocupou da explicação que ele, com razão, considera provada, mas ele não dá sequer uma olhada nessas pesquisas. Ele nem mesmo concorda completamente com seu irmão espírita. É novamente a história da velha escocesa que fundou uma "igreja" com seu marido. Eles tinham chaves exclusivas para o céu, ou melhor, ela as tinha, pois ela "não estava muito certa sobre Jamie". Assim, as infinitamente divididas, e subdivididas e ressubdivididas seitas dos espíritas acenam com suas cabeças, e "não estão muito certas" umas sobre as outras. Novamente, a experiência coletiva da humanidade é sólida e invariável sobre o fato de que união é força, e a desunião uma fonte de fraqueza e fracasso. Ombro a ombro, treinada e disciplinada, uma turba se torna um exército, cada homem se equiparando a uma centena de homens destreinados que possam vir contra ele. A organização, em todas as esferas do trabalho humano, significa sucesso, economia de tempo e trabalho, proveito e desenvolvimento. Falta de método e de planejamento, trabalho ocasional, energia intermitente e esforço indisciplinado significam desmazelado fracasso. A voz da humanidade atesta a verdade. O espírita aceita o veredito e atua de acordo com a conclusão? De fato, não. Ele se recusa a se organizar. Ele é sua própria lei, e um espinho para seus vizinhos. (*Light*, 22 de junho de 1889.)

P: Disseram-me que a Sociedade Teosófica foi originalmente fundada para aniquilar o espiritismo e a crença na sobrevivência da individualidade no homem.

T: Você está mal-informado. Nossas crenças estão todas fundamenta-

das nesta individualidade imortal. Mas, como tantos outros, você está confundindo *personalidade* com individualidade. Seus psicólogos ocidentais não parecem ter estabelecido qualquer distinção clara/ entre as duas. No entanto, é precisamente essa diferença que 33
dá a nota-chave para a compreensão da filosofia oriental, e que jaz na raiz da divergência entre os ensinamentos teosóficos e espíritas. E, embora isso possa trazer para nós ainda maior hostilidade de alguns espíritas, tenho de afirmar aqui que a Teosofia é o puro e verdadeiro Espiritismo, enquanto o esquema moderno que leva esse nome é, como agora praticado pelas massas, simplesmente materialismo transcendental.

P: Por favor, explique sua ideia mais claramente.

T: O que quero dizer é que, embora nossos ensinamentos insistam na identidade entre espírito e matéria, e embora digamos que espírito é matéria *potencial* e que matéria é simplesmente espírito cristalizado (como o gelo é vapor solidificado, por exemplo), e já que a condição original e eterna de *tudo* não é espírito, mas, por assim dizer, "*metaespírito*" (a matéria visível e sólida sendo simplesmente sua manifestação periódica), sustentamos que o termo espírito pode ser aplicado somente à *verdadeira* individualidade.

P: Mas qual é a diferença entre essa "verdadeira individualidade" e o "Eu", o "Ego" do qual todos temos consciência?

T: Antes que eu possa responder sua pergunta, temos de discutir o que você quer dizer com "Eu" ou "Ego". Nós fazemos distinção entre o simples fato da autoconsciência, o simples sentimento de que "Eu sou eu", e o pensamento complexo de que "Eu sou o João da Silva" ou "Maria de Souza". Como acreditamos em uma série de nascimentos de um mesmo Ego, ou reencarnação, essa distinção é o pivô fundamental de toda a ideia. Veja: "João da Silva" significa, na realidade, uma longa série de experiências diárias amarradas pelo fio da/ memória, formando o que o João da Silva chama de "ele 34
mesmo". Mas nenhuma dessas "experiências" é realmente o "Eu" ou o "Ego", nem dão ao João da Silva o sentimento de que ele é ele

mesmo, pois ele esquece a maior parte de suas experiências diárias, e elas produzem nele o sentimento da "Egoidade" apenas enquanto duram. Nós, teósofos, portanto, fazemos a distinção entre esse feixe de "experiências", que chamamos de *falsa personalidade* (porque muito finita e evanescente) e aquele elemento no homem ao qual o sentimento de "Eu sou eu" é atribuído. É a esse "Eu sou eu" que chamamos *verdadeira* individualidade; e dizemos que esse Ego ou individualidade representa, assim como um ator, muitos papéis no palco da vida.[1] Chamemos cada nova vida do mesmo *Ego* na Terra, uma *noite* no palco de um teatro. Em uma noite o ator, ou Ego, aparece como Macbeth, na próxima como Shylock, na terceira como Romeu, na quarta como Hamlet ou Rei Lear, e assim por diante, até que ele tenha percorrido todo o ciclo de encarnações. O Ego começa sua peregrinação de vida como um espectro, um duende, um Ariel, por exemplo; depois faz o papel de um figurante: é um soldado, um criado, um membro do coro; ascende então a papéis falados, representa *papéis* principais alternados com papéis insignificantes, até que, finalmente, despede-se do palco como Próspero, o *Mago*.

P: Compreendo. Vocês dizem, então, que esse verdadeiro Ego não pode
retornar à Terra depois da morte./ Mas certamente o ator tem a 35
liberdade, se ele preservou o seu senso de individualidade, de retornar, se quiser, à cena de suas ações anteriores?

T: Dizemos que não, simplesmente porque um tal retomo à Terra seria incompatível com o estado de pura bem-aventurança após a morte, como estou preparada para provar. Dizemos que o homem sofre tantos tormentos não merecidos durante sua vida, através dos erros de outros com os quais está associado ou por causa de seu ambiente, que ele tem direito assegurado ao descanso e à quietude perfeitos, se não bem-aventurança, antes de assumir novamente o fardo da vida. No entanto, podemos discutir isso em detalhes mais tarde.

---

[1] Veja, adiante, "Sobre Individualidade e Personalidade".

Por que a Teosofia é aceita?

P: Eu compreendo até certo ponto, mas vejo que seus ensinamentos são muito mais complicados e metafísicos do que o espiritismo ou o pensamento religioso corrente. Você pode me dizer, então, o que fez com que esse sistema de Teosofia que vocês sustentam despertasse tanto interesse e tanta animosidade ao mesmo tempo?

T: Acredito que haja diversas causas para isso; entre outras que podem ser mencionadas está, *primeiro*, a grande reação às teorias grosseiramente materialistas que estão prevalecendo entre os mestres da ciência. *Em segundo lugar*, uma insatisfação generalizada com a teologia artificial das várias igrejas cristãs e o número de seitas conflitantes que aumenta diariamente. *Em terceiro*, uma percepção sempre crescente do fato de que credos que são tão óbvia e mutuamente autocontraditórios *não podem ser verdadeiros*, e que pretensões não comprovadas *não podem ser reais*. Essa descrença natural nas religiões convencionais é apenas fortalecida pelo seu completo fracasso em preservar a moral e purificar a sociedade e as massas. *Em quarto*, uma convicção por parte de muitos, e *conhecimento* por parte de uns poucos, de que tem de haver em algum lugar um sistema filosófico e religioso que seja científico/ e não meramente 36
especulativo. *Finalmente*, uma crença, talvez, de que tal sistema tem de ser procurado em ensinamentos que antecedem, em muito, qualquer fé moderna.

P: Mas por que esse sistema foi apresentado justo agora?

T: Justamente porque se considerou que chegou o tempo apropriado, fato demonstrado pelos esforços determinados de tantos estudantes sérios para alcançar a *verdade*, a qualquer custo e seja lá onde ela se oculte. Vendo isso, seus guardiães permitiram que ao menos algumas porções daquela verdade fossem proclamadas. Se a formação da Sociedade Teosófica tivesse sido adiada por mais alguns anos, metade das nações civilizadas teria se tornado, por essa época, materialista radical, e a outra metade antropomorfista e fenomenalista.

P: Devemos considerar a Teosofia, de alguma maneira, como uma revelação?

T: De maneira nenhuma – nem mesmo no sentido de um nova e direta revelação de *seres* superiores, sobrenaturais ou, pelo menos, *super-humanos*, mas apenas no sentido de um "desvendamento" de verdades muito antigas para mentes que até então as ignoravam, assim como ignoravam até mesmo a existência e a preservação de qualquer conhecimento arcaico.[1]/ 37

P: Você falou de perseguição. Se a verdade é de fato como representada pela Teosofia, por que esta encontrou tanta oposição e não teve uma aceitação geral?

T: Novamente, por muitas e várias razões, sendo uma delas a aversão que os homens sentem pelas "inovações", que é como as denominam. O egoísmo é essencialmente conservador e detesta ser perturbado. Ele prefere uma *mentira* fácil e cômoda à maior verdade, se esta última exigir sacrifício, mesmo que seja do menor de seus confortos. O poder da inércia mental é enorme em qualquer coisa que não prometa benefício e recompensa imediatos. Nosso tempo é proeminentemente prático e não espiritual. Além disso, há o caráter pouco familiar dos ensinamentos teosóficos; a natureza altamente abstrusa das doutrinas, algumas das quais categoricamente

---

[1] Entrou na "moda", em especial recentemente, ridicularizar a noção de que alguma vez existiu, nos *mistérios* de povos grandiosos e civilizados como os egípcios, os gregos ou os romanos, qualquer coisa além da impostura sacerdotal. Mesmo os rosacruzes não eram mais do que meio lunáticos, meio velhacos. Numerosos livros foram escritos sobre eles, e escritores novatos, que mal haviam ouvido falar desse assunto alguns anos antes, lançaram-se como profundos críticos e gnósticos no tema da alquimia, dos filósofos do fogo e do misticismo em geral. No entanto, uma longa série de hierofantes do Egito, da Índia, da Caldeia e da Arábia são conhecidos, juntamente com os maiores filósofos e sábios da Grécia e do Ocidente, por terem incluído sob a designação de sabedoria e ciência divina todo conhecimento, pois consideravam a base e a origem de toda arte e ciência como *essencialmente* divinas. Platão considerava os *mistérios* altamente sagrados, e Clemente de Alexandria, que foi ele mesmo iniciado nos Mistérios de Elêusis, declarou "que as doutrinas ensinadas ali continham a meta final de todo conhecimento humano". (*Strom.*, Livro V, cap. XI). Eram Platão e Clemente dois velhacos ou dois tolos – nos perguntamos –, ou as duas coisas?

contrárias a muitas das extravagâncias humanas acalentadas por sectários, que corroeram o próprio cerne das crenças populares. Se acrescentarmos a isso os esforços pessoais e a grande pureza de vida exigidos daqueles que se tornariam os discípulos do círculo *interno*, e a categoria muito restrita de pessoas a quem regras inteiramente altruístas atrairiam, torna-se fácil perceber a razão por que a Teosofia está condenada a um trabalho tão lento e penoso. Essa é essencialmente a filosofia daqueles que sofrem e perderam qualquer esperança de ser libertados do lamaçal da vida por quaisquer outros meios. Além disso, a história de todo sistema de crença ou moral recém-introduzido em solo estrangeiro mostra que seu
início foi obstaculizado por/ todos os meios que o obscurantismo e 38
o egoísmo puderam idealizar. "A coroa do inovador é uma coroa de espinhos", realmente! Não se pode colocar abaixo edifícios velhos e carcomidos sem algum perigo.

P: Isso tudo diz respeito antes à ética e à filosofia da ST. É possível para você dar-me uma ideia geral da própria Sociedade, dos seus objetivos e estatutos?

T: Isso nunca foi segredo. Pergunte, e receberá respostas precisas.

P: Mas ouvi dizer que vocês estão comprometidos por juramentos?

T: Apenas na Seção "Esotérica" ou *Secreta*.

P: E também que alguns membros, após deixarem-na, não se consideram comprometidos com o juramento? Eles estão corretos?

T: Isso mostra que sua ideia de honra é imperfeita. Como podem estar corretos? Foi bem dito na *Path* (Senda), nossa revista teosófica em Nova Iorque, ao tratar desse assunto: "Suponha que um soldado é julgado por infringir seu juramento e sua disciplina, e é dispensado do serviço. Em sua revolta perante a justiça que chamou sobre si, e de cujas penalidades havia sido claramente prevenido, o soldado se dirige ao inimigo com informações – um espião e um traidor – como vingança contra seu chefe anterior, e alega que seu castigo o liberou de seu juramento de lealdade a uma causa." Você acha que isso o justifica? Você não acha que ele merece ser considerado um homem desonrado, um covarde?

P: Creio que sim; mas algumas pessoas não pensam assim.

T: Tanto pior para elas. Mas falaremos sobre isso mais tarde, se você desejar./ 39

III

O Sistema de Trabalho da Sociedade Teosófica

Os objetivos da Sociedade

P: Quais são os objetivos da Sociedade Teosófica?

T: São três, e assim tem sido desde o princípio. (1) Formar o núcleo de uma Fraternidade Universal da Humanidade, sem distinção de raça, cor ou credo. (2) Promover o estudo de escrituras arianas e outras, das religiões e ciências do mundo, e vindicar a importância da literatura asiática antiga, a saber, das filosofias bramânica, *buddhista* e zoroastriana. (3) Investigar os mistérios ocultos da Natureza sob todos os aspectos possíveis, e os poderes psíquicos e espirituais latentes no homem especialmente. Esses são, de forma geral, os três principais objetivos da Sociedade Teosófica.

P: Você pode fornecer informações mais detalhadas sobre eles?

T: Podemos dividir cada um dos três objetivos em tantas cláusulas explicativas quantas forem necessárias./ 40

P: Então comecemos com o primeiro. A que meios vocês recorreriam para promover um tal sentimento de fraternidade entre raças que são conhecidas por pertencerem às mais diversas religiões, costumes, crenças e modos de pensamento?

T: Permita-me acrescentar o que você parece não estar querendo expressar. É claro que sabemos que, com exceção de dois remanescentes de raças — os parses e os judeus —, todas as nações estão divididas, não meramente contra todas as outras nações, mas mesmo contra si próprias. E isso é mais proeminente entre as assim chamadas nações cristãs civilizadas. Daí a sua surpresa, e a razão pela qual nosso primeiro objetivo parece a você uma utopia. Não é assim?

P: Bem, sim; mas o que vocês têm a dizer contra isso?

T: Nada contra o fato, mas muito sobre a necessidade de remover as causas que fazem da Fraternidade Universal uma utopia neste momento.

P: No seu ponto de vista, quais são essas causas?

T: Primeiro, e acima de tudo, o egoísmo próprio da natureza humana. Esse egoísmo, em vez de ser erradicado, é a cada dia fortalecido e estimulado, para se tornar um sentimento feroz e irresistível, pela educação religiosa atual, que tende não apenas a encorajá-lo, mas, positivamente, a justificá-lo. As ideias das pessoas sobre o que é certo e o que é errado foram inteiramente pervertidas pela aceitação literal da Bíblia judaica. Todo o altruísmo dos ensinamentos de Jesus se tornou um assunto meramente teórico para a oratória dos púlpitos, enquanto os preceitos de egoísmo prático ensinados na Bíblia mosaica, contra os quais Cristo tanto pregou em vão, ficaram impregnados no próprio cerne da vida das nações ocidentais. "Olho
por olho/ e dente por dente" se tornou a primeira máxima da sua 41
lei. Agora, eu afirmo abertamente e sem qualquer temor que *apenas a Teosofia* pode erradicar a perversidade dessa doutrina, assim como de tantas outras.

A origem comum do homem

P: Como?

T: Simplesmente demonstrando, sobre bases lógicas, filosóficas, metafísicas e mesmo científicas, que: (a) todos os homens têm espiritualmente e fisicamente a mesma origem, o que é o ensinamento fundamental da Teosofia. (b) Como a humanidade tem fundamentalmente uma única e mesma essência, e essa essência é una – infinita, incriada e eterna, quer a chamemos Deus ou Natureza –, nada, portanto, pode afetar uma nação ou um homem sem afetar todas as outras nações e todos os outros homens. Isso é tão certo e tão óbvio quanto o fato de que uma pedra atirada em uma pequena lagoa movimentará, mais cedo ou mais tarde, cada uma das gotas de água contidas nela.

P: Mas isso não é o ensinamento de Cristo, e sim uma noção panteísta.

T: É exatamente aí que está o seu engano. É puramente *cristão*, embora *não* judaico, e portanto, talvez por isso suas nações bíblicas preferem ignorá-lo.

P: Isso é uma indiscriminada e injusta acusação. Quais são suas provas para uma afirmação como essa?

T: Estão perfeitamente à mão. Alega-se que Cristo teria dito: "Amai-vos uns aos outros"[1] e "Amai vossos inimigos", pois "se amardes/ 42
(apenas) os que vos amam, que galardão (ou mérito) tereis? Não fazem os *publicanos*[2] também o mesmo? E se saudardes unicamente os vossos irmãos, o que fazeis mais do que os outros? Não fazem os

[1] João 13:34.

[2] Publicanos – considerados iguais aos tantos ladrões e assaltantes daqueles dias. Entre os judeus, o nome e a profissão de um publicano era a coisa mais odiada no mundo. Não lhes era permitida a entrada no Templo, e Mateus (xviii, 17) fala do pagão e do publicano como idênticos. No entanto, eles eram apenas coletores de impostos romanos, ocupando a mesma posição que os funcionários britânicos na Índia e em outros países colonizados no Século XIX.

publicanos também assim?”[3] Essas são as palavras do Cristo. Mas o *Gênesis, ix, 25*, diz: “Maldito seja Canaã; servo dos servos seja aos seus irmãos.” Portanto, os cristãos bíblicos preferem a lei de Moisés à lei de amor do Cristo. Eles se baseiam no Velho Testamento, que alcovita todas as suas paixões, suas leis de conquista, anexação e tirania sobre raças que chamam de inferiores. A história somente nos dá uma ideia, embora inadequada, dos crimes que foram cometidos com base nessa passagem infernal (se tomada ao pé da letra)
do Gênesis.[4]/ 43

P: Entendi que você disse ter sido a identidade de nossa origem física provada pela ciência, e que a de nossa origem espiritual o foi pela Religião-Sabedoria. No entanto, não vemos os darwinistas exibindo grande afeição fraternal.

---

[3] Mateus 5:44-47.

[4] “No final da Idade Média, sob o poder de forças morais, a escravidão desapareceu quase completamente da Europa. Mas dois acontecimentos momentosos subjugaram o poder moral que atuava na sociedade europeia, liberando um enxame de maldições tais sobre a face da Terra como a humanidade dificilmente havia conhecido. Um deles foi a primeira viagem a uma costa bárbara e populosa onde os seres humanos eram artigo usual de tráfico; e o outro o descobrimento de um novo mundo, onde minas de cintilantes riquezas eram abertas, na medida em que se conseguisse importar mão de obra para trabalhar nelas. Por quatrocentos anos, homens, mulheres e crianças foram arrancados de todos aqueles a quem conheciam e amavam para serem vendidos na costa da África a mercadores estrangeiros; eram acorrentados nos porões dos navios — com frequência mortos e vivos juntos — durante as horrorosas “travessias”, e, de acordo com Bancroft, um historiador imparcial, duzentos e cinquenta mil, de mais de três milhões de seres, foram atirados ao mar naquela travessia fatal, enquanto os remanescentes foram enviados a inomináveis misérias nas minas, ou sob o chicote aos campos de cana-de-açúcar e arroz. A culpa desse grande crime recai sobre a Igreja Cristã. “Em nome da Santíssima Trindade” o governo espanhol (católico romano) firmou mais de dez tratados autorizando a venda de quinhentos mil seres humanos; em 1562, Sir John Hawkins zarpou para a sua diabólica missão de comprar escravos na África e vendê-los nas Índias Ocidentais em um navio que levava o nome sagrado de Jesus; enquanto Elizabeth, a Rainha Protestante, recompensou-o por seu sucesso nessa primeira aventura de ingleses naquele tráfico desumano, permitindo-lhe usar como escudo de armas ‘um meio mouro em sua cor natural, atado com uma corda’, ou, em outras palavras, um escravo negro acorrentado.” *Conquests of the Cross* (Conquistas da Cruz). Citado do *Agnostic Journal* (Revista Agnóstica).

T: Exatamente. Isso é o que demonstra a deficiência dos sistemas materialistas, e prova que nós teósofos estamos com a razão. A identidade de nossa origem física não apela aos nossos mais elevados e profundos sentimentos. A matéria, despojada de sua alma e espírito, ou sua divina essência, não pode falar ao coração humano. Mas a identidade da alma e do espírito do homem real, imortal, como a Teosofia nos ensina, uma vez provada e profundamente enraizada em nossos corações, nos levaria longe no caminho da caridade verdadeira e da boa vontade fraternal.

P: Mas como a Teosofia explica a origem comum do homem?

T: Ensinando que a *raiz* de toda a Natureza, objetiva e subjetiva, e tudo o mais no Universo, visível e invisível, *é, foi e sempre será* uma essência absoluta, da qual tudo vem e para a qual tudo retorna. Isso é
filosofia ariana, representada plenamente apenas pelos vedantinos/ 44
e pelo sistema *buddhista*. Com esse objetivo em mente, é dever de todo teósofo promover de todas as formas práticas, e em todos os países, a difusão de uma educação *não sectária*.

P: O que os estatutos escritos de sua Sociedade aconselham seus membros a fazer, além disso? No plano físico, quero dizer.

T: Com o objetivo de despertar sentimentos fraternos entre as nações, devemos tomar parte na permuta internacional de artes e produtos úteis, por meio de conselhos, informações e cooperação com todos os indivíduos e associações que o mereçam (contanto que, acrescentam os estatutos, "nenhum benefício ou porcentagem sejam tomados pela Sociedade ou por seus membros por seus serviços nessa associação"). Para usar um exemplo prático, a organização de sociedade descrita por Edward Bellamy em sua magnífica obra *Looking Backwards* (Olhando para Trás) representa admiravelmente a ideia teosófica da qual deveria ser o primeiro grande passo na direção da plena realização da fraternidade universal. O estado de coisas que ele descreve não alcança a perfeição porque o egoísmo ainda existe e opera nos corações dos homens. Mas em geral, o egoísmo e o individualismo foram superados pelo sentimento de solidariedade e fraternidade mútua, e o esquema de vida ali descrito reduz as causas, tendendo a criar e promover o egoísmo apenas em uma medida mínima.

P: Então, como teósofa, você tomará parte no esforço para realizar um ideal tal como esse?

T: Certamente; e nós o provamos através da ação. Você não ouviu falar dos clubes e do partido nacionalista que surgiram na América desde a publicação do livro de Bellamy? Agora eles estão assumindo a
dianteira proeminentemente, e o farão/ cada vez mais à medida que 45
o tempo for passando. Bem, esses clubes e esse partido foram iniciados primeiramente por teósofos. Um dos primeiros clubes, o Clube Nacionalista de Boston, Massachussets, tem como presidente e secretário dois teósofos, e a maioria de sua direção executiva pertence à ST. Na constituição de todos os seus clubes, e do partido que eles estão formando, a influência da Teosofia e da Sociedade é evidente, pois todos assumem como base o seu primeiro e fundamental princípio, a fraternidade da humanidade, como ensinada pela Teosofia. Em sua declaração de princípios, eles afirmam: "O princípio da fraternidade da humanidade é uma das verdades eternas que governam o progresso do mundo em linhas que distinguem a natureza humana da natureza bruta." O que pode ser mais teosófico do que isso? Mas não é o suficiente. Também é necessário impregnar nos homens a ideia de que, se a raiz da humanidade é una, então também tem de haver uma verdade que encontra expressão em todas as várias religiões — com exceção da judaica, já que não se encontra *expressa* nem mesmo na Cabala.

P: Isso se refere à origem comum das religiões, e aí você pode estar certa. Mas como isso se aplica à fraternidade prática no plano físico?

T: Em primeiro lugar, porque aquilo que é verdade no plano metafísico tem de ser também verdade no físico. Em segundo, porque não existe fonte mais fértil de ódio e conflito do que as diferenças religiosas.

Quando uma parte ou outra pensa que é a única possuidora da verdade absoluta, torna-se perfeitamente natural que ela pense que seu vizinho está nas garras do Erro ou do Demônio. Porém, uma vez que se consiga fazer ver a um homem que nenhuma/ delas tem a 46
verdade *inteira*, mas que todas elas são mutuamente complementares; que a verdade completa pode ser encontrada apenas nos pontos de vista combinados de todas; e que depois que o falso em cada uma delas tiver sido excluído, então a verdadeira fraternidade na religião será estabelecida. O mesmo se aplica ao mundo físico.

P: Por favor, explique um pouco mais.

T: Considere um exemplo. Uma planta consiste de uma raiz, uma haste e de muitos brotos e folhas. Sendo a humanidade como um todo a haste que cresce da raiz espiritual, então a haste é a unidade da planta. Machuque a haste, e é óbvio que todos os brotos e folhas sofrerão. Assim é com a espécie humana.

P: Sim, mas se você danificar uma folha ou um broto, você não danificará toda a planta.

T: E portanto você acha que ao prejudicar *um* homem você não prejudica a humanidade? Mas como *você* sabe? Você tem consciência de que mesmo a ciência materialista ensina que qualquer dano, por leve que seja, a uma planta, afeta todo o curso de seu crescimento e desenvolvimento futuros? Portanto, você está enganado, e a analogia é perfeita. Se, no entanto, você não atentar para o fato de que um corte em um dedo com frequência pode fazer todo o corpo sofrer, e reagir sobre todo o sistema nervoso, tenho de lembrá-lo que pode haver outras leis espirituais operando nas plantas e nos animais, assim como na humanidade, apesar de que, ao não reconhecer sua ação sobre as plantas e os animais, você possa negar a existência delas.

P: A que leis você se refere?

T: Nós as chamamos leis *kármicas*; mas você não poderá compreender

o pleno sentido do termo a menos que estude Ocultismo./ No en- 47
tanto, meus argumentos não se basearam na admissão dessas leis, mas sim na analogia da planta. Expanda a ideia, leve-a para uma aplicação universal, e logo você descobrirá que, na verdadeira filosofia, toda ação física tem seu efeito moral e permanente. Machuque um homem fisicamente; você pode pensar que sua dor e sofrimento não podem se alastrar de modo algum para seus vizinhos, muito menos para pessoas de outras nações. Afirmamos que *se alastrarão, a seu tempo*. Portanto, dizemos que a menos que todos os homens compreendam e aceitem *como uma verdade axiomática* que, prejudicando *um* homem, nós prejudicamos não apenas a nós mesmos mas à humanidade inteira em longo prazo, nenhum sentimento fraternal tal como preconizaram todos os grandes Reformadores, especialmente Buddha e Jesus, será possível sobre a Terra.

Nossos outros objetivos

P: Você poderia agora explicar os métodos pelos quais você propõe realizar o segundo objetivo?

T: Reunir, na biblioteca de nossa sede em Adyar, Madras (e pelos membros das Lojas nas suas bibliotecas locais), todos os bons trabalhos sobre as religiões do mundo que pudermos. Colocar na forma escrita informações corretas sobre as várias filosofias, tradições e lendas antigas e disseminar esses trabalhos por meios práticos, tais como a tradução e publicação de obras originais de valor, trechos e comentários sobre elas, ou as instruções orais de pessoas versadas em suas
respectivas áreas de conhecimento./ 48

P: E quanto ao terceiro objetivo — desenvolver no homem seus poderes espirituais ou psíquicos latentes?

T: Isso também tem de ser realizado por meio de publicações, nos lugares onde as palestras e o ensino pessoal não são possíveis. Nosso dever é manter vivas no homem suas intuições espirituais. Opor-nos e combater — após a devida investigação e prova de sua natureza irracional — o fanatismo em todas as formas: religiosa, científica ou social, e a *hipocrisia* sobretudo, seja como sectarismo religioso ou como crença em milagres ou em qualquer coisa sobrenatural. O que temos de fazer é procurar obter *o conhecimento* de todas as leis da Natureza e difundi-lo. Encorajar o estudo das leis menos compreendidas pelas pessoas de hoje — as assim chamadas Ciências Ocultas — *baseado no verdadeiro conhecimento da Natureza*, e não, como atualmente é feito, *em crenças supersticiosas fundamentadas na fé cega e na autoridade*. O folclore e as tradições populares, embora fantasistas às vezes, quando depurados podem levar à descoberta de segredos da Natureza há muito perdidos, porém importantes. A Sociedade, portanto, visa prosseguir nessa linha de investigação, na esperança de alargar o campo de observação científica e filosófica.

O caráter sagrado do juramento

P: Vocês têm algum sistema ético que realizam na Sociedade?

T: A ética está lá, pronta e clara o suficiente para quem quiser segui-la. Ela é a essência e a nata da ética mundial, reunida a partir dos ensinamentos de todos os/ grandes reformadores do mundo. Assim, 49
você encontrará representados ali Confúcio e Zoroastro, Lao-Tsé e a *Bhagavad-Gitā*, os preceitos de Gautama Buddha e Jesus de Nazaré, de Hillel e sua escola, assim como de Pitágoras, Sócrates, Platão e suas escolas.

P: Os membros de sua Sociedade praticam esses preceitos? Ouvi dizer que há grandes dissensões e disputas entre eles.

T: Muito naturalmente, já que, embora a reforma (na sua forma presente) possa ser considerada nova, os homens e as mulheres a serem reformados são da mesma natureza humana e pecadora como os de antigamente. Como já dito, os membros *trabalhadores* dedicados são poucos; mas são muitas as pessoas sinceras e bem dispostas, que fazem o melhor que podem para viver à altura dos ideais da Sociedade e dos seus próprios. Nosso dever é encorajar e assistir membros individualmente no autoaprimoramento intelectual, moral e espiritual; e não censurar ou condenar aqueles que fracassam. Não temos, estritamente falando, qualquer direito de recusar admissão a ninguém — especialmente na *Seção Esotérica* da Sociedade, onde "aquele que ingressa é como se fosse um recém-nascido". Mas se algum membro, não obstante o sagrado juramento assumido sob sua palavra de honra e perante seu Eu imortal, escolhe conservar com o novo homem — depois daquele "novo nascimento" — os vícios ou defeitos de sua antiga vida, e ainda se entregar a eles quando na Sociedade, então, naturalmente, é mais do que provável que será solicitado a se demitir e se retirar; ou, em caso de recusa, será expulso. Temos as mais rigorosas regras para tais emergências.

P: Pode mencionar algumas?

T: Sim. Para começar, nenhum membro na Sociedade, seja a exotérica
ou a esotérica, tem o direito de impingir suas opiniões pessoais/ a 50
outros membros. "Não é lícito a *qualquer diretor da Sociedade-mãe* expressar em público, por palavra ou ato, qualquer hostilidade ou preferência por qualquer seção[1] específica, religiosa ou filosófica. Todas possuem igual direito de ter as características essenciais de sua crença religiosa expostas ante o tribunal de um mundo imparcial. E nenhum diretor da Sociedade, na qualidade de diretor, tem o direito de pregar seus próprios pontos de vistas e crenças sectárias a membros reunidos, exceto quando a reunião se constituir de correligionários de sua religião. Após o devido aviso, a violação desta regra será punida com a suspensão ou a expulsão." Essa é uma das ofensas à Sociedade em geral. Quanto à seção interna, agora chamada *Esotérica*, as regras a seguir foram estabelecidas e adotadas, desde 1880: "Nenhum membro utilizará egoisticamente qualquer conhecimento comunicado a ele por qualquer membro da primeira seção (agora um 'grau' superior); a violação da regra será punida com a expulsão." Atualmente, no entanto, antes que qualquer co-

[1] Um Grupo ou Loja composta somente de correligionários de uma religião, ou uma Loja *in partibus*, como são agora algo bombasticamente chamadas.

nhecimento seja comunicado, o candidato tem de se obrigar por um juramento solene a não utilizá-lo para propósitos egoístas, nem a revelar qualquer coisa dita a não ser com permissão.

P: Mas um membro expulso ou demissionário da seção é livre para revelar qualquer coisa que tenha aprendido, ou quebrar qualquer cláusula do juramento que fez?

T: Certamente que não. Sua expulsão ou demissão apenas o libera da
obrigação de obedecer ao instrutor e de/ tomar parte ativa no tra- 51
balho da Sociedade, mas certamente não do juramento sagrado de segredo.

P: Mas isso é razoável e justo?

T: Mais do que seguramente. Para qualquer homem ou mulher que tenha o mais leve sentimento de honra, um juramento de segredo assumido mesmo sob sua *palavra de honra*, quanto mais perante seu Eu Superior – o Deus interno –, é inviolável até a morte. E embora ele ou ela possa deixar a Seção e a Sociedade, nenhuma pessoa honrada pensará em atacar ou prejudicar um organismo com o qual foi assim comprometida.

P: Mas isso não é ir longe demais?

T: Talvez, de acordo com o baixo padrão de moralidade dos tempos atuais. Mas, se não vincula dessa forma, qual a utilidade de um *juramento*, afinal? Como alguém espera ser ensinado em conhecimento secreto, se for para se liberar de todos as obrigações que assumiu quando bem desejar? Que segurança, confiança ou crédito poderia haver entre os homens, se juramentos tais como esse não tivessem uma força realmente comprometedora? Acredite-me, a lei de retribuição (*Karma*) rapidamente alcançaria alguém que quebrou assim seu juramento e talvez tão brevemente quanto o desprezo de todo e qualquer homem honrado, mesmo nesse plano físico. Como bem formulado na revista *Path* de Nova Iorque, há pouco citada sobre esse assunto, "*um juramento uma vez feito é para sempre obrigató-*

rio, tanto no mundo moral quanto no oculto. Se o quebramos uma vez e somos punidos, isso não justifica que o quebremos novamente, e na medida em que o fizermos, a poderosa alavanca da Lei [do *Karma*] reagirá sobre nós." (*The Path* [A Senda], vol. IV, julho de 1889, p. 98-99). / 52

IV

As Relações da Sociedade Teosófica com a Teosofia

Sobre o autoaperfeiçoamento

P: Então o ponto em que mais se insiste na sua Sociedade é a elevação moral?

T: Sem dúvida! Aquele que aspira a ser um verdadeiro teósofo tem de levar a si mesmo a viver como tal.

P: Se assim é, então, como observei anteriormente, o comportamento de alguns membros contradiz estranhamente essa regra fundamental.

T: De fato. Mas isso não se pode evitar entre nós, mais do que entre aqueles que se autodenominam cristãos e agem como demônios. Isso não é uma falha dos nossos estatutos e regras, mas da natureza humana. Mesmo em algumas Lojas públicas exotéricas, os membros juram, pelo seu "Eu Superior", viver a vida prescrita pela Teosofia. Eles devem levar seu *Eu Divino* a guiar cada um de seus pensamentos e atos, todos os dias e a cada momento de suas vidas. Um verdadeiro teósofo deveria "proceder com justiça e caminhar humildemente".

P: O que você quer dizer com isso?/ 53

T: Simplesmente o seguinte: o eu pessoal tem de esquecer a si mesmo em função dos outros. Permita-me responder-lhe nas palavras de um verdadeiro Filaleteu, um membro da ST que o expressou admiravelmente no *The Theosophist*: "O que cada homem precisa em primeiro lugar é encontrar a si mesmo, e então fazer um inventário honesto de seus conteúdos subjetivos; e, por piores e arruinados que sejam, não estão fora da possibilidade de redenção se nos lançamos a eles com seriedade." Mas quantos o fazem? Todos desejam trabalhar para o desenvolvimento e progresso próprios; muito poucos pelos de outros. Citando o mesmo autor novamente: "Os homens já foram demasiadamente enganados e iludidos; eles devem quebrar seus ídolos, abandonar suas imposturas e trabalhar por si mesmos – não somente isso; há uma pequena palavra a mais: pois aquele que trabalha para si mesmo não deveria de modo algum trabalhar; antes, que ele trabalhe a si mesmo para os outros, para todos. Pois a cada flor de amor e caridade que ele plantar no jardim de seu vizinho, uma erva daninha desaparecerá do seu próprio, e assim, esse jardim dos deuses – a humanidade – desabrochará como uma rosa. Em todas as Bíblias, em todas as religiões, isso é claramente apresentado – mas homens astuciosos primeiramente interpretaram-nas erroneamente, e por fim as mutilaram, materializaram e corromperam. Uma nova revelação não é necessária. Que cada homem seja uma revelação para si mesmo. Que o espírito imortal do homem tome posse do templo de seu corpo, expulse os mercadores e todas as coisas impuras, e assim sua própria humanidade divina o redimirá, pois quando ele for uno consigo mesmo ele conhecerá o 'construtor do Templo'."

P: Isso é puro altruísmo, eu confesso.

T: De fato. E se ao menos um entre dez membros da ST o praticasse, nossa Sociedade seria realmente um corpo de eleitos./ Mas há aque- 54
les entre os não membros que sempre se recusarão a ver a diferença essencial entre Teosofia e Sociedade Teosófica, a ideia e sua corporificação imperfeita. Tais pessoas castigariam o puro espírito – que projeta sua luz divina sobre o veículo, o corpo humano – por todos os pecados e faltas deste último. Isso é justo para um ou outro? Elas

atiram pedras em uma associação que tenta laboriosamente alcançar o seu ideal e trabalhar pela propagação dele, apesar dos maiores obstáculos. Alguns difamam a Sociedade Teosófica apenas porque ela ousa tentar fazer aquilo em que outros sistemas – especialmente a Igreja e o Estado cristão – falharam mais clamorosamente; outros, porque de bom grado preservariam o estado de coisas existente: fariseus e saduceus no lugar de Moisés, e publicanos e pecadores deleitando-se nas mais altas posições, assim como foi sob o Império Romano durante sua decadência. Pessoas de julgamento justo devem se lembrar a qualquer custo que aquele que faz tudo o que pode faz tanto quanto o que realizou o máximo, nesse mundo de possibilidades relativas. Essa é uma verdade trivial, um axioma demonstrado, para os crentes nos Evangelhos, pela parábola dos talentos dados pelo Senhor aos dois servos: aquele que dobrou seus *dois* talentos foi recompensado da mesma forma que o companheiro que havia recebido *cinco*. A cada homem é dado "segundo suas diferentes capacidades".[1]

P: Ainda assim é muito difícil traçar a linha de demarcação entre o abstrato e o concreto nesse caso, já que temos apenas o segundo para formar nosso juízo.

T: Então, por que fazer uma exceção para a ST? A justiça, assim como a caridade, deve começar em casa. Você ultrajaria e zombaria do
Sermão da Montanha porque, até agora, suas leis sociais, políticas/ 55
e mesmo religiosas não apenas falharam em realizar seus preceitos em espírito, mas mesmo na letra morta? Acabem com o juramento nas Cortes, no Parlamento, no exército, e em tudo o mais, e façam como os quacres, se é que vocês querem denominar a si mesmos cristãos. Acabem com as próprias Cortes, pois se vocês seguissem os mandamentos de Cristo, vocês teriam de dar seu casaco àquele que lhes tomou sua capa, e dar a face esquerda ao valentão que lhes gol-

[1] Mateus, 25:15.

peou a direita. "Não resistais ao mal, amai a vossos inimigos, bendizei os que vos maldizem, fazei o bem aos que vos odeiam",[1] "qualquer pois que violar um desses pequenos mandamentos e assim ensinar aos homens, será chamado o menor no Reino dos Céus",[2] "e aquele que lhe chamar 'louco' será réu do fogo do inferno". E por que haveria você de julgar, se não fosse, a seu turno, julgado? Insista que não há diferença entre Teosofia e Sociedade Teosófica, e imediatamente você exporá o sistema cristão e sua própria essência às mesmas acusações, apenas em uma forma mais séria.

P: Por que *mais* séria?

T: Porque enquanto os líderes do movimento teosófico, reconhecendo plenamente suas faltas, tentam se corrigir da melhor forma que podem e reparar o mal que existe na Sociedade, e enquanto suas regras e estatutos estão estruturados no espírito da Teosofia, os legisladores e as igrejas das nações e dos países que se autodenominam cristãs fazem o inverso. Nossos membros, mesmo o pior dentre eles, não são piores do que o cristão comum. Além disso, se os teósofos ocidentais experimentam tanta dificuldade em levar uma vida verdadeiramente teosófica,/ é porque são todos filhos de sua geração. 56
Cada um deles foi um cristão, concebido e educado no sofisma de sua Igreja, nos seus costumes sociais, e mesmo nas suas leis paradoxais. Ele era isso antes de se tornar um teósofo, ou melhor, um membro da Sociedade que leva esse nome, já que nunca é demais repetir que entre o ideal abstrato e o seu veículo há uma importantíssima diferença.

[1] Mateus, 5:39-44.
[2] Mateus, 5:19.

O abstrato e o concreto

P: Por favor, esclareça um pouco mais essa diferença.

T: A Sociedade é um grande organismo de homens e mulheres, composto dos elementos mais heterogêneos. A Teosofia, em seu sentido abstrato, é Sabedoria Divina, ou o agregado de conhecimento e sabedoria que fundamenta o Universo – a homogeneidade do BEM eterno; e no seu sentido concreto, é a soma total desse agregado, como foi concedido pela Natureza ao homem sobre a Terra – e não mais. Alguns membros se empenham devotadamente em realizar e, por assim dizer, objetivar a Teosofia em suas vidas, enquanto outros desejam apenas conhecê-la, e não praticá-la; outros ainda podem ter se filiado à Sociedade meramente por curiosidade ou por um interesse passageiro, ou talvez, ainda, porque alguns de seus amigos pertençam a ela. Como, então, o sistema pode ser julgado pelo padrão daqueles que assumiriam o nome sem qualquer direito a ele? Deve a poesia, ou a musa que a inspirou, ser medida apenas pelos pseudopoetas que agridem nossos ouvidos? A Sociedade pode ser considerada como corporificação da Teosofia apenas em suas motivações abstratas; ela nunca poderá ter a presunção de se considerar o seu/ veículo concreto, já que as imperfeições e fraquezas 57
humanas estão todas representadas em seu corpo; de outra forma, a Sociedade estaria apenas repetindo o grande erro e os abundantes sacrilégios das chamadas Igrejas de Cristo. Se nos permite comparações orientais, a Teosofia é o oceano infinito da verdade, do amor e da sabedoria universais refletindo sua radiância sobre a Terra, enquanto a Sociedade Teosófica é somente uma bolha visível desse reflexo. Teosofia é natureza divina, visível e invisível, e sua Sociedade, a natureza humana tentando ascender à sua fonte divina. Teosofia, finalmente, é o Sol fixo eterno, e sua Sociedade o cometa evanescente que tenta se estabelecer em uma órbita para se tornar planeta, girando eternamente dentro do campo de atração do Sol da verdade. Ela foi formada para auxiliar a demonstrar aos homens que existe tal coisa como a Teosofia, e ajudá-los a ascender a ela pelo estudo e assimilação de suas eternas verdades.

P: Pensei tê-la ouvido dizer que vocês não tinham princípio ou doutrinas próprias.

T: Não as temos mais. A Sociedade não tem sabedoria própria para sustentar ou ensinar. Ela é simplesmente o reservatório de todas as verdades proferidas pelos grandes videntes, iniciados e profetas de todos os tempos históricos e mesmo pré-históricos, pelo menos tanto quanto pode conseguir. Portanto, é meramente o canal através do qual maior ou menor porção da verdade, como encontrada nos ensinamentos acumulados dos grandes mestres da humanidade, é derramada sobre o mundo.

P: Mas essa verdade é inalcançável fora da Sociedade? Todas as igrejas não reivindicam o mesmo?

T: De forma alguma. A inegável existência de grandes iniciados – verdadeiros "Filhos de Deus" – demonstra que tal sabedoria era com
frequência/ alcançada por indivíduos isolados, mas nunca, no en- 58
tanto, sem a orientação de um instrutor, a princípio. Mas a maioria dos seguidores de tais instrutores, ao se tornarem instrutores por seu turno, reduziram a universalidade desses ensinamentos aos estreitos limites de seus próprios dogmas sectários. Foram então adotados e seguidos os mandamentos de apenas *um* mestre escolhido, excluindo-se todos os outros – se é que foram de todo seguidos, note bem, como no caso do Sermão da Montanha. Cada religião é, assim, um fragmento da verdade divina, feita para focalizar um vasto panorama da fantasia humana a qual pretendeu representar e substituir aquela verdade.

P: Mas você não disse que a Teosofia não é uma religião?

T: Definitivamente ela não é, já que é a essência de todas as religiões e da verdade absoluta, uma gota daquilo que subjaz a todos os credos, para valer-me mais uma vez da metáfora. A Teosofia, sobre a Terra, é como a luz branca em relação ao espectro, e cada religião apenas uma das sete cores prismáticas. Ignorando todas as outras e maldizendo-as como falsas, cada um dos raios coloridos especiais reivindica não apenas prioridade, mas ser *o próprio raio branco*, e excomunga mesmo seus próprios matizes, dos claros aos escuros, como heresias. No entanto, assim como o Sol da verdade se eleva cada vez mais sobre o horizonte da percepção humana, e cada raio colorido gradualmente se desvanece até ser finalmente reabsorvido, a humanidade por fim não mais será amaldiçoada por polarizações artificiais, e se perceberá banhada pela pura e branca luz solar da verdade eterna. E isso será *Theosophia*.

P: Sua reivindicação é, então, a de que todas as grandes religiões são derivadas da Teosofia, e que é assimilando-a que o mundo será finalmente salvo da maldição de suas grandes ilusões e erros?/ 59

T: Precisamente. E acrescentamos que nossa Sociedade Teosófica é a humilde semente que, se for regada e se deixada em condições de viver, produzirá finalmente a Árvore do Conhecimento do Bem e do Mal, que é enxertada na Árvore da Vida Eterna. Pois é somente através do estudo das várias grandes religiões e filosofias da humanidade, e da comparação desapaixonada delas com uma mente sem preconceitos, que os homens podem esperar alcançar a verdade. E é especialmente descobrindo e percebendo seus vários pontos concordantes que podemos alcançar esse resultado. Pois tão logo alcancemos — seja pelo estudo ou ensinados por alguém que conheça — seu significado interno, descobrimos, quase que em todos os casos, que ele expressa alguma grande verdade da Natureza.

P: Ouvimos falar da existência passada de uma Idade de Ouro, e o que você descreve seria uma Idade de Ouro a ser realizada em algum tempo futuro. Quando será isso?

T: Não antes que a humanidade, como um todo, sinta a necessidade dela. Uma máxima no *Javidan Kherad* persa diz: "Há dois tipos de verdade — uma manifesta e autoevidente, e outra que requer incessantemente novas demonstrações e provas." E apenas quando este último tipo de verdade se tornar tão universalmente óbvia quanto agora é obscura (e, portanto, passível de ser distorcida pelo sofisma e pela casuística), e somente quando os dois tipos se tornarem mais uma vez um só, é que todas as pessoas poderão ser levadas a ver igualmente.

P: Mas com certeza aqueles poucos que sentiram a necessidade de tais verdades tiveram que se decidir a acreditar em algo definido? Você me diz que, não possuindo a Sociedade quaisquer doutrinas próprias, todo membro pode acreditar no que escolher e aceitar o que quiser. Isso faz parecer como se a Sociedade Teosófica estivesse
empenhada/ em reviver a confusão de línguas e crenças da antiga 60
Torre de Babel. Vocês não têm crenças em comum?

T: O que se quer dizer com a Sociedade não ter princípios ou doutrinas próprias é que nenhuma doutrina ou crença especial é obrigatória para seus membros; mas, naturalmente, isso se aplica apenas ao organismo como um todo. A Sociedade, como lhe foi dito, é dividida em um corpo externo e um interno. Aqueles que pertencem ao último têm, é claro, uma filosofia, ou – se você assim preferir – um sistema religioso próprio.

P: Podemos saber qual é?

T: Não fazemos segredo dele. Foi esboçado alguns anos atrás no *The Theosophist* e no *Esoteric Buddhism* (*O Budismo Esotérico*), e pode ser encontrado ainda mais elaborado em *A Doutrina Secreta*. É baseado na mais antiga filosofia do mundo, chamada Religião-Sabedoria ou Doutrina Arcaica. Se você quiser, pode fazer perguntas, e
as terá respondidas./ 61

V

As Doutrinas Fundamentais da Teosofia

Sobre Deus e a Oração

P: Vocês acreditam em Deus?
T: Depende do que você quer dizer com esse termo.

P: Quero dizer o Deus dos cristãos, o Pai de Jesus e o Criador: em resumo, o Deus Bíblico de Moisés.
T: Em um Deus como esse nós não acreditamos. Rejeitamos a ideia de um Deus pessoal, ou extracósmico e antropomórfico, que é apenas a sombra gigante do *homem* – e nem mesmo do que há de melhor no homem. O Deus da teologia, afirmamos – e provamos – é um amontoado de contradições e uma impossibilidade lógica. Portanto, não temos nada a ver com ele.

P: Apresente suas razões, por favor.
T: São muitas, e não podem todas receber atenção. Mas eis algumas: esse Deus é chamado por seus adoradores de infinito e absoluto, não é?

P: Creio que sim./ 62
T: Então, se é infinito – ou seja, *sem limites* –, e especialmente se é absoluto, como ele pode ter uma forma e ser criador de alguma coisa? Forma implica limitação, e um princípio, assim como um fim;

e, para criar, um Ser tem de pensar e planejar. Como se pode supor que o ABSOLUTO pense — ou seja, que tenha qualquer relação com aquilo que é limitado, finito e condicionado? Isso é um absurdo filosófico e lógico. Mesmo a Cabala hebraica rejeita tal ideia, e portanto faz do Princípio Deífico Absoluto e uno uma Unidade infinita chamada *Ain-Soph*[1]. Para criar, o Criador tem de tornar ativo; e já que isso é impossível para o *ESTADO DE SER ABSOLUTO*[2], o princípio infinito teve de ser mostrado como a causa da evolução (e não da criação) de uma maneira indireta — isto é, através da emanação de si mesmo (outro absurdo, devido dessa vez aos tradutores da Cabala), de *Sephiroth*?[3]

P: Como se explica a existência de cabalistas que, permanecendo como tais, ao mesmo tempo acreditam em Jeová, ou o *Tetragrammaton*?

T: Eles têm liberdade de acreditar no que quiserem, já que suas crenças ou descrenças dificilmente poderiam afetar um fato por si só evidente. Os jesuítas nos dizem que dois mais dois nem sempre somam quatro com/ certeza, desde que dependa da vontade de Deus 63
fazer com que dois mais dois somem cinco. Devemos por tudo isso aceitar seu sofisma?

P: Então vocês são ateus?

T: Não que saibamos, e não a menos que o epíteto de ateu se aplique àqueles que não acreditam em um Deus antropomórfico. Nós acreditamos em um Princípio Divino Universal, a raiz de TUDO, do qual tudo procede e no interior do qual tudo será absorvido no final do grande ciclo do SER.

---

1 *Ain-Soph* = τὸ πᾶν = ὁ ἄπειρος, o infinito, ou ilimitado, na e com a Natureza, o não existente que É, mas não é *um* Ser.

2 *Absoluteness* no original. (N. ed. bras.)

3 Como pode o princípio eterno não ativo emanar ou emitir? O *Parabrahm* dos vedantinos não faz nada disso, e nem *Ain-Soph* da Cabala caldaica. É uma lei eterna e periódica o que origina uma força ativa e criativa (o *Logos*) para emanar do sempre oculto e incompreensível princípio uno, no início de cada *mahamanvantara*, ou novo ciclo de vida.

P: Isso é a antiquíssima reivindicação do panteísmo. Se vocês são panteístas, não podem ser deístas; e se vocês não são deístas, então têm de responder pelo nome de ateus.

T: Não necessariamente. Panteísmo é, novamente, um dos muitos termos mal utilizados, cujo significado real e primitivo foi distorcido pelo preconceito cego e por uma visão unilateral. Se você aceitar a etimologia cristã dessa palavra composta, e formá-la de πᾶυ "tudo" e θεός, "deus", e então imaginar e ensinar que cada pedra e cada árvore na Natureza é um Deus ou O Único Deus, então naturalmente você estará certo ao considerar os panteístas adoradores de fetiches em acréscimo aos seus nomes legítimos. Mas dificilmente você será tão bem-sucedido se usar a etimologia da palavra panteísmo esotericamente, assim como nós fazemos.

P: Qual é, então, a sua definição da palavra?

T: Deixe-me primeiro fazer-lhe uma pergunta. O que você entende por *Pan*, ou Natureza?/ 64

P: A Natureza é, eu suponho, a soma total das coisas que existem em torno de nós; o agregado de causas e efeitos no mundo da matéria, a criação ou Universo.

T: Então é a soma e a ordem personificadas das causas e dos efeitos conhecidos; o total de todas as funções e forças finitas, completamente desconectadas de um Criador ou Criadores inteligentes, e talvez "concebida como uma força única e separada" – como em suas enciclopédias?

P: Acredito que sim.

T: Bem, nós nem levamos em consideração essa natureza objetiva e material, a qual dizemos ser uma ilusão evanescente, nem queremos dizer por πᾶυ a Natureza, no sentido de sua derivação aceita do latim *Natura* (que veio a ser "nascer", de *nasci*). Quando falamos da Deidade e a identificamos com a Natureza – portanto coexistente com ela –, queremos nos referir à Natureza eterna e incriada, e não ao seu agregado de sombras fugazes e irrealidades finitas. Deixamos para os compositores de hinos chamar de Trono de Deus ao céu visível ou ao paraíso, e de Seu escabelo à nossa Terra de lama. Nossa DEIDADE nem está em um paraíso, nem em uma árvore, construção, ou montanha específicas; ela está em todos os lugares, em todos os átomos do Cosmo visível, assim como do invisível; dentro, sobre e em torno de todo átomo invisível e toda molécula divisível; pois ELA é o poder misterioso da evolução e da involução, a potencialidade criativa onipresente, onipotente e mesmo onisciente.

P: Alto lá! Onisciência é prerrogativa de algo que pensa, e vocês negam ao seu Absoluto o poder de pensamento.

T: Nós o negamos ao ABSOLUTO, visto que o pensamento é algo limitado e condicionado. Mas, evidentemente, você esquece que em/ 65
filosofia a inconsciência absoluta é também consciência absoluta, pois de outro modo não seria *absoluta*.

P: Então o seu Absoluto pensa?

T: Não, ELE não pensa, pela simples razão de que ele é o próprio *Pensamento Absoluto*. Ele nem mesmo existe, pela mesma razão, pois é existência absoluta e *Seidade*[1], e não um Ser. Leia o soberbo poema cabalístico de Salomão Ben Yehudah Gebirol, no *Kether-Malkuth*, e você compreenderá: "Tu és um, a raiz de todos os números, mas não como um elemento de numeração; pois a unidade não admite a multiplicação, mudança ou forma. Tu és um, e no segredo de tua unidade os mais sábios dos homens estão perdidos, porque eles não o conhecem. Tu és um, e tua unidade jamais é diminuída, jamais expandida, e não pode ser modificada. Tu ÉS um, e nenhum pensamento meu pode fixar para ti um limite, ou definir-te. Tu ÉS, mas não como um ser existente, pois o entendimento e a visão de mortais não podem alcançar tua existência, nem determinar para ti o onde, o como e o porquê." Em resumo, nossa Deidade é o eter-

[1] *Be-ness*, no original. (N. ed. bras.)

no construtor do Universo, incessantemente, *evolucionário e não criador*; *Universo este que se desdobra a si mesmo* a partir de sua própria essência, e que não é *criado*. É uma esfera sem circunferência, em seu simbolismo, a qual possui apenas um atributo sempre atuante abrangendo todos os outros atributos existentes ou imagináveis — ELA MESMA. É a lei única, que dá o impulso para as leis manifestadas, eternas e imutáveis, no interior daquela LEI nunca manifestada, *porque* absoluta, e que, em seus períodos de manifestação, é O *eterno Vir a ser*.

P: Uma vez ouvi um de seus membros observar que essa Deidade Universal, estando em toda parte, estava em veículos indignos da mesma forma que nos/ dignos e, por essa razão, presente em todos os 66
átomos da cinza de meu charuto! Não é isso uma absoluta blasfêmia?

T: Eu não penso assim, pois a simples lógica dificilmente poderia ser considerada blasfêmia. Se excluíssemos o Princípio Onipresente de um único ponto matemático do Universo, ou de uma partícula de matéria que ocupasse qualquer espaço concebível, poderíamos ainda considerá-lo infinito?

É necessário orar?

P: Vocês acreditam na oração? Vocês rezam?

T: Não; nós *agimos*, em vez de *falarmos*.

P: Vocês não oferecem orações nem mesmo ao Princípio Absoluto?

T: Por que deveríamos? Sendo pessoas muito ocupadas, dificilmente poderíamos perder tempo em dirigir preces verbais a uma pura abstração. O incognoscível somente é capaz de relações em suas partes umas com as outras, mas não existe quanto a quaisquer relações finitas. O Universo visível depende, para sua existência e fenômenos, de suas formas mutuamente ativas e de suas leis, e não de prece ou dos que oram.

P: Vocês não acreditam de forma alguma na eficácia da oração?

T: Não na oração ensinada com tantas palavras e repetida externamente, se, por oração, você entender a súplica externa dirigida a um Deus desconhecido, que foi inaugurada pelos judeus e popularizada pelos fariseus.

P: Existe algum outro tipo de oração?/ 67
T: Com toda certeza; nós a chamamos ORAÇÃO DE VONTADE, e é antes um comando interno do que um pedido.

P: A quem, então, vocês oram quando assim o fazem?
T: Ao "Pai nosso nos céus" — em seu significado esotérico.

P: É diferente do significado dado a ele na Teologia?
T: Completamente diferente. Um ocultista, ou um teósofo, dirige sua prece ao *seu Pai que está em segredo* (leia e tente compreender Mateus, 6:6), e não a um Deus extracósmico, e portanto finito; e esse "Pai" está no próprio homem.

P: Então vocês fazem do homem um Deus?
T: Por favor, diga "Deus", e não *um* Deus. Para nós, o homem interno é o único Deus do qual podemos ter conhecimento. E como poderia ser de outro modo? Considere o nosso postulado de que Deus é um princípio universalmente difundido e infinito, e conclua, então, como poderia somente o homem não estar permeado *pela* e *na Deidade*. Nós chamamos nosso "Pai nos céus" àquela essência deífica dentro de nós, no nosso coração e consciência espiritual, da qual estamos cientes, e que não tem nada a ver com a concepção antropomórfica que possamos formar dela em nossos cérebros físicos ou na imaginação: "Não sabeis vós que sois o templo de Deus, e que o espírito de Deus (o absoluto) habita em vós?"[1] Contudo,/ 68

[1] I *Coríntios*, 3:16. Frequentemente se encontram na literatura teosófica afirmações conflitantes sobre o princípio crístico no homem. Alguns se referem a ele como o sexto princípio (*Buddhi*), outros como o sétimo (*Atman*). Se os teósofos cristãos desejam fazer

que nenhum homem antropomorfize aquela essência em nós. Que nenhum teósofo, se ele se atém à verdade divina, e não à humana, diga que esse "Deus em segredo" ouve, ou é distinto, seja do homem finito ou da essência infinita – pois todos são um. E nem, como há pouco observado, que uma oração é um pedido. Ela é antes um mistério, um processo oculto pelo qual pensamentos e desejos finitos e condicionados, incapazes de serem assimilados pelo espírito absoluto, que é incondicionado, são traduzidos em vontades espirituais e Vontade, sendo tal processo chamado "transmutação espiritual". A intensidade de nossas aspirações ardentes transforma a prece na "pedra filosofal" – ou aquilo que transmuta chumbo em ouro puro. A única essência homogênea, nossa "prece de vontade", torna-se a força ativa ou criativa, produzindo efeitos conforme o nosso desejo.

P: Você quer dizer que a prece é um processo oculto que produz resultados físicos?

T: Sim. O *Poder da Vontade* se torna um poder vivo. Mas pobres dos ocultistas e teósofos que, em vez de eliminarem os desejos do ego pessoal inferior (ou homem físico) e dizerem, dirigindo-se ao seu EGO espiritual *Superior* imerso na luz de *Ātmā-Buddhi*, "seja feita a tua vontade, não a minha", elevam ondas de poder de vontade para propósitos egoístas e profanos! Pois isso é magia negra, abominação e feitiçaria espiritual./ Infelizmente, tudo isso é a ocupação favorita 69
de nossos estadistas e generais cristãos, especialmente quando estes últimos enviam dois exércitos para assassinarem um ao outro.

---

uso dessas expressões, que sejam então filosoficamente corretas; que eles sigam a analogia dos símbolos da antiga Religião-Sabedoria. Dizemos que *Christos* é não apenas um dos três princípios superiores, mas todos os três considerados como uma Trindade. Essa Trindade representa o Espírito Santo, o Pai e o Filho, já que responde como espírito abstrato, espírito diferenciado e espírito corporificado. Krishna e Cristo são filosoficamente o mesmo princípio sob o seu triplo aspecto de manifestação. Na *Bhagavad-Gitā*, Krishna chama a si mesmo, indiferenciadamente, de *Atman*, o espírito abstrato, *Kshetrajna*, o Ego Superior ou reencarnante, e o Eu Universal, todos esses sendo nomes que, quando transferidos do Universo para o homem, respondem como *Ātmā*, *Buddhi* e *Manas*. O *Anugita* está repleto da mesma doutrina.

Ambos se entregam antes da ação a algo dessa feitiçaria, oferecendo respectivamente preces ao mesmo Deus das Hostes, cada um implorando o seu auxílio para cortar a garganta do inimigo.

P: Davi rezou ao Senhor das Hostes para ajudá-lo a derrotar os filisteus e matar os sírios e os moabitas, e "o Senhor protegeu Davi onde quer que ele fosse". Limitamo-nos a repetir aqui apenas o que está na Bíblia.

T: Certamente que sim. Mas, já que vocês se comprazem em chamar a si mesmos cristãos, e não israelitas ou judeus, até onde sabemos, por que vocês não seguem antes o que Cristo diz? E ele nitidamente lhes comanda a não seguir "aqueles dos tempos antigos", ou a lei mosaica, e lhes ordena fazer como ele diz; e avisa àqueles que matarem com a espada que eles também perecerão pela espada. Cristo lhes deu uma oração que vocês transformaram em ostentação e falsidade, porque apenas os lábios a repetem, e a qual ninguém, além do *verdadeiro* ocultista, compreende. Nela vocês dizem, em seu sentido morto: "Perdoai as nossas dívidas, assim como nós perdoamos aos nossos devedores",[1] o que vocês nunca fazem. Novamente, ele lhes disse para *amar os seus inimigos* e *fazer o bem àqueles que os odeiam*. Certamente não foi o "manso profeta de Nazaré" quem lhes ensinou a orar a seu "Pai" para matar e lhes dar vitória sobre seus inimigos! Essa é a razão por que nós rejeitamos o que vocês chamam de "orações".

P: Mas como você explica o fato universal de todas as nações e povos terem orado e adorado a um Deus ou Deuses? Alguns adoraram e ofereceram sacrifícios a *demônios* e espíritos malignos, mas isso apenas prova a universalidade da crença na eficácia da oração./ 70

T: Isso é explicado por aquele outro fato, o de que a oração tem vários outros significados além do dado a ela pelos cristãos. Ela significa não apenas uma súplica ou *pedido*, mas significava, em dias pas-

1 Mateus, 6: 12.

sados, muito mais uma invocação e encantamento. O *mantra*, ou a prece ritmicamente entoada dos hindus, tem precisamente esse sentido, já que os brâmanes se consideram superiores aos *devas* ou "Deuses" comuns. Uma prece pode ser um apelo ou encantamento para maldições e blasfêmias (como no caso de dois exércitos que rezam simultaneamente para a destruição mútua) tanto quanto para bênçãos. E como a grande maioria das pessoas são intensamente egoístas, e oram apenas para si mesmas, pedindo para *receber* o "pão nosso de cada dia" em vez de trabalhar por ele, e implorando a Deus para não deixá-las cair "em tentação", mas para livrá-las (somente aos suplicantes) do mal, o resultado é que a oração, como agora entendida, é duplamente perniciosa: (a) mata no homem a autoconfiança; (b) desenvolve nele um egoísmo e egocentrismo ainda mais ferozes do que aqueles com que já é dotado pela Natureza. Repito: acreditamos na "comunhão" e ação simultâneas em uníssono com nosso "Pai em segredo"; e, em momentos raros de bem-aventurança e êxtase, na fusão da nossa alma superior com a essência universal, atraída que é para sua origem e centro: um estado chamado durante a vida de *Samādhi*, e depois da morte de *Nirvāna*. Recusamo-nos a orar para seres finitos criados — ou seja, deuses, santos, anjos, etc. — porque consideramos isso idolatria. Não podemos orar ao ABSOLUTO pelas razões explicadas anteriormente; portanto, tentamos substituir a prece infrutífera e inútil por ações
meritórias e que produzem o bem./ 71

P: Os cristãos chamariam isso de orgulho e blasfêmia. Estão errados?

T: Completamente. São eles, pelo contrário, que demonstram orgulho satânico em sua crença de que o Absoluto ou o Infinito — mesmo se existisse algo como a possibilidade de qualquer relação entre o não condicionado e o condicionado — se curvariam para ouvir qualquer prece tola ou egoísta. E são eles, mais uma vez, que virtualmente blasfemam ao ensinar que um Deus onisciente e onipotente precisa de preces expressas para saber o que tem de fazer! Isso — compreendido esotericamente — é corroborado tanto por Buddha quanto por Jesus. Um diz: "Não busques nada dos Deuses impotentes – não ores! Mas *antes, age*; pois a escuridão não se iluminará. Não peças nada ao silêncio, pois ele não pode nem falar nem ouvir." E o outro – Jesus – recomenda: "E tudo quanto pedirdes em meu nome (o nome do Cristo), eu farei."[1] É claro que essa citação, se tomada em seu sentido *literal*, vai contra o nosso argumento. Mas se a aceitarmos esotericamente, com o pleno conhecimento do significado do termo *Christos*, que para nós representa *Atma-Buddhi-Manas*, o "EU"[2], então chegamos a esta conclusão: o único Deus a quem devemos reconhecer e orar, ou antes, agir em uníssono com, é aquele espírito de Deus do qual nosso corpo é o templo, e no qual ele habita.

A oração mata a autoconfiança

P: Mas o próprio Cristo não rezava e recomendava a oração?

T: Assim está registrado, mas tais preces são precisamente daquele
tipo de comunhão com o próprio "Pai em/ segredo" que acabamos 72
de mencionar. De outro modo, se identificamos Jesus com a deidade universal, haveria algo absurdamente ilógico na conclusão inevitável que ele, o "próprio Deus", *orava a si mesmo* e separava a vontade daquele Deus da sua própria!

P: Mais um argumento – um, inclusive, muito utilizado por alguns cristãos. Eles dizem: "Sinto que não sou capaz de conquistar quaisquer paixões e fraquezas com minhas próprias forças. Mas quando rezo a Jesus Cristo sinto que ele me dá força, e que em seu poder sou capaz de conquistar."

T: Não admira. Se "Cristo Jesus" é Deus, independente e separado daquele que ora, naturalmente tudo é e *tem de ser* possível a "Deus Todo Poderoso". Mas então onde está o mérito ou a justiça de uma tal conquista? Por que deveria o pseudoconquistador ser recompen-

---

[1] João, 14:13.
[2] *SELF*, no original. (N. ed. bras.)

sado por algo que lhe custou apenas preces? Você, como um simples mortal, pagaria ao seu empregado um dia inteiro de serviço se você fizesse a maior parte do trabalho por ele, enquanto ele se sentasse todo o tempo debaixo de uma macieira e rezasse a você para fazê-lo? Essa ideia – de passar uma vida inteira em ociosidade moral e ter o seu dever e o seu trabalho mais difíceis feitos por uma outra pessoa, seja Deus ou homem – é das mais revoltantes para nós, assim como é das mais degradantes para a dignidade humana.

P: Talvez sim, contudo a ideia de confiar em um Salvador pessoal para ajudar e fortalecer na batalha da vida é a ideia fundamental do Cristianismo moderno. E não há dúvida de que, subjetivamente, tal crença é eficaz, isto é, que aqueles que creem se sentem, de fato, ajudados e fortalecidos.

T: E nem há mais qualquer dúvida de que alguns pacientes dos "cristãos" e "cientistas mentais" – os grandes/ *negadores*[1] – são tam- 73
bém às vezes curados; nem que o hipnotismo e a sugestão, a psicologia e mesmo a mediunidade produzirão tais resultados, tão frequentemente quanto, se não com frequência maior. Você leva em consideração e enumera em seu argumento somente os sucessos. E quanto aos dez vezes mais numerosos fracassos? Certamente você não se atreverá a dizer que os fracassos são desconhecidos entre os cristãos fanáticos, mesmo havendo suficiente fé cega?

P: Mas como você explica aqueles casos em que há pleno êxito? Onde um teósofo procura poder para subjugar suas paixões e egoísmos?

T: Em seu Eu Superior, o espírito divino, ou o Deus nele, e em seu *Karma*. Até quando teremos que repetir, sempre, que uma árvore é conhecida por seus frutos e a natureza da causa por seus efeitos? Você fala de subjugar paixões e se tornar bom através e com

---

[1] A nova seita de curadores que, repudiando a existência de qualquer outra coisa que não espírito – espírito esse que não pode sofrer ou ficar doente –, proclama curar toda e qualquer doença, contanto que o paciente tenha fé de que aquilo que ele nega não pode ter existência. Uma nova forma de auto-hipnotismo.

o auxílio de Deus ou Cristo. Perguntamos: onde se encontram as pessoas mais virtuosas e sem culpa, que se abstêm do pecado e do crime: na Cristandade ou no *Buddhismo*? Nos países cristãos ou em terras pagãs? A estatística está aí para nos dar a resposta e corroborar nossas afirmativas. De acordo com o último censo no Ceilão e na Índia, na tabela comparativa de crimes cometidos por cristãos, muçulmanos, hindus, eurasianos, *buddhistas*, etc., de dois milhões
de pessoas tomadas ao acaso de cada grupo, e cobrindo/ os delitos 74
de vários anos, a proporção de crimes cometidos pelos cristãos fica em quinze contra quatro em relação aos cometidos pela população *buddhista*. (Vide *Lúcifer*, vol. II, abril de 1888, p. 147; *Christian Lecturers on Buddhism* [Conferencistas cristãos falam sobre *Buddhismo*]). Qualquer orientalista ou historicista de algum prestígio, ou viajante em áreas *buddhistas*, desde o Bispo Bigandet e o Abade Huc até *Sir* William Hunter e todos os oficiais que tenham algum senso de justiça, daria a palma da virtude antes aos *buddhistas* do que aos cristãos. No entanto, os primeiros (à exceção da seita *buddhista* siamesa verdadeira) não acreditam seja em Deus ou numa recompensa futura fora dessa Terra. Eles não rezam, sejam sacerdotes ou leigos. "Rezar!" — eles exclamariam admirados — "a quem, ou a quê?"

P: Então eles são verdadeiramente ateus.

T: Sem qualquer dúvida, mas são também os maiores amantes e mantenedores da virtude de toda a face da Terra. O *Buddhismo* diz: respeita as religiões dos outros homens e permanece fiel à tua própria. Mas o Cristianismo da Igreja, denunciando todos os deuses das outras nações como demônios, condenaria qualquer não cristão à perdição eterna.

P: O clero *buddhista* não faz o mesmo?

T: Nunca. Eles se atêm demais aos sábios preceitos do DHAMMAPADA para fazê-lo, pois sabem que "se algum homem, seja instruído ou não, considera-se tão grande a ponto de desdenhar outros homens, ele é como um cego que segura uma vela – ilumina os outros sendo, ele próprio, cego."[1]/ 75

Sobre a origem da alma humana

P: Como, então, vocês explicam o fato do homem ser dotado de espírito e alma? De onde vêm eles?

T: Da Alma Universal. Certamente que não concedidos por um Deus *pessoal*. De onde vem o elemento úmido da água-viva? Do oceano que a rodeia, no qual ela vive e respira e tem o seu ser, e ao qual retorna quando dissolvida.

P: Então vocês rejeitam o ensinamento de que a alma é dada, ou soprada no homem por Deus?

T: Somos obrigados a rejeitá-lo. A "alma" a que se refere o Cap. II, versículo 7 do *Gênesis* é, conforme ali afirmado, a "alma vivente" ou *Nephesh* (a alma vital, animal) com a qual Deus (dizemos "Natureza" e *lei imutável*) dota o homem da mesma forma a que dota qualquer animal; ela não é de forma alguma a alma ou mente pensante; e muito menos é o *espírito imortal*.

P: Bem, vou fazer a pergunta de uma outra maneira: é Deus que dota o homem de uma alma humana *racional* e de um espírito imortal?

T: Novamente temos de objetar à forma como você coloca a questão. Visto que não acreditamos em qualquer Deus *pessoal*, como podemos acreditar que ele dote o homem de alguma coisa? Mas supondo, em prol do argumento, que exista um Deus que assuma o risco de criar uma nova alma para cada bebê recém-nascido, tudo o que se pode dizer é que um Deus como esse dificilmente poderia ser considerado como dotado, ele mesmo, de qualquer sabedoria ou previsão. Algumas outras dificuldades, e a impossibilidade de

---

[1] Do cânone *buddhista* comumente conhecido como *Dhammapada*. Traduzido do chinês para o inglês por Samuel Beal, Kegan Paul, 1902, p. 56.

conciliar isso com as reivindicações de piedade, justiça, equidade e/ 76
onisciência desse Deus, são recifes fatais sobre os quais se destroça a cada dia e hora esse dogma teológico.

P: O que você quer dizer? Que dificuldades são essas?

T: Ocorre-me um argumento irrefutável formulado uma vez em minha presença por um sacerdote *buddhista* do Sri Lanka, famoso pregador, a um missionário cristão – que de nenhum modo era ignorante ou despreparado para a discussão pública na qual o argumento foi formulado. Estavam perto de Colombo, e o missionário havia desafiado o sacerdote Megituwatte a dar suas razões de por que o Deus cristão não deveria ser aceito pelos "pagãos". Bem, o missionário não saiu vitorioso daquela discussão para sempre memorável, como de costume.

P: Gostaria de saber em que sentido.

T: O que aconteceu foi simplesmente o seguinte: o sacerdote *buddhista* começou perguntando ao padre se o seu Deus havia dado a Moisés mandamentos somente para os homens seguirem, e para ele próprio, Deus, desrespeitar. O missionário negou a suposição, indignado. "Bem", disse seu oponente, "você nos diz que Deus não faz exceções a essa regra, e que nenhuma alma pode vir ao mundo sem ser pela sua vontade. Mas Deus proíbe o adultério, entre outras coisas, e no entanto você diz ao mesmo tempo que é ele quem cria todo e qualquer bebê nascido, e o dota de uma alma. Devemos então entender que os milhões de crianças nascidas em crime e adultério são obra de seu Deus? Que seu Deus proíbe e pune a quebra de suas leis, e que, no entanto, *cria diariamente e a cada momento almas justamente para tais crianças?* De acordo com a lógica mais simples, seu Deus é cúmplice nesse crime, já que sem o seu auxílio/ e inter- 77
ferência esses filhos da luxúria não poderiam nascer. E onde está a justiça de punir não apenas os pais culpados, mas também o bebê inocente, por aquilo que foi feito por esse mesmo Deus, ao qual, no entanto, vocês isentam de qualquer culpa?" O missionário então

olhou para o relógio, e repentinamente achou que estava ficando tarde demais para continuar a discussão.

P: Vocês se esquecem de que todos esses casos inexplicáveis são mistérios, e que nossa religião nos proíbe de indagar sobre os mistérios de Deus.

T: Não, nós não nos esquecemos disso, mas simplesmente rejeitamos tais impossibilidades. Nem mesmo queremos que vocês acreditem no que nós acreditamos. Apenas respondemos às perguntas que vocês fazem. Mas temos, no entanto, um outro nome para os seus "mistérios".

Os ensinamentos *buddhistas* sobre o que foi dito acima

P: O que o *Buddhismo* ensina em relação à alma?

T: Depende se você se refere ao *Buddhismo* exotérico e popular ou aos seus ensinamentos esotéricos. O primeiro explica-se em *O Catecismo Budista*[1] desta forma: "Alma é considerada uma palavra usada pelos ignorantes para expressar uma ideia falsa. Se tudo é sujeito à mudança, então o homem está incluído, e toda parte material dele deve mudar. Aquilo que é sujeito à mudança não é permanente, assim não pode haver sobrevivência imortal de algo que é mutável." Isso parece claro e preciso. Mas quando consideramos a questão de que a nova personalidade em cada renascimento seguinte é o agregado de *skandhas*, ou os/ atributos, da *velha* personalidade, e perguntamos se 78
esse novo agregado de *skandhas* é igualmente um *novo* ser, no qual nada permaneceu do anterior, lemos que: "Em um sentido é um novo ser, em outro não é. Durante essa vida os *skandhas* estão continuamente se modificando; o homem A.B. aos quarenta anos de idade é idêntico, no que se refere à personalidade, ao jovem A.B. de dezoito; no entanto, pelo desgaste e reparação constantes de seu corpo e pela

[1] OLCOTT, H. S.. Brasília: Editora Teosófica, 2019 (Nota ed. bras.).

transformação de sua mente e caráter, ele é um ser diferente. Entretanto, o homem na sua velhice colhe com justiça a recompensa ou o sofrimento consequentes aos seus pensamentos e ações de todos os estágios anteriores de sua vida. Assim, o novo ser que renasce, sendo *a mesma individualidade* de antes (mas não a mesma personalidade), apenas com uma forma mudada, ou um novo agregado de *skandhas*, colhe com justiça as consequências de suas ações e pensamentos da existência precedente." Isso é metafísica abstrusa, e evidentemente não expressa *descrença* na alma, de forma alguma.

P: O "*Buddhismo* Esotérico" não fala de algo assim?

T: Sim, pois esse ensinamento pertence tanto ao *Buddhismo* Esotérico, ou Sabedoria Secreta, quanto ao *Buddhismo* exotérico, ou a filosofia religiosa de Gautama Buddha.

P: Mas ouvimos, claramente, que a maioria dos *buddhistas* não acredita na imortalidade da alma.

T: Tampouco nós, se você quer dizer por alma o *Ego pessoal* ou alma da vida – *Nephesh*. Mas qualquer *buddhista* instruído acredita no *Ego divino* ou individual. Aqueles que não acreditam erram em seu julgamento. Estão tão errados nesse ponto quanto os cristãos que confundem as interpolações teológicas dos/ editores mais recentes 79
dos Evangelhos sobre a danação e o fogo do inferno com afirmações *verbatim* de Jesus. Nem Buddha nem "Cristo" escreveram qualquer coisa eles mesmos, mas ambos falaram em alegorias e usaram "expressões obscuras", assim como o fizeram e o farão todos os verdadeiros iniciados, ainda por um longo tempo. Ambas as Escrituras tratam de todas essas questões metafísicas muito cuidadosamente, e os registros *buddhistas*, assim como os cristãos, pecam por esse excesso de exotericismo, onde o sentido da letra morta passa dos limites em ambos os casos.

P: Você está sugerindo que nem os ensinamentos de Buddha nem os de Cristo foram até agora corretamente compreendidos?

T: Sim, eu quero dizer exatamente isso. Os dois Evangelhos, o *buddhista* e o cristão, foram pregados com o mesmo objetivo. Ambos os reformadores eram ardentes filantropos e *altruístas* práticos – *pregando da forma mais inequívoca* o Socialismo do tipo mais nobre e superior, e o autossacrifício até o mais amargo extremo. "Que os pecados de todo o mundo recaiam sobre mim, para que eu possa aliviar a miséria e o sofrimento do homem!", exclama o Buddha; "não deixarei chorar aquele que eu puder salvar!", exclama o Príncipe-mendigo, vestido com os trapos refugados dos cemitérios. "Vinde a mim todos vós que estais cansados e oprimidos, e eu vos aliviarei"[1] é o apelo feito aos pobres e deserdados pelo "Senhor dos Sofrimentos", que não tinha onde descansar sua cabeça. Os ensinamentos de ambos são amor ilimitado pela humanidade, caridade, perdão das injúrias, esquecimento de si mesmo e piedade pelas massas iludidas; ambos mostram o mesmo desdém pelos ricos e não fazem diferença entre *meum* e *tuum*. O desejo de ambos era, sem revelar a *todos* os mistérios sagrados da iniciação, dar aos ignorantes e aos desencaminhados, cujo fardo na vida era pesado demais,/ esperan- 80
ça bastante e uma noção da verdade suficiente para sustentá-los em seus momentos mais difíceis. Mas o objetivo de ambos os reformadores foi frustrado, devido ao excesso de zelo de seus seguidores mais recentes. Tendo as palavras dos Mestres sido mal compreendidas e mal interpretadas, vejam as consequências!

P: Mas certamente Buddha há de ter repudiado a imortalidade da alma, já que todos os orientalistas e seus próprios sacerdotes assim o dizem!

T: Os *Arhats* começaram seguindo a política de seu Mestre, e a maioria dos sacerdotes subsequentes não foi iniciada, da mesma forma que no Cristianismo; e assim, pouco a pouco as grandes verdades esotéricas foram quase totalmente perdidas. Uma prova disso é que, das duas seitas existentes no Ceilão, a siamesa acredita que a morte é a

[1] Mateus, 11: 28.

aniquilação absoluta da individualidade e da personalidade, e a outra explica o *Nirvāna* da mesma forma que nós teósofos explicamos.

P: Mas por que, nesse caso, o *Buddhismo* e o Cristianismo representam os dois polos opostos dessa crença?

T: Porque as condições sob as quais eles foram pregados não foram as mesmas. Na Índia, os brâmanes, ciumentos de seu conhecimento superior, e excluindo dele todas as castas, exceto a sua própria, haviam levado milhões de pessoas à idolatria e quase ao fetichismo. Buddha teve de dar o golpe de misericórdia a uma exuberância de insana fantasia e superstição fanática resultante da ignorância como raramente se teve notícia, antes ou depois. Antes um ateísmo filosófico do que um tal culto ignorante para — "aqueles que clamam por seus deuses
e não são ouvidos, ou não são atendidos" —/ e que vivem e morrem 81
em desespero mental. Ele teve, antes de tudo, que deter essa torrente enlameada de superstição e desenraizar *erros* antes de difundir a verdade. E já que ele não poderia divulgar tudo, pela mesma boa razão que Jesus — o qual advertiu a seus discípulos que os Mistérios dos Céus não são para as massas ignorantes, mas para os eleitos apenas, e portanto "falou a eles em parábolas" (*Mateus*, 13:3,11) — então a precaução levou Buddha a *ocultar demais*. Ele até se recusou a dizer ao monge Vacchagotta se existia ou não um Ego no homem. Quando pressionado a responder, "o Sublime manteve-se em silêncio".[1]

P: Isso se refere a Gautama. Mas em que sentido diz respeito aos Evan-
gelhos?/ 82

[1] Buddha dá a Ananda, seu discípulo iniciado, que pergunta sobre a razão desse silêncio, uma clara e inequívoca resposta no diálogo traduzido por Oldenburg do *Samyutta-Nikaya*: "Se eu, Ananda, quando o monge peregrino Vacchagotta perguntou-me 'o Ego existe?', tivesse respondido 'o Ego existe', então isso, Ananda, teria confirmado a doutrina dos samanas e dos brâmanes, que acreditavam na permanência. Se eu, Ananda, quando o monge peregrino Vacchagotta perguntou-me: 'o Ego não existe?', tivesse respondido 'o Ego não existe', então isso, Ananda, teria confirmado a doutrina daqueles que acreditam no aniquilamento. Se eu, Ananda, quando o monge peregrino Vacchagotta perguntou-me 'o Ego existe?', tivesse respondido 'o Ego existe', teria isso servido

T: Leia sobre a história e reflita. Na época em que se alega que os acontecimentos narrados nos Evangelhos ocorreram, havia uma fermentação intelectual semelhante em todo o mundo civilizado, apenas com resultados opostos no Oriente e Ocidente. Os antigos deuses estavam se extinguindo. Enquanto na Palestina as classes civilizadas eram conduzidas pelos incrédulos saduceus para a negação materialista, e para a mera letra morta da forma mosaica, e em Roma para a dissolução moral, as classes inferiores e mais pobres corriam atrás da feitiçaria e de deuses estranhos, ou se tornavam hipócritas e fariseus. Mais uma vez havia chegado a hora para uma reforma espiritual. O cruel, antropomórfico e ciumento Deus dos judeus, com suas leis sanguinárias de "olho por olho e dente por dente", com derramamento de sangue e sacrifícios animais, tinha de ser relegado a um lugar secundário e substituído pelo piedoso "Pai em Segredo". Este tinha de ser mostrado não como um Deus extracósmico, mas como um Salvador divino do homem de carne, venerado em seu próprio coração e alma, nos pobres assim como nos ricos. Não mais do que na Índia, os segredos da iniciação podiam ser divulgados aqui, para que as coisas sagradas não fossem dadas aos cães e não fossem lançadas pérolas aos porcos, e tanto o *Revelador* quanto as coisas reveladas não fossem pisoteadas. Portanto, as reticências tanto de Buddha quanto de Jesus – tenha este último vivido o período histórico atribuído a ele ou não, e que igualmente se abstiveram de revelar claramente os Mistérios da Vida e da Morte – levaram no primeiro caso às completas negações do *Buddhismo* do Sul, e no outro às três formas conflitantes da Igreja cristã e às trezentas seitas somente na Inglaterra protestante./ 83

---

ao meu propósito, Ananda, produzindo nele o conhecimento de que todas as existências (*dhamma*) são não ego? Mas se eu, Ananda, tivesse respondido 'o Ego não existe', então isso, Ananda, teria apenas feito com que o monge peregrino Vacchagotta fosse lançado de uma perplexidade para outra: 'Meu Ego não existia antes? Mas agora ele não existe mais!'" Isso demonstra, melhor do que qualquer outra coisa, que Gautama Buddha ocultava das massas tais doutrinas metafísicas difíceis, de modo a não deixá-las ainda mais perplexas. O que ele queria expressar era a diferença entre o Ego pessoal temporário e o Eu superior, o qual irradia sua luz sobre o imperecível Ego, o "Eu" espiritual do homem.

VI
Ensinamentos Teosóficos sobre a Natureza e o Homem

A unidade de tudo em tudo

P: Havendo-me explicado o que Deus, a alma e o homem *não* são, em sua visão, poderia me informar o que eles *são*, de acordo com os seus ensinamentos?

T: Na sua origem e eternidade, os três, assim como o Universo e tudo o que há nele, são unos com a Unidade absoluta, a essência deífica incognoscível sobre a qual falei há algum tempo. Não acreditamos em uma *criação*, mas no aparecimento periódico e consecutivo do Universo, do plano de existência subjetivo para o objetivo, a intervalos regulares de tempo, cobrindo períodos de imensa duração.

P: Você pode explicar mais detalhadamente o assunto?

T: Considere como uma primeira comparação e auxílio para uma concepção mais correta o ano solar, e como uma segunda, as duas metades desse ano, produzindo, cada uma, um dia e uma noite de seis meses de duração no Polo Norte. Agora imagine, se puder, em vez
de um ano solar de 365 dias, a ETERNIDADE. Imagine que o Sol/ 84
representa o Universo, e os dias e as noites polares de seis meses cada representam *dias e noites que duram cada um 182 trilhões ou quatrilhões de anos*, em vez de 182 dias cada. Da mesma forma que

o Sol nasce todas as manhãs em nosso horizonte *objetivo*, a partir de seu espaço (para nós) *subjetivo* e antipodal, assim também o Universo emerge periodicamente no plano da objetividade, surgindo do plano da subjetividade — o antípoda do primeiro. Esse é o "Ciclo da Vida". E assim como o Sol desaparece do nosso horizonte, o Universo também desaparece a períodos regulares, quando cai a "Noite Universal". Os hindus chamam a tais alternâncias os "Dias e Noites de *Brahma*", ou o tempo do *Manvantara* e o do *Pralaya* (dissolução). Os ocidentais podem chamá-los Dias e Noites Universais, se preferirem. Durante as últimas (as noites), *Tudo está em Tudo*; cada átomo está transformado em uma homogeneidade.

Evolução e ilusão

P: Mas quem é que cria a cada vez o Universo?

T: Ninguém o cria. A ciência chamaria esse processo de evolução; os filósofos pré-cristãos e os orientalistas o chamaram de emanação; nós, ocultistas e teósofos, vemos nele a única *realidade* universal e eterna que lança um reflexo periódico de *si mesma* nas profundezas espaciais infinitas. Esse reflexo, que vocês veem como o Universo *material* objetivo, nós consideramos como uma *ilusão* temporária, e nada mais. Somente aquilo que é eterno é *real*.

P: Dessa forma, você e eu também somos ilusões?/ 85

T: Como personalidades passageiras, hoje uma pessoa, amanhã uma outra, nós somos. Você chamaria os clarões repentinos da *aurora borealis*, as luzes do norte, de "realidade", embora sejam tão reais quanto possível quando olhamos para eles? Certamente que não. A única realidade é a causa que os produz, se permanente e eterna, enquanto eles são apenas uma ilusão passageira.

P: Tudo isso ainda não explica como essa ilusão chamada Universo se origina; como o consciente *por ser* procede para se manifestar a partir da inconsciência que *é*.

T: É inconsciência apenas para a nossa consciência finita. Com propriedade nós podemos parafrasear o versículo V do primeiro capítulo de São João, dizendo: "E a (absoluta) luz (que é escuridão) resplandeceu nas trevas (que são luz material ilusória); e as trevas não a compreenderam."[1] Essa luz absoluta é também lei absoluta e imutável. Seja através de radiação ou emanação — não precisamos discutir por causa de termos — o Universo procede de sua subjetividade homogênea para o primeiro plano de manifestação, dos quais há sete, segundo nos ensinaram. Em cada plano ele se torna mais denso e material até que chega a este, o nosso plano, no qual o único mundo aproximadamente conhecido e compreendido em sua composição física, pela ciência, é o sistema planetário ou solar — um sistema *sui generis*, segundo nos dizem.

P: O que você quer dizer com *sui generis*?

T: Quero dizer que, embora a lei fundamental e o funcionamento universal das leis da Natureza sejam uniformes, ainda assim o nosso Sistema Solar (como todos os outros sistemas semelhantes dentre os milhões existentes no Cosmo), e mesmo a nossa Terra, tem o
seu próprio programa de manifestações,/ que difere dos respectivos 86
programas de todos os outros. Falamos dos habitantes de outros planetas e imaginamos que, se são *homens*, isto é, entidades pensantes, então têm de ser como nós. A fantasia dos poetas, pintores e escultores nunca deixa de representar até mesmo os anjos como uma linda cópia do homem — *mais* as asas. Dizemos que tudo isso é um erro e um engano, porque se apenas nesta minúscula Terra se encontra uma tal variedade de flora, fauna e raças humanas — da alga marinha ao cedro do Líbano, da água-viva ao elefante, do bosquímano e o negro ao Apolo de Belvedere —, alterando-se as condições cósmicas e planetárias obtém-se necessariamente como resultado uma flora, fauna e raças humanas muito diferentes. As mesmas leis moldarão um conjunto de coisas e seres muito diversos, mesmo

[1] João, 1:5. (N. ed. bras.)

nesse nosso plano, incluindo nele todos os nossos planetas. Quão muito mais diversa tem de ser então a Natureza *externa* em outros sistemas solares, e como é tolo julgar as outras *estrelas* e mundos e seres humanos pelo nosso próprio, como o faz a ciência física!

P: Mas quais são os seus dados para afirmar isso?

T: O que a ciência, em geral, nunca aceitará como prova — o testemunho cumulativo de uma infindável série de Videntes que afirmaram esse fato. Suas visões espirituais, verdadeiras explorações por e através de sentidos físicos e espirituais, não impedidos pela matéria cega, foram sistematicamente checadas e comparadas umas com as outras, e sua natureza minuciosamente examinada. Tudo aquilo que não foi corroborado pela experiência unânime e coletiva foi rejeitado, e somente foi registrado e estabelecido como verdade aquilo que, em várias épocas, sob diferentes climas e através de uma incontável série de observações incessantes, foi reconhecido como concordante e pôde receber confirmações posteriores constantes./ 87
Como você pode ver, os métodos utilizados por nossos estudiosos e discípulos das ciências psicoespirituais não diferem dos métodos dos estudantes das ciências naturais e físicas. Apenas nossos campos de pesquisa estão em dois planos diferentes, e nossos instrumentos não são feitos por quaisquer mãos humanas, e talvez por essa razão sejam somente os mais confiáveis. As retortas, os acumuladores e microscópios dos químicos e naturalistas podem se danificar; o telescópio e os instrumentos horologiais do astrônomo podem se estragar; os nossos instrumentos de registro estão além da influência do tempo ou dos elementos.

P: E portanto vocês têm fé implícita neles?

T: Fé é uma palavra que não se encontra nos dicionários teosóficos. Dizemos *conhecimento baseado na observação e na experiência*. Há a diferença, no entanto, de que enquanto a observação e a experiência da ciência física levam os cientistas a formular tantas hipóteses "de trabalho" quantas mentes existam para desenvolvê-las, o nosso *conhecimento* consente em adicionar somente aqueles fatos que se tornaram inegáveis e que foram plena e absolutamente demonstrados. Não temos duas crenças ou duas hipóteses sobre o mesmo assunto.

P: É com base nesses dados que você veio a aceitar as teorias estranhas que encontramos no "*Buddhismo* Esotérico"?

T: Exatamente. Essas teorias podem estar ligeiramente incorretas em seus detalhes menores, e mesmo falhas na sua exposição por estudantes leigos; no entanto, elas são fatos na Natureza, e chegam mais perto da verdade do que qualquer hipótese científica./ 88

Sobre a constituição setenária do nosso planeta

P: Pelo que compreendi, você descreve a nossa Terra como parte de uma cadeia de terras?

T: Sim. Mas as outras seis "terras" ou globos não estão no mesmo plano de objetividade da nossa Terra; portanto, não podemos vê-las.

P: Isso é por causa da grande distância?

T: Não, de forma alguma, pois nós vemos a olho nu planetas e estrelas a distâncias imensuravelmente maiores; mas sim porque esses seis globos estão fora dos nossos meios físicos de percepção, ou plano de existência. Não apenas porque sua densidade material, peso ou estrutura sejam inteiramente diferentes dos da nossa Terra e dos outros planetas conhecidos, mas também porque estão (para nós) numa *camada* do espaço, por assim dizer, completamente diferente, uma camada que não pode ser percebida ou sentida por nossos sentidos físicos. E quando digo "camada", por favor não permita que sua imaginação lhe sugira algo como estratos ou colchões colocados uns sobre os outros, pois isso levaria apenas a mais uma concepção errônea e absurda. O que quero dizer por "camada" é aquele plano do espaço infinito que, por sua própria natureza, não pode entrar

em nossas percepções comuns de vigília, sejam mentais ou físicas, mas que existe na Natureza fora de nossa mentalidade ou consciência normal, fora de nosso espaço tridimensional e de nossa divisão de tempo. Cada um dos sete planos fundamentais (ou camadas) no espaço – naturalmente considerados como um todo, assim como o puro espaço da definição de Locke, e não como o nosso/ espaço 89
finito – tem sua própria objetividade e subjetividade, seus próprios espaço e tempo, sua própria consciência e conjunto de sentidos. Mas isso tudo dificilmente seria compreensível para alguém treinado nas modernas formas de pensamento.

P: O que você quer dizer com conjunto diferente de sentidos? Há alguma coisa no nosso plano humano que poderia servir de ilustração ao que você está dizendo, para nos dar uma ideia mais clara do significado dessa variedade de sentidos, espaços e respectivas percepções?

T: Não, não há nada. Exceto, talvez, aquilo que para a ciência seria um excelente pretexto para um contra-argumento. Nós temos um conjunto diferente de sentidos nos sonhos, não temos? Sentimos, falamos, ouvimos, vemos, percebemos o gosto e funcionamos de uma maneira geral em um plano diferente; a mudança do estado de nossa consciência é evidenciada pelo fato de que uma série de atitudes e eventos que abrangeriam anos, na forma que pensamos, passam idealmente através de nossa mente em um instante. Bem, essa extrema rapidez de nossas operações mentais nos sonhos, e a perfeita naturalidade de todas as outras funções durante esse período, nos mostram que estamos em um plano completamente diferente. A nossa filosofia nos ensina que, assim como há sete forças fundamentais na Natureza e sete planos de existência, há também sete estados de consciência nos quais o homem pode viver, pensar, lembrar-se e ter o seu ser. Enumerá-los aqui é impossível, e para isso tem-se de estudar a metafísica oriental. Mas quanto a estes dois estados – o de vigília e o de sonhos –, qualquer mortal comum, do filósofo erudito ao pobre selvagem mais inculto, tem uma boa prova de que tais estados diferem.

P: Vocês não aceitam, então, as bem conhecidas explicações da biologia e da fisiologia em relação ao estado de sonho?/ 90

T: Não. Rejeitamos mesmo as hipóteses de seus psicólogos, e preferimos os ensinamentos da sabedoria oriental. Acreditando que existem sete planos cósmicos de ser e sete estados de consciência, em relação ao Universo ou macrocosmo, paramos no quarto plano, pois consideramos impossível ir além disso com qualquer grau de certeza. No entanto, com respeito ao microcosmo, ou homem, especulamos livremente acerca de seus sete estados e princípios.

P: E como você os explica?

T: Encontramos, em primeiro lugar, dois seres distintos no homem: o espiritual e o físico; o homem que pensa e o homem que registra o máximo desses pensamentos que é capaz de assimilar. Portanto nós o dividimos em duas naturezas distintas: a superior, ou o ser espiritual, composta de três "princípios" ou *aspectos*; e a inferior, ou o quaternário físico, composta de *quatro* — ao todo, *sete*.

A natureza setenária do homem

P: É o que chamamos espírito e alma, e o homem de carne?

T: Não. Essa é a velha divisão platônica. Platão era um iniciado, e, portanto, não podia entrar em detalhes proibidos; mas aquele que conhece a doutrina arcaica encontra os sete nas várias combinações de alma e espírito de Platão. Ele considerava o homem como constituído de duas partes — uma eterna, formada da mesma essência do Absoluto, a outra mortal e corruptível, tendo suas partes constituintes originadas dos Deuses *menores*, "criados". O homem
é composto, ele mostra, de (1) um corpo mortal;/ (2) um princípio 91
imortal; e (3) um "tipo de alma mortal separada". É isso que nós chamamos, respectivamente, de homem físico, alma espiritual ou espírito e alma animal (*Nous* e *Psique*). Essa é a divisão adotada por Paulo, outro iniciado, que sustenta que existe um corpo psíquico implantado no corruptível (a alma ou corpo astral), e um corpo

DIVISÃO TEOSÓFICA		
Quaternário Inferior		
Termos sânscritos	Significado esotérico	Explicação
(a) *Rūpa*, ou *Sthūla-sharīra*	(a) Corpo físico	(a) É o veículo de todos os outros "princípios" durante a vida.
(b) *Prāna*	(b) Vida, ou princípio vital	(b) Necessário apenas para a, c, d e para as funções de *Manas* inferior, que abrangem todas as funções limitadas ao cérebro (físico).
(c) *Linga-sharīra*	(c) Corpo astral [1]	(c) O Duplo, o corpo-fantasma.
(d) *Kāma-rūpa*	(d) A sede dos desejos e paixões animais	(d) É o centro do homem animal, onde está a linha de demarcação que separa o homem mortal da entidade imortal./ 92
A tríade superior imperecível		
Termos sânscritos	Significado esotérico	Explicação
(e) *Manas* – um princípio dual em suas funções	(e) Mente, Inteligência: que é a mente humana superior, cuja luz ou irradiação liga a MÔNADA, durante a vida, ao homem mortal	(e) O estado futuro e o destino *kármico* do homem dependem de se *Manas* gravita mais para baixo em direção a *Kāma-rūpa*, o lugar das paixões animais, ou para cima em direção a *Buddhi*, o Ego espiritual. No último caso, a consciência superior das aspirações espirituais individuais da mente (*Manas*), assimilando *Buddhi*, é por este absorvida formando o Ego, que entra em bem-aventurança "*devachânica*". [2]
(f) *Buddhi*	(f) A alma espiritual	(f) O veículo do espírito universal puro.
(g) *Ātmā*	(g) Espírito	(g) Uno com o Absoluto, como sua irradiação.

[1] Blavatsky chamava de corpo astral ou duplo astral ao que a partir da edição do livro *A Sabedoria Antiga* [Brasília: Editora Teosófica, 2004], de Annie Besant, passou a se chamar "duplo etérico", porque Annie Besant restringiu o uso do nome "corpo astral" ao corpo que se desloca no plano astral (*Bhuvar-loka* ou *Kāma-loka*), constituído assim de matéria astral, correspondendo ao princípio que Blavatsky chama de *Kāma-rūpa*. (N. ed. bras.)

[2] No livro *O Budismo Esotérico*, de A.P. Sinnett, *d*, *e* e *f* são chamadas respectivamente de almas animal, humana e espiritual, nomes igualmente satisfatórios. Embora os prin-

espiritual, criado em substância incorruptível. Mesmo Tiago (3:15) corrobora essa ideia dizendo que a "sabedoria" (de nossa alma inferior) não vem do alto, mas é terrena ("psíquica", "demoníaca" – vide o texto grego), enquanto a outra sabedoria é celestial. Tão claro é esse conceito que Platão e mesmo Pitágoras, ao falarem de apenas três "princípios", dão a eles sete funções separadas, em suas várias combinações, que, se contrastadas com nossos ensinamentos, tornarão isso bastante evidente. Vamos dar uma rápida olhada nesses sete aspectos através das duas tabelas na página anterior.

Agora, o que Platão ensina? Ele fala do *homem interno* como constituído de duas partes – uma imutável e sempre igual, formada da mesma substância da Divindade, e a outra mortal e corruptível.[1] Essas "duas partes" são encontradas em nossa *Tríade* superior e no *Quaternário* inferior (vide tabela na página anterior). Ele explica que quando a alma, *Psique*, "se alia ao *Nous*[2]/ (substância ou espírito di- 93
vinos), ela faz tudo de forma correta e feliz"; mas o oposto acontece quando ela se liga a *Anoia* (a insensata, ou a alma animal irracional). Aqui, então, temos *Manas* (ou a alma em geral) em seus dois aspectos: quando se alia a *Anoia* (o nosso *Kāma-rūpa*, ou a "alma animal" no *Buddhismo Esotérico*), ela se precipita em direção ao aniquilamento total, no que concerne ao Ego pessoal; quando se alia ao *Nous* (*Ātmā-Buddhi*), funde-se ao Ego imortal e imperecível, e então sua consciência espiritual, do Ego pessoal que existiu, torna-se imortal.

---

cípios no *Buddhismo Esotérico* estejam numerados, isso é inútil, estritamente falando. Apenas a Mônada dual (*Ātmā-Buddhi*) é suscetível de ser concebida como os dois números mais altos (o sexto e o sétimo). Em relação a todos os outros, visto que somente *aquele* "princípio" que é predominante no homem tem de ser considerado como o primeiro e principal, nenhuma numeração é possível como regra geral. Em alguns homens é a Inteligência superior (*Manas*, ou o quinto) que domina os demais; em outros é a alma animal (*Kāma-rūpa*) que reina suprema, exibindo os instintos mais bestiais, etc.

1 Timeu, XXXI, 69 c.

2 Paulo chama de "Espírito" ao *Nous* de Platão; mas como esse espírito é "substância", então é claro que se refere a *Buddhi*, e não a *Ātmā*, pois o último não pode ser filosoficamente chamado de "substância" sob hipótese alguma. Incluímos *Ātmā* entre os "princípios" humanos para não criar confusão adicional. Na realidade esse não é o princípio "humano", mas sim o princípio universal absoluto do qual *Buddhi*, a Alma-Espírito, é o veículo.

A distinção entre alma e espírito

P: Vocês de fato ensinam, como são acusados por alguns espíritas e espiritistas franceses, o aniquilamento de toda e qualquer personalidade?

T: Não ensinamos. Mas já que a questão da dualidade – a *individualidade* do Ego Divino e a *personalidade* do animal humano – envolve a questão da possibilidade do Ego imortal real aparecer em *sessões espíritas* como um "espírito materializado", o que nós negamos – como já explicado –, nossos oponentes iniciaram essa descabida acusação./ 94

P: Você acabou de falar da *Psique* se dirigindo para seu completo aniquilamento caso se alie a *Anoia*. O que queria dizer Platão, e o que você quer dizer com isso?

T: Eu penso que o *completo* aniquilamento da consciência *pessoal* é um caso raro e excepcional. A regra geral e quase invariável é a fusão da consciência pessoal na individual ou imortal do Ego, uma transformação ou transfiguração divina, e o aniquilamento completo apenas do *quaternário* inferior. Você esperaria que o homem de carne, ou a *personalidade temporária*, sua sombra, o "astral", seus instintos animais e mesmo sua vida física sobrevivessem juntamente com o "EGO espiritual" e se tornassem eternos? Naturalmente tudo isso cessa de existir, seja com a morte corporal ou logo após. Desintegra-se inteiramente com o tempo e desaparece da visão, sendo aniquilado como um todo.

P: Então vocês também rejeitam a *ressurreição da carne*?

T: Decididamente sim. Por que deveríamos nós, que acreditamos na filosofia esotérica arcaica dos Antigos, aceitar as especulações não filosóficas da teologia cristã mais recente, emprestadas dos sistemas exotéricos egípcios e gregos dos gnósticos?

P: Os egípcios reverenciavam espíritos da Natureza e deificavam até mesmo cebolas; os seus hindus são *idólatras* até hoje; os zoroastristas cultuavam, e ainda cultuam, o Sol; e os melhores filósofos gregos ou eram sonhadores ou materialistas — vide Platão e Demócrito. Como você pode comparar?

T: Pode ser assim em seu catecismo cristão moderno, e mesmo no catecismo científico, mas não o é para as mentes não tendenciosas. Os egípcios reverenciavam o "Um-Único-Um" como *Nut*; e é dessa/ palavra que Anaxágoras derivou sua denominação *Nous*, ou, 95
como ele próprio a define, Νους αὐτοκρατής, "a Mente ou Espírito autopotente", ἀρχή τῆς κινήσεως o motor principal ou *primum mobile* de tudo. Para ele o *Nous* era Deus e o *Logos* era o homem, sua emanação. O *Nous* é o espírito (seja no Cosmo ou no homem), e o *Logos*, seja Universo ou corpo astral, a emanação do primeiro, sendo o corpo físico meramente o animal. Nossos poderes externos percebem *phenomena*; apenas nosso *Nous* é capaz de reconhecer os seus *noumena*. Somente o *Logos*, ou o *noumenon*, sobrevive, porque é imortal em sua própria natureza e essência, e o *Logos* no homem é o EGO Eterno, aquele que reencarna e permanece para sempre. Mas como pode a sombra evanescente ou externa, a veste temporária daquela emanação divina que retorna à fonte de onde proveio, ser *aquela que é criada na incorruptibilidade?*

P: Ainda assim, dificilmente vocês poderiam escapar da acusação de terem inventado uma nova divisão dos componentes espiritual e psíquico do homem; isso porque nenhum filósofo fala deles, apesar de vocês acreditarem que Platão o faz.

T: Eu sustento o ponto de vista. Além de Platão, há Pitágoras, que também seguiu a mesma ideia.[1] Ele descrevia a alma como uma uni-

---

[1] "Platão e Pitágoras", diz Plutarco, "distribuem a alma em duas partes, a racional (noética) e a irracional (*agnoia*); a parte racional da alma do homem é eterna; pois embora não seja Deus, ainda assim é o produto de uma deidade eterna; mas aquela parte da alma que é destituída de razão (*agnoia*) morre." [*De placitio philosophorum*, Livro IV, Cap. IV, VII]. O termo moderno "Agnóstico" vem de *Agnosis*, uma palavra cognata. Por que razão teria Huxley, o criador da palavra, conectado seu grande intelecto com "a alma destituída de razão", que morre? É devido à humildade exagerada dos materialistas modernos?

dade autônoma (a Mônada), composta de três elementos:/ *Nous* 96
(espírito), *Phren* (mente) e *Thumos* (vida, alento, ou o *Nephesh* dos cabalistas),[1] que correspondem respectivamente aos nossos *Ātmā-Buddhi* (Espírito-Alma superior), *Manas* (o Ego) e *Kāma-rūpa* em conjunto com o reflexo *inferior* de *Manas*. Aquilo que os filósofos gregos antigos denominaram, de modo geral, alma, nós chamamos de espírito ou *alma* espiritual, *Buddhi*, como o veículo de *Ātmā* (o *Agathon*, ou a Deidade Suprema de Platão). O fato de Pitágoras e outros afirmarem que *Phren* e *Thumos* são por nós compartilhados com os animais prova que, nesse caso, eles estão se referindo ao reflexo *manásico inferior* (instinto) e a *Kāma-rūpa* (paixões animais viventes). E desde que Sócrates e Platão aceitaram a pista e a seguiram, se a estes cinco — ou seja, *Agathon* (Deidade ou *Ātmā*), *Psique* (Alma em seu sentido coletivo), *Nous* (espírito ou mente), *Phren* (mente física) e *Thumos* (*Kāma-rūpa* ou paixões) — adicionarmos o *Eidolon* dos Mistérios, a *forma* de sombra[2] ou duplo humano, e o *corpo físico*, será fácil demonstrar que as ideias de Pitágoras e Platão eram idênticas às nossas. Mesmo os egípcios sustentavam a divisão setenária. Na sua partida — eles ensinavam —, a alma (Ego) tinha que passar por suas sete câmaras ou princípios —, deixando alguns para trás e levando alguns consigo. A única diferença é que — sempre mantendo em mente a penalidade de revelar as doutrinas dos Mistérios, que era a *morte* — eles transmitiram os ensinamentos em esboços amplos, enquanto nós os elaboramos e explicamos em detalhes. Mas embora nós de fato forneçamos ao mundo tanto quanto seja lícito, mesmo em nossa doutrina conservamos mais de um detalhe importante em segredo, os quais *somente* aqueles que estudam a filosofia esotérica, e fizeram juramento de
sigilo, *podem conhecer*./ 97

---

[1] Diogenes Laertius, *Lives* (Vidas), VIII, I, 30.
[2] *Shadowy*, no original. (N. ed. bras.)

Os ensinamentos gregos

P: Dispomos de excelentes especialistas em grego, latim, sânscrito e hebraico. Como é que não encontramos nada em suas traduções que nos forneça uma chave para o que você está dizendo?

T: Porque os seus tradutores, apesar de seu grande conhecimento, transformaram os filósofos, especialmente os gregos, em escritores *misteriosos*,[1] em vez de místicos. Tome como um exemplo Plutarco e leia o que ele fala sobre "os princípios" do homem. Aquilo que ele descreve foi aceito literalmente e atribuído à superstição metafísica e à ignorância. Deixe-me ilustrar o que digo: "O homem", diz Plutarco, "é composto; e *estão errados aqueles que pensam ser ele composto de duas partes apenas*. Porque imaginam que o entendimento (intelecto cerebral) é uma parte da alma (a Tríade superior); mas erram nisso tanto quanto aqueles que fazem da alma uma parte do corpo, ou seja, aqueles que fazem da Tríade uma parte do *quaternário* mortal corruptível. Pois o entendimento (*nous*) tanto excede à alma, quanto a alma é melhor e mais divina do que o corpo. Agora, essa composição da alma (ψυχή) com o entendimento (νοῦς) constitui a razão; e com o corpo (ou *thumos*, a alma animal), constitui a paixão — da qual esta é o início ou princípio do prazer e da dor, e aquela, da virtude e do vício. Dessas três partes combinadas e compactadas, a Terra deu o corpo, a Lua a alma e o Sol o entendimento para a geração do homem."[2]

Essa última frase é puramente alegórica, e será compreendi-
da/ apenas por aqueles que são versados na ciência esotérica das 98
correspondências e que sabem qual planeta está *relacionado a cada princípio*. Plutarco divide esses princípios em três grupos, e faz do corpo uma combinação de estrutura física, sombra astral e alento, ou a parte tríplice inferior, que "da terra foi tirada e à terra retorna"; do princípio intermediário e da alma instintiva, a segunda parte,

[1] *Misty*, no original. (N. ed. bras.)

[2] *On the Face in the Orb of the Moon* (Sobre a Face na Órbita da Lua), parágrafo 28.

originada *de* e *através*, e sempre influenciada pela Lua;[1] e apenas da parte superior ou *Alma Espiritual*, juntamente com os elementos *Átmico* e *Manásico* nela, ele faz uma emanação direta do Sol, que corresponde aqui a *Agathon*, a Deidade Suprema. Isso é comprovado pelo que ele afirma adiante, como se segue:

> Assim que das mortes por que passamos, uma faz do homem dois de três, e a outra um de dois. A primeira se dá na região e jurisdição de Ceres, daí que o nome dado aos Mistérios, τελεῖν, assemelha-se ao dado à morte, τελετᾶν. Os atenienses também consideravam, até então, os mortos como consagrados a Ceres. Quanto à outra morte, dá-se na Lua, ou região de Prosérpina.[2]

Aí está a nossa doutrina, a qual mostra o homem como um *setenário* durante a vida, um *quinário* logo após a morte, em *Kāma-loka*, e um Ego trino, espírito-alma e consciência, no *Devachan*. Essa separação, primeiramente, em "Os Prados do Hades", como Plutarco chama o *Kāma-loka*, e depois no *Devachan*, era parte das representações realizadas durante os Mistérios sagrados, quando os candidatos à iniciação encenavam o drama completo da morte e da ressurreição como um espírito glorificado, nome pelo qual/ queremos 99
dizer *consciência*. Isso é o que Plutarco tem em mente quando diz:

> E tanto como com o um, o terrestre, como com o outro, celestial, habita Hermes. Repentina e violentamente arranca a alma do corpo; mas Prosérpina suavemente, e durante longo tempo, separa o entendimento da alma.[3] Por essa razão ela é chamada *Monígenes, a única gerada*, ou antes, *a que gera apenas um, pois a melhor parte do homem torna-se só quando é por ela separada*. Ora, tanto uma coisa quanto a outra

---

[1] Os cabalistas que conhecem a relação entre Jeová, o doador da vida e dos filhos, e a Lua, com sua influência sobre a geração, verão novamente esse ponto, da mesma maneira que alguns astrólogos.

[2] Plutarco, *ibid.*

[3] Prosérpina, ou Perséfone, representa aqui o *Karma post mortem*, o qual, diz-se, regula a separação dos "princípios" inferior, a alma, como *Nephesh*, o alento da vida animal, que permanece por um tempo no *Kāma-loka*, do componente superior, o *Ego*, que entra no estado do *Devachan* ou bem-aventurança.

> assim ocorrem de acordo com a Natureza. É estabelecido pelo Destino [*Fatum* ou *Karma*] que toda alma, tenha ou não entendimento (νοῦς), uma vez fora do corpo, vagueie por algum tempo, embora nem todas pelo mesmo tempo, na região que se estende entre a Terra e a Lua [*Kāma-loka*].[1] Pois aqueles que foram injustos e dissolutos sofrem então a punição devida por suas ofensas; mas os bons e virtuosos são lá retidos até que estejam purificados e tenham, por expiação, purgado de si todas as infecções que possam ter contraído por contágio do corpo, como se o contraíssem de ar infectado, vivendo na parte mais suave do ar, chamada "Os Prados de Plutão", onde devem permanecer por um tempo pré-fixado e específico. E então, como que voltando de uma peregrinação errante, ou longo exílio, para seu país, sentem um gosto de felicidade — assim como sentem principalmente aqueles que são iniciados nos Mistérios sagrados — mesclado com inquietude, admiração e a esperança própria e peculiar de cada um.[2]

Isso é bem-aventurança *nirvânica*, e nenhum teósofo poderia descrever em palavras mais claras, embora esotéricas, as alegrias mentais do *Devachan*, onde todo homem tem o seu paraíso à sua volta, construído pela sua consciência. Mas você deve se precaver
contra o erro geral/ no qual caem muitas pessoas, mesmo entre 100
os nossos teósofos. Não imagine que, porque o homem é chamado *setenário*, depois *quinário* e então uma tríade, que ele é composto de sete, cinco ou três *entidades*; ou, como bem descrito por um autor teosófico, de camadas a serem descascadas, como as de uma cebola. Os "princípios", como já mencionado, com exceção do corpo, da vida e do *eidolon* astral, que se dispersam com a morte, são simplesmente *aspectos* e *estados de consciência*. Há apenas um homem *real*, que permanece através do ciclo de vida e é imortal em essência, se não na forma, e esse é *Manas*, o homem-mente ou consciência corporificada. A objeção feita pelos materialistas, que negam a possibilidade da mente e da consciência agirem sem matéria, não tem qualquer valor no nosso caso. Não negamos a soli-

---

1 Até que o "princípio" espiritual, superior, separe-se dos inferiores, que permanecem no *Kāma-loka* até se desintegrarem.

2 Plutarco, *ibid*.

dez de seu argumento; apenas perguntamos aos nossos oponentes: "Vocês conhecem todos os *estados da matéria*, vocês que até agora só sabiam de três? E como vocês sabem se o que denominamos CONSCIÊNCIA ABSOLUTA, ou Deidade para sempre invisível e incognoscível, não é aquilo que, embora escape eternamente de nossa concepção humana *finita*, é ainda Espírito-matéria, ou matéria-Espírito universais *em sua infinitude absoluta*?" O Ego consciente é então um dos aspectos inferiores, e faccionados nas manifestações *manvantáricas* dessa consciência, o qual cria o seu próprio paraíso – um "paraíso dos tolos", pode ser, mas ainda assim um estado de bem-aventurança.

P: Mas o que é *Devachan*?

T: A "terra dos deuses", literalmente; uma condição ou um estado de bem-aventurança mental. Filosoficamente, uma condição mental análoga, embora muito mais vívida e real do que o mais vívido sonho. É o estado após a morte da maioria dos mortais./ 101

VII

Sobre os Vários Estados *Post Mortem*

O homem físico e o homem espiritual

P: É bom saber que vocês acreditam na imortalidade da alma.

T: Não "da alma", mas do Espírito divino; ou antes, na imortalidade do Ego reencarnante.

P: Qual é a diferença?

T: Uma diferença muito grande em nossa filosofia. Mas essa é uma questão muito obscura e difícil para ser abordada levemente. Teremos de analisar os dois conceitos em separado, e depois em conjunto. Podemos começar com o Espírito. Dizemos que o Espírito (o "Pai em segredo" de Jesus), ou *Ātman*, não é propriedade individual de qualquer homem, mas é a essência Divina, a qual não tem corpo ou forma, é imponderável, invisível e indivisível, aquela que não existe e no entanto é, como os *buddhistas* dizem do *Nirvāna*. Ele somente eclipsa o mortal, sendo que aquilo que penetra e permeia o corpo inteiro deste último são apenas seus raios, ou luz onipresente, irradiados através de *Buddhi*, seu veículo e emanação direta. Esse é o/ significado secreto das afirmações de quase todos os fi- 102
lósofos antigos, quando disseram que "a parte *racional* da alma do

homem"[1] nunca o penetrava completamente, mas apenas o eclipsava, até certa medida, através da alma espiritual *irracional*, ou *Buddhi*.[2]

P: Sempre tive a impressão de que apenas a "alma animal" era irracional, e não a Divina.

T: Você deve aprender a diferença entre aquilo que é negativamente ou *passivamente* "irracional", porque indiferenciado, e aquilo que é irracional porque é *ativo* e positivo demais. O homem é uma correlação de poderes espirituais, assim como de forças químicas e físicas, colocadas em funcionamento pelo que chamamos "princípios".

P: Tenho lido muito sobre esse assunto, e me parece que as noções dos filósofos mais antigos diferem bastante das dos cabalistas medievais, embora eles, de fato, concordem em alguns detalhes.

T: A diferença mais substancial entre eles e nós é a seguinte: enquanto nós acreditamos, juntamente com os neoplatônicos e os ensinamentos orientais, que o espírito (*Ātmā*) nunca desce hipostaticamente no homem vivente, mas apenas verte sua radiância em maior ou menor grau no homem *interno* (o componente psíquico e espiritual
dos/ princípios *astrais*), os cabalistas sustentam que o Espírito hu- 103
mano, destacando-se do oceano de luz e Espírito Universal, penetra na alma humana, onde permanece por toda a vida aprisionado na cápsula astral. Todos os cabalistas cristãos ainda mantêm o mesmo, visto serem incapazes de se libertar completamente de suas doutrinas antropomórficas e bíblicas.

P: E o que vocês dizem?

---

[1] Em seu sentido genérico; a palavra "racional" significando algo que emana da Sabedoria Eterna.

[2] Irracional no sentido em que, como uma emanação pura da mente Universal, não pode ter qualquer razão individual própria neste plano de matéria. Mas assim como a Lua, que recebe sua luz do Sol e sua vida da Terra, *Buddhi*, recebendo sua luz de sabedoria de *Ātmā*, recebe suas qualidades racionais de *Manas*. *Per se*, como algo homogêneo, é destituída de atributos.

T: Nós dizemos que apenas permitimos a presença da irradiação do Espírito (ou *Ātmā*) na cápsula astral, e somente no que se refere a essa irradiação espiritual. Dizemos que homem e alma têm de conquistar sua imortalidade, ascendendo em direção à unidade com a qual, se bem-sucedidos, estarão finalmente ligados e na qual serão finalmente, por assim dizer, absorvidos. A individualização do homem após a morte depende do espírito, e não de sua alma ou corpo. Embora a palavra "personalidade", no sentido em que é comumente compreendida, seja um absurdo se aplicada literalmente à nossa essência imortal, ainda assim esta última é, como nosso Ego individual, uma entidade distinta, imortal e eterna, *per se. É apenas no caso de magos negros, ou de criminosos sem possibilidade de redenção – criminosos que o foram durante uma longa série de vidas* –, que o cordão brilhante, que liga o espírito à alma *pessoal* desde o momento do nascimento da criança, é violentamente rompido, e a entidade descorporificada se separa da alma pessoal, sendo esta última aniquilada sem deixar a menor impressão na primeira. Se a união entre *Manas* inferior, ou pessoal, e o Ego individual reencarnante não foi efetivada durante a vida, então o primeiro é abandonado para compartilhar o destino dos animais inferiores, / 104
para se dissolver gradualmente no éter e ter sua personalidade aniquilada. Mas mesmo aí o Ego permanece como um ser distinto. Ele (o Ego espiritual) apenas perde um estado *devachânico* – depois dessa vida especial, e nesse caso realmente inútil – como aquela *personalidade* idealizada, e reencarna quase imediatamente, depois de desfrutar por um curto período de tempo sua liberdade como um espírito planetário.

P: Você afirma, em *Ísis Sem Véu*, que tais espíritos ou anjos planetários, "os deuses dos pagãos ou os arcanjos dos cristãos", nunca serão homens no nosso planeta.

T: Certamente. Mas não "tais", e sim *algumas* classes de espíritos planetários superiores. Nunca serão homens nesse planeta porque são espíritos liberados de um mundo anterior, e, como tais, eles não podem se tornar homens novamente neste. No entanto, todos esses viverão novamente no próximo e muito superior *Mahamanvantara*, depois que terminar essa "grande Era" e o "*Pralaya de Brahma*" (um pequeno período de dezesseis algarismos, mais ou menos). Você deve ter ouvido, com certeza, que a filosofia oriental nos ensina que a espécie humana consiste de tais "espíritos" aprisionados em corpos humanos? A diferença entre animais e homens é a seguinte: os primeiros são animados pelos "princípios" *potencialmente*, enquanto os últimos o são *de fato*.[1] Compreende agora a diferença?

P: Sim, mas essa especialização tem sido em todas as épocas o empecilho dos metafísicos.

T: Foi. Todo o esoterismo da filosofia *buddhista* é baseado nesse misterioso ensinamento, compreendido por tão poucas/ pessoas, e tão 105
completamente mal representado por muitos dos mais eruditos especialistas modernos. Mesmo os metafísicos são por demais inclinados a confundir o efeito com a causa. Um Ego que conquistou sua vida imortal como espírito permanecerá o mesmo ser interior por todos os seus renascimentos na Terra; mas isso não implica, necessariamente, que ele permaneça o Sr. Silva ou o Sr. Souza que foi na Terra, ou perca sua individualidade. Portanto, a alma astral e o corpo terrestre do homem podem, no escuro além-mundo, ser absorvidos no oceano cósmico dos elementos sublimados, e deixar de sentir seu último Ego *pessoal* (se ele não mereceu ascender mais alto), e o Ego *divino* ainda permanece a mesma entidade inalterada, embora essa experiência terrestre de sua emanação possa ser totalmente obliterada no instante de separação do veículo indigno.

P: Se o "espírito", ou a porção divina da alma, preexiste como um ser distinto de toda eternidade, como Orígenes, Sinésio e outros filósofos semicristãos e semiplatônicos ensinavam; e se ela é a mesma, e nada mais que a alma metafisicamente objetiva, como pode ser

---

[1] Veja *A Doutrina Secreta*, vol. II, Estâncias (N. ed. bras.).

outra coisa que não eterna? E que importância tem, em tal caso, se um homem leva uma vida pura ou animalesca, visto que, faça o que fizer, ele nunca poderá perder sua individualidade?

T: Essa doutrina, tal como você a expôs, é tão perniciosa em suas consequências quanto aquela da expiação vicária. Tivesse este último dogma, juntamente com a falsa ideia de que somos todos imortais, sido demonstrado ao mundo em sua verdadeira luz, a humanidade estaria agora melhorada pela sua propagação.

Deixe-me repetir mais uma vez: Pitágoras, Platão, Timeu de Locri e a antiga Escola Alexandrina derivaram a *alma* do homem (ou seus "princípios" e atributos superiores) da Alma Universal/ do 106
mundo, sendo esta, de acordo com seus ensinamentos, *Aether* (Pater-Zeus). Portanto, nenhum desses "princípios" pode ser a essência *pura* do *Monas* pitagórico, ou nosso *Ātmā-Buddhi*, porque a *Anima Mundi* é apenas o efeito, a emanação subjetiva, ou antes, a irradiação do primeiro. Tanto o espírito *humano* (ou a individualidade) – o Ego Espiritual reencarnante – quanto *Buddhi*, a alma espiritual, são preexistentes. Mas, enquanto o primeiro existe como uma entidade distinta, uma individualização, a alma existe como um alento preexistente, e é uma parte inconsciente de um todo inteligente. Ambos foram formados originalmente do oceano eterno de luz; mas como os filósofos do fogo – os teósofos medievais – o expressaram, há um espírito visível e outro invisível no fogo. Eles diferenciavam a *anima* bruta da *anima* divina. Empédocles acreditava firmemente que todos os homens e animais possuem duas almas; e em Aristóteles vemos que ele chama uma a alma que raciocina, νοῦς, e a outra, a alma animal, ψυχή. De acordo com esses filósofos, a alma que raciocina vem do *interior* da Alma Universal, e a outra do *exterior*.

P: Você chamaria a alma, isto é, a alma humana pensante, ou o que for que você denomine o Ego, de matéria?

T: Não matéria, mas certamente *substância*; nem a palavra "matéria", se prefixada com o adjetivo "primordial", seria uma palavra a evitar. Dizemos que a matéria é coeterna com o Espírito, e não é ela a nossa matéria visível, tangível e divisível, mas sua extrema sublimação. O

Espírito puro não é senão um estágio após o *não* Espírito, ou o *todo* absoluto. A menos que você admita que o homem evoluiu desse Espírito-matéria primordial, e representa uma/ escala progressi- 107
va regular de "princípios", desde o *Metaespírito* até a matéria mais grosseira, como nós poderemos chegar a considerar o homem *interno* como imortal e ao mesmo tempo como uma entidade espiritual e um homem mortal?

P: Então por que você não poderia acreditar em Deus como uma entidade assim?

T: Porque aquilo que é infinito e incondicionado não pode ter forma, e não pode ser um "ser", pelo menos não em qualquer filosofia oriental digna do nome. Uma "entidade" é imortal, mas apenas em sua essência última, não em sua forma individual. Quando atinge o último ponto de seu ciclo, é absorvida em sua natureza primordial; e se torna espírito, quando então perde o nome de entidade.

Sua imortalidade, como uma forma, é limitada somente ao seu ciclo de vida ou *Mahamanvantara*, depois do qual é una e idêntica ao Espírito Universal, e não mais uma entidade separada. Quanto à alma *pessoal* – entendida aqui como a centelha de consciência, que preserva no Ego Espiritual a ideia do "Eu" pessoal da última encarnação –, esta perdura, como uma recordação distinta e separada, apenas durante o período *devachânico*, depois do qual é adicionada à série de outras inumeráveis encarnações do Ego, assim como a recordação, em nossa memória, de um dia dentre uma série de dias, ao fim de um ano. Você restringiria a infinitude que reivindica para seu Deus condições finitas? Apenas aquilo que é indissoluvelmente cimentado por *Ātmā* (isto é, *Buddhi-Manas*) é imortal. A alma do homem (isto é, da personalidade), *per se*, nem é imortal, nem eterna nem divina. Diz o *Zohar* (1, 65c, 66a): "Assim como a alma, quando enviada para essa Terra, coloca uma veste terrestre para preservá-la aqui, da mesma forma ela/ recebe lá em cima uma veste 108
brilhante, de modo a poder olhar sem qualquer dano no espelho, cuja luz provém do Senhor da Luz." Além disso, o *Zohar* ensina que

a alma não pode alcançar a morada da bem-aventurança a menos que tenha recebido o "santo beijo", ou tenha se reunido à *substância da qual emanou* — o espírito.[1] Todas as almas são duais e, enquanto esta é um princípio feminino, o espírito é masculino. Durante o período em que está aprisionado no corpo, o homem é uma trindade, a menos que sua contaminação seja tal que tenha causado seu divórcio do espírito. "Pobre da alma que prefere o matrimônio mundano com seu corpo terrestre ao seu divino esposo (o espírito)", lembra um texto do *Livro das Chaves*, um trabalho hermético. Pobre de fato, pois nada permanecerá daquela personalidade a ser registrado na memória imperecível do Ego.

P: Como pode deixar de ser imortal aquilo que, se não soprado por Deus no homem, pelo menos, de acordo com suas próprias palavras, é feito de substância idêntica à divina?

T: Todo átomo e partícula de matéria, e não apenas de substância, é *imperecível* em sua essência, mas não em sua *consciência individual*. Imortalidade não é senão a própria continuidade da consciência, e a consciência *pessoal* dificilmente pode durar mais do que a própria personalidade, não é? E tal consciência, como já lhe disse, sobrevive apenas durante o *Devachan*, depois do que é reabsorvida, primeiro na consciência *individual*, e então na *universal*. É melhor perguntar aos seus teólogos como conseguiram misturar tão barbaramente as Escrituras judaicas. Leia a Bíblia, se você quiser ter uma boa prova de que os escritores do *Pentateuco*, e do *Gênesis* especialmente, nunca consideraram/ *nephesh* aquilo que Deus sopra em 109
Adão (*Gen.*, Cap. 2) como a Alma *imortal*. Veja alguns exemplos: "E Deus criou (...) cada *nephesh* [vida] que se move" (*Gen.*, 1:21), significando animais; e é dito (*Gen.*, 2:7): "E o homem tornou-se um *nephesh*" (alma vivente), o que mostra que a palavra *nephesh* foi indiferenciadamente aplicada ao homem *imortal* e a animais *mortais*. "E certamente requererei teu sangue de tuas *nepheshim* [vidas];

[1] II, 97a; I, 168a.

requererei da parte de cada animal, e da parte do homem" (*Gen.*, 9:5); "Escapa por *nephesh*" [escapa-te, por tua *vida*, foi traduzido] (*Gen.*, 19:17). "Não o matemos", diz a tradução inglesa (*Gen.*, 37:21). "Não matemos sua *nephesh*", diz o texto hebraico. "Aquele que matar qualquer homem certamente morrerá", literalmente "aquele que destruir a *nephesh* de um homem" (*Lev.*, 24:17); e o verso 18 diz: "E aquele que matar um animal (*nephesh*) deverá compensar sua morte: animal por animal", enquanto que o texto original diz "*nephesh* por *nephesh*". Como pode o homem *matar* o que é imortal? E isso explica também por que os saduceus negavam a imortalidade da alma, fornecendo ao mesmo tempo outra prova de que muito provavelmente os judeus mosaicos – pelo menos os não iniciados – nunca acreditaram na sobrevivência da alma em absoluto.

Sobre a recompensa e o castigo eternos e sobre o *Nirvāna*

P: Suponho não ser necessário perguntar-lhe se vocês acreditam nos dogmas cristãos do paraíso e do inferno, ou em recompensas e punições futuras, como ensinado pelas igrejas ortodoxas?/ 110

T: Como descrito em seus catecismos, nós os rejeitamos totalmente; muito menos aceitaríamos sua eternidade. No entanto acreditamos firmemente no que chamamos Lei de *Retribuição*, e na justiça e sabedoria absolutas que guiam essa Lei, ou *Karma*. Por essa razão, positivamente nos recusamos a aceitar a crença cruel e não filosófica da recompensa e punição eternas. Dizemos, como Horácio:

> Que sejam as regras fixadas para nossas paixões conter
> E para punir nossas faltas *com proporcionado sofrer*
> Mas não seja esfolado aquele que apenas mereceu
> Ser fustigado pela falta que cometeu.[1]

---

[1] *Let rules be fixed that may our rage contain,/ And punish faults with a proportion'd pain;/ But do not flay him who deserves alone/ A whipping for the fault that he has done.*

Essa é uma regra para todos os homens, e uma regra justa. Temos de acreditar que Deus, de quem vocês fazem a corporificação da sabedoria, do amor e da misericórdia, é menos merecedor desses atributos do que um homem mortal?

P: Vocês têm outras razões para rejeitar esse dogma?

T: Nossa principal razão está no fato da reencarnação. Como já afirmado, rejeitamos a ideia da criação de uma nova alma para cada bebê recém-nascido. Acreditamos que todo ser humano é o portador, ou *veículo*, de um Ego contemporâneo a todos os outros Egos; porque todos os Egos têm *a mesma essência*, e pertencem à emanação primeva de um único Ego infinito universal. Platão chama a esse Ego universal o *Logos* (ou o segundo Deus manifestado), e nós, o princípio divino manifestado, que é uno com a mente ou alma universal, e não o Deus antropomórfico, extracósmico e *pessoal* no qual tantos teístas acreditam. Espero que não haja confusão.

P: Mas qual é a dificuldade, uma vez aceito um princípio manifestado,/ 111
de acreditar que a alma de todo novo mortal é *criada* por aquele princípio, assim como todas as almas antes dele foram criadas?

T: Porque aquilo que é *impessoal* dificilmente pode criar, planejar e pensar, ao seu bel-prazer e vontade. Sendo uma Lei universal, imutável em suas manifestações periódicas — irradiando e manifestando sua própria essência no início de todo novo ciclo de vida —, não se pode supor que ELA crie homens apenas para se arrepender de tê-los criado alguns anos depois. Se temos de acreditar em algum princípio divino, tem de ser em um de harmonia, lógica e justiça tão absolutas quão absolutos sejam seu amor, sabedoria e imparcialidade; e um Deus que *criasse* cada alma por um *breve período de vida*, sem nem mesmo considerar o fato dele ter de animar o corpo de um homem abastado e feliz ou o de um pobre e desgraçado sofredor, infeliz do nascimento até a morte, embora não tenha feito nada para merecer sua sorte cruel — tal Deus seria antes um demônio insensível do que um Deus. (Ver adiante: "Sobre a Punição do Ego".) Mesmo os filósofos judeus, crentes na Bíblia mosaica (esotericamente, é claro), nunca cogitaram tal ideia; e, além disso, eles acreditavam na reencarnação, assim como nós.

P: Você pode dar alguns exemplos, como prova disso?

T: Obviamente que sim. Filo Judaeus diz (*De Somniis*, 1 § 22): "O ar está cheio delas [de almas]; aquelas que estão mais próximas da Terra, descendo para ligar-se a corpos mortais, παλινδρομοῦσιν αὖθις, *retornam para outros corpos, desejosas que estão de viver neles*." No Zohar, a Alma suplica perante Deus por sua liberdade: "Senhor do Universo! Sou feliz neste mundo, e não desejo ir para outro, onde/ serei uma escrava, e serei exposta a toda sorte de 112
corrupções."[1] A doutrina da necessidade inevitável, a imutável lei eterna, é afirmada na resposta da Deidade: "Contra a tua vontade te tornas um embrião, e contra tua vontade nasces".[2] A luz seria incompreensível sem as trevas para manifestá-la por contraste; o bem não seria mais o bem sem o mal para demonstrar a inestimável natureza da sua benção; e assim, a virtude pessoal não poderia reivindicar qualquer mérito a menos que tenha passado pela prova da tentação. Nada é eterno e imutável, salvo a Deidade oculta. Nada que é finito — seja porque teve um início ou porque tem de ter um fim — pode permanecer inalterado. Tem de progredir ou retroceder, e uma alma que anseia pela reunião com seu espírito — e apenas isso lhe confere imortalidade — tem de se purificar através de transmigrações cíclicas, em direção à única terra de bem-aventurança e descanso eternos, chamada no *Zohar* de "Palácio do Amor", *Ahaba Hechal*;[3] na religião hindu, *Moksha*; entre os gnósticos, "o Pleroma da Luz Eterna", e pelos *buddhistas*, *Nirvāna*. E todos esses estados são temporários, não eternos.

P: Mas em tudo isso não se fala em reencarnação.

T: Uma alma que suplica ser autorizada a permanecer onde está *tem*

---

[1] *Zohar*, II, 96a. Ed. Amst.
[2] *Mishnah Pirke Aboth*, IV, § 29.
[3] II, 97a.

de ser preexistente, e não ter sido criada para a ocasião. No *Zohar* (III, 61c), no entanto, há uma prova ainda melhor. Falando dos *Egos* reencarnantes (as almas *racionais*), cuja última personalidade tem de se dissipar *completamente*,/ diz-se: "Todas as almas que se afas- 113
taram do Santíssimo — bendito seja Seu Nome — nos céus atiraram em um abismo sua própria existência, e anteciparam o tempo de descer uma vez mais à Terra." O "Santíssimo" aqui significa, esotericamente, o *Ātman*, ou *Ātmā-Buddhi*.

P: Além do mais, é muito estranho ouvir falar de *Nirvāna* como sinônimo de Reino dos Céus, ou Paraíso, já que, de acordo com todos os orientalistas de renome, *Nirvāna* é um sinônimo de aniquilamento!

T: Apenas se tomado literalmente, em relação à personalidade e à matéria diferenciada, não de outra forma. Essas ideias sobre reencarnação e a trindade do homem foram sustentadas por muitos dos primeiros padres cristãos. Foi o embaralhamento feito entre alma e espírito pelos tradutores do Novo Testamento e dos tratados filosóficos antigos que ocasionou os inúmeros mal-entendidos. É também uma das razões por que Buddha, Plotino e tantos outros iniciados são agora acusados de terem ansiado pela total extinção de suas almas: "absorção na Deidade", ou "reunião com a Alma Universal" passaram a significar, de acordo com as ideias modernas, aniquilamento. A alma pessoal tem de, naturalmente, ser desintegrada em suas partículas, antes de ser capaz de unir para sempre sua essência mais pura com o espírito imortal. Mas os tradutores dos *Atos* e das *Epístolas*, que assentaram as fundações do Reino dos Céus, e os modernos comentaristas do *Sūtra da Fundação do Reino da Justiça buddhista*[1] confundiram o entendimento do grande apósto-
lo do Cristianismo, assim como do grande/ reformador da Índia. 114
Os primeiros encobriram a palavra ψυχικός (*psichicos*) de tal modo que nenhum leitor imagina que tenha qualquer relação com *Alma*; e com essa confusão entre *Alma* e *Espírito* em conjunto, os leito-

[1] *Dhamma-chakka-ppavatana Sutta.*

res da Bíblia obtêm apenas um significado pervertido de qualquer coisa relativa ao assunto. Por outro lado, os intérpretes de Buddha falharam em compreender o sentido e objetivo dos quatro graus de *Dhyāna*. Pergunte aos pitagóricos: "Pode esse Espírito, que dá a vida e o movimento e compartilha da natureza da luz, ser reduzido à não entidade?" "Pode mesmo aquele espírito sensível nos brutos — que exercita a memória, uma das faculdades racionais — morrer e tornar-se nada?" — observam os ocultistas. Na filosofia *buddhista*, *aniquilamento* significa apenas uma dispersão de matéria, seja qual for a forma ou *aparência* de forma, pois tudo o que tem forma é temporário e é, portanto, realmente uma ilusão. Porque na eternidade os períodos mais longos de tempo são como um piscar de olhos. O mesmo em relação à forma. Antes que tenhamos tempo de perceber que a vimos, vai-se para sempre, como um instantâneo clarão de relâmpago. Apenas quando a *entidade* espiritual se liberta para sempre de toda partícula de matéria, substância ou forma, e torna-se novamente um alento espiritual, é que ela de fato ingressa no eterno e imutável *Nirvāna*, durando tanto quanto o ciclo de vida dura — uma eternidade, verdadeiramente. E então aquele alento, existindo em *espírito*, é *nada*, porque é *tudo*; como uma forma, uma aparência, um molde, está completamente aniquilado; como Espírito absoluto ainda *é*, porque se tornou a própria *Seidade*.[1] A própria expressão utilizada, "absorvida na essência universal", quando se refere à "Alma" como Espírito, significa *união com*. Nunca poderia significar aniquilamento, visto que isso significaria separação eterna./ 115

P: Você não está se expondo à acusação de pregar o aniquilamento, com a linguagem que você mesma usa? Você acabou de falar que a alma do homem retorna aos seus elementos primordiais.

T: Você se esquece de que eu especifiquei as diferenças entre os vários significados da palavra "alma", e mostrei a forma imprecisa com que o termo "espírito" até agora tem sido traduzido. Falamos de

---

[1] *Be-ness*, no original. (N. ed. bras.)

uma alma *animal*, de uma *humana* e de uma *espiritual*, e as diferenciamos. Platão, por exemplo, chama "ALMA racional" àquilo que chamamos *Buddhi*, acrescentando a ela, no entanto, o adjetivo "espiritual"; mas ao que chamamos Ego reencarnante, *Manas*, ele chama Espírito, *Nous*, etc., enquanto aplicamos o termo *Espírito*, quando sozinho e sem qualquer qualificação, somente para *Ātmā*. Pitágoras repete nossa doutrina arcaica quando afirma que o Ego (*Nous*) é eterno com a Deidade; que somente a alma passa por vários estágios até chegar à excelência divina, enquanto *thumos* retorna à Terra e mesmo *phren*, *Manas* inferior, é eliminado. Mais uma vez, Platão define a Alma (*Buddhi*) como "o movimento que é capaz de mover a si mesmo". "Alma", ele acrescenta, "é a mais antiga de todas as coisas, e o começo do movimento", chamando, assim, *Ātmā-Buddhi* de "Alma" e *Manas* de "Espírito", o que não fazemos.

> A alma foi gerada antes do corpo, e o corpo é posterior e secundário, sendo, de acordo com a Natureza, governado pela Alma regente.
>
> A Alma, que administra todas as coisas moventes sob quaisquer circunstâncias, administra da mesma forma os céus.
>
> Assim, a alma governa todas as coisas nos céus, e na terra e no mar, com seus movimentos – cujos nomes são: querer, considerar, cuidar de, consultar, formar opiniões verdadeiras e falsas, estar em estado de alegria, tristeza, confiança, medo, ódio, amor, juntamente com todos os
> / movimentos primários tais como esses, e que a eles estejam aliados 116
> (...). Sendo ela própria uma deusa, ela sempre toma como aliado *Nous*, um deus, e disciplina todas as coisas feliz e corretamente; mas quando com *Anoia* – não *Nous* –, elabora tudo ao contrário.[1]

Nessa linguagem, assim como nos textos *buddhistas*, o negativo é tratado como existência essencial. *Aniquilamento* vem sob um comentário semelhante. O estado positivo é o ser essencial, mas não uma manifestação como tal. Quando o espírito, no jargão *buddhista*, entra no *Nirvāna*, perde a existência objetiva, mas conserva

---

[1] *The Laws* (As Leis), X, 896-7B.

o ser subjetivo. Para as mentes objetivas, isso quer dizer tornar-se "nada"[1] absoluto; para as subjetivas, NÃO COISA,[2] nada a ser apresentado aos sentidos. Assim, o *Nirvāna* deles significa a certeza da imortalidade individual *em espírito*, não em Alma, a qual, embora seja "a mais antiga de todas as coisas", ainda é – juntamente com todos os outros *deuses* – uma emanação finita, em *formas* e individualidade, se não em substância.

P: Não dominei ainda a ideia, e ficaria grato se você a explicasse por meio de ilustrações.

T: Sem dúvida ela é de compreensão muito difícil, especialmente para pessoas educadas nas ideias ortodoxas regulares da Igreja cristã. Além disso, devo dizer-lhe que, a menos que estude bem e completamente as funções separadas atribuídas a todos os "princípios" humanos, e o estado de todos eles *após a morte*, você dificilmente conseguirá compreender nossa filosofia oriental./ 117

Sobre os vários princípios no homem

P: Tenho ouvido falar muito sobre a constituição do "homem interno", como vocês dizem, mas nunca pude compreendê-la totalmente.

T: Naturalmente; é das coisas mais difíceis, e, como você diz, confusa para se compreender corretamente e se diferenciar entre os vários aspectos, chamados por nós "princípios" do Ego verdadeiro. Ainda mais difícil porque existe uma diferença notável na enumeração desses princípios pelas várias escolas orientais, embora, fundamentalmente, exista o mesmo idêntico substrato de ensinamento.

P: Você se refere aos vedantinos, como exemplo? Eles não dividem os seus sete "princípios" em cinco apenas?

---

[1] *Nothing*, no original. (N. ed. bras.)

[2] *NO-THING*, no original. (N. ed. bras.)

T: Sim; mas embora eu não ouse disputar a questão com um vedantino instruído, posso no entanto afirmar, como uma opinião pessoal, que eles têm uma razão óbvia para isso. Para eles, é unicamente aquele agregado espiritual combinado que consiste de vários aspectos mentais que é chamado *Homem*, sendo o corpo físico, em sua visão, algo desprezível e uma mera ilusão. Mas a Vedanta não é a única filosofia a considerar dessa maneira. Lao-Tzé, em seu *Tao-te--King*, menciona apenas cinco princípios, pois ele, assim como os vedantinos, deixa de incluir dois princípios: o espírito (*Ātmā*) e o corpo físico, sendo que ao último, além disso, ele chama “o cadáver”. Há também a Escola *Taraka Rāja Yoga*. Seu ensinamento reconhece de fato apenas três “princípios”, mas na realidade o seu/ *sthulo-* 118
pādhi, ou corpo físico em estado de vigília, seu *sūkshmopādhi*, o mesmo corpo em *svapna* ou estado de sono, e o seu *kāranopādhi*, ou “corpo causal”, aquele que passa de uma encarnação para outra, são todos duais em seus aspectos, e assim somam seis. Acrescentando a estes *Ātmā*, o princípio divino impessoal, ou o elemento imortal no homem, indistinto do espírito universal, temos os mesmos sete novamente.[1] Eles têm a liberdade para sustentar sua divisão; nós sustentamos a nossa.

P: Então parece quase a mesma divisão feita pelos cristãos místicos, corpo, alma e espírito?

T: Exatamente a mesma. Poderíamos facilmente fazer do corpo o veículo do “duplo vital”; deste último, o veículo da vida ou *prāna*; de *Kāma-rupa*, ou a Alma (animal), o veículo da mente *superior* e *inferior*, e fazer seis princípios destes, coroando a totalidade com o espírito uno imortal. Em Ocultismo, toda mudança qualificativa no estado da sua consciência dá ao homem um novo aspecto, e se este prevalece e se torna parte do Ego vivente e atuante, tem de receber (e recebe) um nome especial, para distinguir o homem, quando nesse estado particular, do homem quando em um outro estado.

---

[1] Veja *A Doutrina Secreta* para uma explicação mais clara. São Paulo: Editora Pensamento, 1980. (Nota ed. bras.)

P: É exatamente isso que é tão difícil de entender.

T: Parece-me, ao contrário, muito fácil, desde que você domine a ideia principal, ou seja, que o homem atua neste ou em outro plano de consciência em estrita sintonia com sua condição mental e espiritual. Mas tal é o materialismo da nossa era que quanto mais explicamos, menos as pessoas parecem capazes de/ compreender o que 119
dizemos. Divida o ser terreno chamado homem em três aspectos principais, se desejar, e, a menos que você o transforme em um puro animal, não poderá dividi-lo em menos que isso. Considere seu *corpo* objetivo: o princípio pensante nele, que é apenas um pouco mais elevado que o elemento *instintivo* no animal, ou a alma vital consciente, e aquilo que o posiciona tão imensuravelmente além e acima do animal, ou seja, a alma que raciocina, ou "espírito". Se tomarmos esses três grupos, ou entidades representativas, e os subdividirmos de acordo com o ensinamento oculto, o que obteremos?

Em primeiro lugar, espírito (no sentido de Absoluto, e portanto de TODO indivisível), ou *Ātmā*. Visto que isso não pode nem ser localizado nem limitado em filosofia, sendo simplesmente aquilo que é na eternidade, e que não pode estar ausente mesmo do mais ínfimo ponto geométrico ou matemático do Universo de matéria ou substância, não deveria de modo algum ser chamado, na verdade, um princípio "humano". Antes, e melhor, ele é em metafísica aquele ponto no espaço que a Mônada humana e seu veículo, o homem, ocupam pelo período de cada vida. Esse ponto é tão imaginário quanto o próprio homem, e na realidade é uma ilusão, um *māyā*; mas para nós mesmos, assim como para outros Egos pessoais, somos uma realidade durante aquele lapso de ilusão chamado vida, e temos de nos levar em consideração, em nossa imaginação pelo menos, se ninguém mais o fizer. Para tornar mais concebível ao intelecto humano quando pela primeira vez tenta estudar o Ocultismo, e para solucionar o ABC do mistério humano, o Ocultismo chama a esse *sétimo* princípio a síntese do sexto, e dá a ele, como veículo, a alma *espiritual*, *Buddhi*. Pois bem, esta última oculta um/ mistério, 120 o qual nunca é desvendado a ninguém, com exceção de *chelas* irrevogavelmente comprometidos por juramento, ou àqueles em quem, pelo menos, se pode confiar com segurança. Naturalmente, haveria menos confusão se apenas pudesse ser revelado; no entanto, como está diretamente relacionado com o poder de projetar conscientemente o próprio duplo através da vontade, e como essa faculdade, como o "anel de Gijes", se provaria fatal aos homens em geral e ao seu possuidor em particular, ela é cuidadosamente guardada. Mas prossigamos com os princípios. Essa Alma divina, ou *Buddhi*, é, assim, o veículo do espírito. Conjuntamente, esses dois são um, impessoal e sem quaisquer atributos (nesse plano, é claro), e formam dois "princípios" espirituais. Se passarmos à Alma *Humana*, *Manas* ou *Mens*, qualquer pessoa concordaria que a inteligência do homem é dual, para dizer o mínimo: por exemplo, o homem de mente superior dificilmente pode se tornar de mente inferior; o homem muito intelectual e mentalmente espiritual é separado por um abismo do homem mentalmente obtuso, insensível e material, se não homem de mente animal.

P: Mas por que não deveria o homem ser representado por dois "princípios" ou dois aspectos, preferivelmente?

T: Todo homem tem em si esses dois princípios, um deles mais ativo do que o outro, e, em casos raros, um deles é totalmente limitado em seu crescimento, por assim dizer, ou é paralisado pela força e predominância do outro *aspecto*, em qualquer direção. Esses são, portanto, o que chamamos de dois princípios ou aspectos de *Manas*, o superior e o inferior; o primeiro, *Manas* superior ou o Ego consciente e pensante, gravitando em direção à Alma espiritual (*Buddhi*), e o segundo, ou seu princípio instintivo, é atraído por *Kāma*,
a sede dos desejos e paixões animais no homem./ Temos, assim, 121
quatro princípios justificados, sendo que os últimos três são: (1) o "Duplo", que acordamos chamar de Alma proteica ou plástica; o veículo de (2), o *princípio* vital; e (3) o corpo físico. Naturalmente, nenhum fisiologista ou biólogo aceitará esses princípios, nem pode-

rá compreendê-los totalmente. E talvez seja por isso que nenhum deles compreende até hoje as funções do baço, que é o veículo físico do duplo proteico, ou as de um certo órgão localizado no lado direito do corpo humano, que é a sede dos desejos acima mencionados, e nem sabe ainda absolutamente nada sobre a glândula pineal, que ele descreve como uma glândula calosa com um pouco de areia, a qual é, na verdade, a própria sede da consciência mais elevada e divina no homem, sua mente onisciente, espiritual e que tudo abrange. E isso demonstra, ainda mais claramente, que nem inventamos esses sete princípios, nem são eles novos no mundo da filosofia, como facilmente podemos provar.

P: Mas o que é que reencarna, de acordo com a sua crença?

T: O Ego espiritual pensante, o princípio permanente no homem, ou aquele que é a sede de *Manas*. Não é *Ātmā*, ou mesmo *Ātmā-Buddhi*, considerada como a Mônada dual, o homem *individual* ou *divino*, mas *Manas*, porque *Ātman* é o TODO Universal, e se torna o EU SUPERIOR do homem apenas quando em conjunto com *Buddhi*, seu veículo, que O liga à individualidade (ou *homem divino*). *Buddhi-Manas* é chamado de *corpo causal* (o quinto e o sexto princípio unidos), e é a *consciência* que o conecta com cada personalidade que ele habita na Terra. Portanto, sendo "alma" um termo genérico, há
no homem três *aspectos* da alma — a terrestre, ou animal, a/ alma 122
humana e a alma espiritual; estas, estritamente falando, são uma só alma em seus três aspectos. Do primeiro aspecto, nada permanece após a morte; do segundo (*Nous* ou *Manas*), apenas sua essência divina, *se não maculada*, sobrevive, enquanto o terceiro, além de ser imortal, torna-se *conscientemente* divino pela assimilação de *Manas* superior. No entanto, para tornar tudo isso claro, temos, em primeiro lugar, de dizer algumas palavras sobre reencarnação.

P: E você fará bem, já que é contra essa doutrina que seus inimigos lutam mais ferozmente.

T: Você se refere aos espíritas? Sei bem; e muitas são as objeções absurdas laboriosamente tecidas por eles nas páginas da *Light* (Luz). Tão obtusos e maliciosos são alguns deles que não se refreiam diante de nada. Recentemente um deles encontrou uma contradição em duas afirmações retiradas das palestras do Sr. Sinnett, que ele seriamente discutiu, em uma carta àquela revista. Ele descobriu essa grave contradição nas duas frases seguintes: "Retornos prematuros à vida terrena, quando tais casos ocorrem, podem ser devidos a complicações *kármicas*", e "não existe *acaso* no ato supremo da justiça divina que guia a evolução." Um pensador tão profundo certamente veria uma contradição na lei da gravidade se um homem estendesse a mão para evitar que uma pedra em queda livre esmagasse a cabeça de uma criança!/ 123

VIII

Sobre a Reencarnação ou Renascimento

O que é memória, de acordo com os ensinamentos teosóficos?

P: A coisa mais difícil para você fazer será explicar e apresentar fundamentos razoáveis para tal crença. Nenhum teósofo jamais conseguiu apresentar ao menos uma prova válida que abalasse o meu ceticismo. Em primeiro lugar, você tem contra essa teoria da reencarnação o fato de que nem um só homem se lembra de já ter vivido, e muito menos de quem era durante sua vida anterior.

T: Eu vejo que o seu argumento tende para a mesma velha objeção: a perda de memória, em cada um de nós, de nossa encarnação anterior. Você acha que ela invalida a nossa doutrina? Minha resposta é não, e que de qualquer maneira tal objeção não pode ser final.

P: Gostaria de ouvir seus argumentos.

T: São poucos e curtos. No entanto, quando você leva em consideração (a) a declarada incapacidade dos melhores psicólogos modernos para explicar ao mundo a natureza da *mente*, e (b) sua completa ignorância acerca de suas potencialidades e de seus estados superiores, você tem de admitir que essa objeção é baseada em uma/ 124
conclusão *a priori* a partir de evidências *prima face* e circunstanciais, mais do que qualquer outra coisa. Peço-lhe que me responda: qual é a sua concepção de memória?

P: Aquela que é geralmente aceita: a faculdade da nossa mente de se lembrar ou reter o conhecimento de pensamentos prévios, ações e eventos passados.

T: Por favor, acrescente a isso que existe uma grande diferença entre as três formas aceitas de memória. Além da memória em geral, você tem a *lembrança*, a *recordação* e a *reminiscência*, não tem? Você já pensou na diferença? Memória, lembre-se, é um nome genérico.

P: No entanto, todos esses nomes são apenas sinônimos.

T: Na verdade não são — não em filosofia, para todos os efeitos. Memória é simplesmente um poder inato nos seres pensantes, e mesmo nos animais, de reproduzir impressões passadas através de uma associação de ideias sugeridas especialmente por coisas objetivas, ou por alguma ação sobre nossos órgãos sensoriais externos. A memória é uma faculdade que depende inteiramente do funcionamento mais ou menos saudável e normal do nosso cérebro *físico*; *lembrança* e *recordação* são os atributos e servidores da memória. Mas *reminiscência* é algo completamente diferente. A *reminiscência* é definida pelos psicólogos modernos como alguma coisa intermediária entre a lembrança e a recordação, ou seja, "um processo consciente de recordar ocorrências passadas, mas *sem aquela referência completa e variada* a coisas particulares que caracteriza a recordação".[1]
Locke, falando de recordação e lembrança, diz: "Quando uma *ideia novamente recorre* sem a operação do próprio objeto sobre os sentidos externos, isso é *lembrança*; se é/ buscada pela mente, e com 125
trabalho e esforço é encontrada e trazida novamente à percepção, é *recordação*." Mas mesmo Locke deixa a *reminiscência* sem qualquer definição clara, porque ela não é uma faculdade ou atributo da nossa memória *física*, mas uma percepção intuitiva separada e externa ao nosso cérebro físico; uma percepção (trazida à ação pelo conhecimento sempre presente do nosso Ego espiritual) que, cobrindo

[1] O sentido da palavra "reminiscência" adotado nessa explicação existe no Novo Dicionário da Língua Portuguesa, de Aurélio Buarque de Holanda Ferreira, como "lembrança vaga". (N. ed. bras.)

todas as visões do homem que são consideradas *anormais* – desde as imagens sugeridas pelo gênio até os *delírios* da febre, e mesmo a loucura –, é classificada pela ciência como não tendo existência fora da nossa fantasia. O Ocultismo e a Teosofia, no entanto, consideram a *reminiscência* sob uma luz completamente diferente. Para nós, enquanto a memória é física e evanescente, e depende das condições fisiológicas do cérebro – uma proposição fundamental para todos os professores de mnemônica, que têm em seu respaldo as pesquisas de psicólogos científicos modernos –, a *reminiscência* é a *memória da alma*. E é *essa* memória que dá a certeza a quase todos os seres humanos, compreendam eles ou não, de terem vivido antes e terem de viver novamente. De fato, como diz Wordsworth:

> Nascer nada mais é que dormir e esquecer;
> A alma que conosco surge, a Estrela de nossa vida,
> Em outra parte tem o seu ser,
> E é de longe vinda.[1]

P: Se é sobre esse tipo de memória – poesia e fantasias anormais, conforme sua própria confissão – que se baseia a sua doutrina, então, receio que vocês convencerão a muito poucos.

T: Eu não "admiti" que era uma fantasia. Eu disse simplesmente que fisiologistas e cientistas em geral consideram tais reminiscências/ 126
como alucinações e fantasias, e eles têm toda a liberdade de chegar a essa "sábia" conclusão. Não negamos que tais visões do passado e vislumbres tão longínquos dentro dos corredores do tempo não sejam anormais, quando contrastados com a nossa experiência diária normal e com a nossa memória física. Mas nós de fato sustentamos, com o professor W. Knight, que "a ausência de memória de qualquer ação realizada em um estado anterior não pode ser um argumento final contra o fato de termos passado por ela". E qualquer opositor de julgamento justo terá de concordar com o que é dito na obra de Butler, *Lectures on the History of Ancient Philosophy* (Con-

[1] *Ode on Intimations of Immortality* (Ode às Insinuações de Imortalidade).

ferências sobre a História da Filosofia Antiga) — "que o sentimento de extravagância absoluta com que ela (a preexistência) nos afeta tem sua origem secreta em preconceitos materialistas ou semimaterialistas" [p. 442]. Além do que sustentamos que a memória, como Olimpiodoro a definiu, é simplesmente *fantasia*, a menos confiável em nós.[1] Amônio Saccas afirmava que a única faculdade no homem diretamente oposta à predição, ou o examinar do futuro, é a *memória*. Ademais, lembre-se de que uma coisa é a memória, e outra a mente ou *pensamento*; a primeira é uma máquina de gravações, um registro que muito facilmente se desorganiza; a outra (os pensamentos) são eternos e imperecíveis. Você se recusaria a acreditar na existência de certas coisas ou homens apenas porque seus olhos
físicos não os viram? O testemunho coletivo de/ gerações passadas 127
que viram Júlio César não seria garantia suficiente de que ele viveu? Por que não deveria o mesmo testemunho dos sentidos psíquicos das massas ser levado em consideração?

P: Mas você não acha que essas distinções são sutis demais para serem aceitas pela maioria dos mortais?

T: Diga antes pela maioria dos materialistas. E a eles dizemos: vejam, mesmo no curto período de tempo da existência comum, a memória é fraca demais para registrar todos os eventos de uma vida. Quão frequentemente mesmo os mais importantes acontecimentos permanecem adormecidos em nossa memória, até que sejam despertados por alguma associação de ideias, ou levados a funcionar e atuar por alguma outra ligação! Esse é, em especial, o caso de pessoas de idade avançada, que estão sempre sofrendo de enfraquecimento de

---

1 "A fantasia", diz Olimpiodoro [*Commentaries on the Phaedo* (Comentários sobre o Fedon)], "é um impedimento para as nossas concepções intelectuais; por isso, quando somos agitados pela influência inspiradora da Divindade, se a fantasia intervém, a energia entusiástica cessa: pois o entusiasmo e o êxtase são contrários um ao outro. Caso fosse perguntado se a alma é capaz de se energizar sem a fantasia, responderíamos que sua percepção dos universais prova que é capaz. Por conseguinte, ela tem percepções independentes da fantasia; ao mesmo tempo, a fantasia serve às suas energias, da mesma forma que uma tempestade persegue aquele que navega no mar.

memória. Quando, portanto, nos lembramos do que sabemos sobre os princípios físicos e espirituais no homem, não deveria nos surpreender o fato de que nossa memória falhou em registrar nossas vidas anteriores, mas, muito pelo contrário, se assim sucedesse.

Por que não lembramos de nossas vidas passadas?

P: Você me deu uma visão geral sobre os sete princípios; agora, poderia explicar como eles contribuem para a nossa completa perda de qualquer recordação relativa a termos vivido antes?

T: Muito facilmente. Assim como aqueles "princípios" que chamamos
físicos e nenhum dos quais é negado pela ciência, embora esta/ os 128
chame por outros nomes,[1] se desintegrem depois da morte com seus elementos constituintes, também a *memória*, juntamente com seu cérebro (essa memória desvanecida, de uma personalidade que desapareceu), não pode se lembrar nem registrar coisa alguma na encarnação subsequente do Ego. Reencarnação significa que esse Ego será dotado de um *novo* corpo, um *novo* cérebro e uma *nova* memória. Portanto, seria tão absurdo esperar que essa nova *memória* se lembrasse daquilo que nunca registrou quanto seria inútil examinar sob um microscópio uma camisa de um assassino em busca de manchas de sangue, se não era essa a roupa que ele vestia na ocasião do crime. Não é a camisa limpa que temos de examinar, mas as roupas que ele usava na ocasião; se estas foram queimadas e destruídas, como você pode ter acesso a elas?

P: Como você pode obter a certeza de que o crime foi de fato cometido, ou que o "homem da camisa limpa" viveu anteriormente?

T: Não através de processos físicos, seguramente; nem confiando no testemunho daquilo que não existe mais. Mas há uma coisa chamada

[1] A saber: o corpo, a vida, os instintos passionais e animais e o *eidolon* astral de cada homem (seja percebido em pensamento ou pelo olho mental, ou objetivamente e separado do corpo físico), princípios estes que chamamos *Sthūla-sharīra*, *Prāna*, *Kāma-rūpa* e *Linga-sharīra* (vide supra).

evidência circunstancial, desde que nossas sábias leis a aceitam – até mais, talvez, do que deveriam. Para se convencer do fato da reencarnação e das vidas passadas, uma pessoa tem de se colocar em *sintonia* com seu Ego real e permanente, não com sua memória evanescente./ 129

P: Mas como as pessoas podem acreditar em algo que *não conhecem* e nunca viram, e muito menos se colocar em *sintonia* com isso?

T: Se algumas pessoas, e as mais instruídas, acreditam na gravidade, no éter, na força e em tantas outras coisas da ciência, abstrações e "hipóteses de trabalho" que nunca viram, tocaram, cheiraram, ouviram nem provaram, por que não deveriam outras pessoas acreditar, partindo dos mesmos princípios, no próprio Ego permanente, uma "hipótese de trabalho" muito mais lógica e importante do que qualquer outra?

P: O que é, afinal, esse princípio eterno misterioso? Você pode explicar sua natureza de modo a torná-lo compreensível para todos?

T: O Ego que reencarna, o "Eu" *individual* e imortal – não pessoal; em resumo, o veículo da MÔNADA, *Ātmā-Buddhi*, aquele que é recompensado no *Devachan* e punido na Terra e, finalmente, aquele ao qual se vincula somente o reflexo dos *skandhas*, ou atributos, de cada encarnação.[1]

P: O que você quer dizer com *skandhas*?

T: Exatamente o que eu disse: "atributos", entre os quais a memória; todos eles perecem tal qual uma flor, deixando atrás de si apenas um débil perfume. Eis um outro parágrafo de *O Catecismo Budista*[2]

---

[1] Há cinco *skandhas* ou atributos nos ensinamentos *buddhistas*: *Rūpa* (forma ou corpo), qualidades materiais; *Vedana*, sensação; *Sanna*, ideias abstratas; *Sankhara*, tendências da mente; e *Vinnana*, poderes mentais; destes somos formados, e através deles somos conscientes da existência e nos comunicamos com o mundo à nossa volta.

[2] Por H.S. Olcott, presidente e fundador da Sociedade Teosófica. A exatidão do ensinamento é sancionada por H. Sumangala, reitor da Universidade Vidyopaya Parivena em Colombo, como estando de acordo com o cânone da Igreja *Buddhista* do Sul.

do coronel H. S. Olcott, que se refere diretamente ao/ assunto: "O homem de idade lembra-se dos incidentes de sua juventude, apesar de estar física e mentalmente mudado. Por que, então, a recordação de vidas passadas não é por nós trazida do último para o atual nascimento? Porque a memória está incluída nos *skandhas*, e tendo sido os *skandhas* alterados com a nova existência, uma nova memória, que é o registro dessa existência particular, se desenvolve. No entanto, o registro ou reflexo de todas as vidas passadas tem de sobreviver, pois quando o Príncipe Siddhartha tornou-se Buddha, a sequência completa de seus nascimentos anteriores foi vista por ele (...) e qualquer pessoa que atinja o estado *Jñanā* pode, portanto, traçar, retrospectivamente, a linha de suas vidas." Isso prova que enquanto as qualidades imortais da personalidade — como o amor, a bondade, a caridade, etc. — se ligam ao Ego imortal, fotografando nele, por assim dizer, uma imagem permanente do aspecto divino do homem que existiu, os seus *skandhas* materiais (aqueles que geram os efeitos *kármicos* mais marcantes) são tão evanescentes quanto um clarão de relâmpago, e não podem impressionar o novo cérebro da nova personalidade; assim mesmo, a impossibilidade de fazê-lo não prejudica de forma alguma a identidade do Ego reencarnante. 130

P: Você quer inferir que aquilo que sobrevive é, nos seus termos, somente a memória da alma, e que alma ou Ego são uma e a mesma coisa, enquanto nada permanece da personalidade?

T: Não exatamente; alguma coisa de cada personalidade — a menos que esta tenha sido *absolutamente* materialista, sem nem mesmo uma pequena abertura em sua natureza que permitisse a passagem de um raio espiritual — tem de sobreviver, já que ela deixa sua impressão eterna sobre o Eu permanente encarnante,/ ou Ego 131
Espiritual.[1] (Veja "Sobre a consciência *post mortem* e *post natal*".)

[1] Ou o Eu *Espiritual*, em contraposição ao pessoal. O estudante não deve confundir esse Ego Espiritual com o "EU SUPERIOR", que é *Ātmā*, o Deus em nosso interior, inseparável do Espírito Universal.

A personalidade, com seus *skandhas*, está sempre mudando a cada novo nascimento. É apenas, como dito anteriormente, o papel representado pelo ator (o Ego verdadeiro) por uma noite. É por isso que não preservamos a memória de nossas vidas passadas no plano físico, embora o Ego *real* as tenha vivido e as conheça todas.

P: Então por que o homem real ou Espiritual não impressiona seu novo "Eu" pessoal com esse conhecimento?

T: Por que as criadas de um fazenda pobre puderam falar hebraico e tocar violino enquanto em transe, ou estado sonambúlico, sem que soubessem qualquer uma dessas coisas quando em condições normais? Porque, como todo genuíno psicólogo antigo — e não os seus modernos — lhe diriam, o Ego Espiritual somente pode atuar quando o Ego pessoal está paralisado. O "Eu" Espiritual no homem é onisciente, e tem todo o conhecimento inato em si, enquanto o eu pessoal é uma criatura de seu meio ambiente e escravo de sua memória física. Se o primeiro pudesse se manifestar ininterruptamente e sem impedimentos, não haveria mais homens na Terra; seríamos todos deuses.

P: Ainda assim teria de haver exceções; alguns teriam de se lembrar.

T: E há. Mas quem acredita em seus relatos? Tais sensitivos são em geral considerados pelo materialismo moderno como histéricos alucinados, fanáticos ou impostores. Que eles leiam, no entanto, trabalhos sobre esse assunto,/ em especial *Reincarnation, a Study* 132
of Forgotten Truth (Reencarnação, um Estudo sobre a Verdade Esquecida), escrito por E. D. Walker, membro da ST, e vejam nele a quantidade de provas que o hábil autor apresenta, relacionadas a essa tão debatida questão. Fala-se às pessoas sobre a alma, e algumas perguntam: "O que é alma? Você alguma vez comprovou a sua existência?" Naturalmente é inútil argumentar com os que são materialistas. Mas mesmo a eles eu perguntaria: "Você pode se lembrar de quem era ou o que fazia quando bebê? Você guardou a menor recordação de sua vida, pensamentos ou atos, ou de que você

de fato existia durante os primeiros dezoito meses ou dois anos de sua existência? Então por que não nega também que viveu como bebê, a partir do mesmo princípio?" Quando acrescentamos a tudo isso que o Ego reencarnante, ou *individualidade*, conserva durante o período *Devachânico* meramente a essência da experiência de sua vida terrena ou personalidade passada, toda a experiência física involui a um estado *in potentia*, ou é, por assim dizer, traduzida em fórmulas espirituais; quando além disso nos lembramos que o período entre dois renascimentos, segundo dizem, estende-se de dez a quinze séculos, durante os quais a consciência física está total e absolutamente inativa, por não ter órgãos através dos quais atuar – sendo, portanto, *não existente*, a razão da ausência de qualquer lembrança na memória puramente física se torna aparente.

P: Você acabou de dizer que o Ego Espiritual era onisciente. Onde então está essa decantada onisciência durante sua vida *devachânica*, como vocês a denominam?

T: Durante esse período está latente e potencial, porque, em primeiro lugar, o Ego Espiritual (o conjunto *Buddhi-Manas*) *não é* o Eu Superior, o qual, sendo uno com a Alma ou Mente Universal,/ é, somente 133
ele, onisciente; e em segundo, porque o *Devachan* é a continuação idealizada da vida terrena recém-abandonada, um período de ajustamento retributivo e uma recompensa por danos e sofrimentos não merecidos, suportados durante aquela vida em especial. Ele é onisciente apenas *potencialmente* no *Devachan* e de fato exclusivamente no *Nirvāna*, quando o Ego se une com a Mente-Alma Universal. Ainda assim, ele se torna novamente *quase* onisciente durante aquelas horas na Terra em que certas condições anormais e mudanças fisiológicas no corpo libertam o Ego dos entraves da matéria. Por isso os exemplos citados acima, de sonambulismo, de uma criada pobre falando hebraico e de outra tocando violino, ilustram o caso em questão. Isso não significa que as explicações para esses dois fatos, oferecidas pela ciência médica, não tenham verdade em si, pois uma das moças havia, anos antes, ouvido seu patrão, um

clérigo, ler hebraico em voz alta, e a outra havia ouvido um músico tocar violino na fazenda em que trabalhava. Mas nenhuma delas poderia ter realizado o ato de forma tão perfeita quanto o fizeram se não tivessem sido animadas por Aquilo que, devido à identidade de sua natureza com a mente universal, é onisciente. No primeiro caso, o princípio superior atuou sobre os *skandhas* e os movimentou. No outro, sendo paralisada a personalidade, a individualidade se manifestou. Peço que não se confundam as duas coisas./ 134

Sobre a individualidade e a personalidade[1]

P: Mas qual é a diferença entre as duas? Confesso que ainda estou confuso. Na realidade, então, é justamente essa diferença que você não está conseguindo fixar em nossas mentes./ 135

T: Eu tento. Mas, ai de mim! Com algumas pessoas é mais difícil do que fazê-las ter reverência por impossibilidades infantis, apenas porque

---

1 Mesmo em *O Catecismo Budista*, o coronel Olcott, forçado pela lógica da filosofia esotérica, viu-se obrigado a corrigir os erros de orientalistas anteriores que não fizeram essa distinção, e deu ao leitor suas razões para isso. Assim ele diz: "Os aparecimentos sucessivos sobre a Terra, ou 'descidas à geração' das partes *tanhaicamente* [*tanhā*, do páli, apego à vida (N. ed. bras.)] coerentes (*skandhas*) de um determinado ser, são uma sucessão de personalidades. Em cada nascimento a personalidade difere da anterior ou posterior. O *Karma*, o *Deus ex machina*, oculta a si mesmo (ou deveríamos dizer reflete?) ora na personalidade de um sábio, ora na de um artesão, e assim sucessivamente através da linha de nascimentos. Mas embora as personalidades estejam sempre mudando, a linha única de vida ao longo da qual elas estão enfileiradas como contas continua intacta; é sempre *aquela linha específica*, e nunca outra qualquer. Ela é, portanto, individual, uma ondulação vital individual que principiou no *Nirvāna*, ou no lado subjetivo da Natureza, assim como a ondulação da luz ou do calor através do éter principiou em sua fonte dinâmica; está percorrendo o lado objetivo da Natureza sob o impulso do *Karma* e do direcionamento criativo de *tanhā* (o desejo insatisfeito de existir); e leva, através de muitas mudanças cíclicas, de volta ao *Nirvāna*. Rhys-Davids chama 'caráter', ou 'ação', àquilo que passa de uma personalidade para outra ao longo da corrente individual. Mas já que 'caráter' não é meramente uma abstração metafísica, e sim a soma das qualidades mentais e propensões morais de uma pessoa, considerarmos a ondulação vital como individualidade, e cada uma das suas manifestações natais como uma personalidade separada, não auxiliaria na dispersão daquilo que Rhys-Davids chama 'o desesperado expediente de um mistério'? (*Buddhism*, p.101.) O indivíduo perfeito, na linguagem *buddhista*, é um Buddha, pois Buddha é somente a flor rara da humanidade, sem o menor

são *ortodoxas* e porque a ortodoxia é respeitável. Para compreender bem a ideia, você tem primeiro de estudar os grupos duais de princípios: os *espirituais*, ou os que pertencem ao ego imperecível, e os *materiais*, ou os que constituem os corpos em constante transformação, ou a série de personalidades daquele Ego. Estabeleçamos nomes permanentes para eles, dizendo que:

I. *Ātmā*, o *Eu Superior*, não é nem o seu espírito nem o meu; porém, assim como o Sol, brilha sobre todos. É o *princípio divino* universalmente difundido inseparável de seu *Metaespírito* uno e absoluto, assim como o raio de Sol é inseparável da luz do Sol.

II. *Buddhi* (a Alma espiritual) é apenas seu veículo. Nem cada um separadamente, nem os dois em conjunto são de maior utilidade para o corpo do homem do que a luz do Sol e seus raios o são para uma massa de granito enterrada no solo, *a menos que a Díade divina seja assimilada por e refletida em alguma consciência.* Nem *Ātmā* nem *Buddhi* são alcançados pelo *Karma*, porque o primeiro é o aspecto superior do *Karma*, o *agente ativo de si mesmo* em um aspecto, e o outro é inconsciente *neste plano*.

III. *Manas*,[1] consciência ou mente, a derivação ou produto, em uma
forma refletida,/ de *Ahamkāra*, "a concepção de Eu", ou EGOI- 136

---

componente sobrenatural. E como nascimentos incontáveis ['quatro *asankheyyas* e cem mil ciclos', segundo Fausboll e Rhys-Davids, *Buddhist Birth Stories* (Histórias de Nascimentos *Buddhistas*), p.13] são necessários para converter um homem em um Buddha, e a vontade de ferro para se tornar um deles permanece através de todos os nascimentos sucessivos, como chamaríamos aquilo que desse modo quer e persevera? Caráter? A individualidade: uma individualidade apenas em parte manifestada em qualquer nascimento, mas construída de fragmentos de todos os nascimentos?" (*O Catecismo Budista*, Brasília: Editora Teosófica, 2019.)

[1] *Mahat*, ou a "Mente Universal", é a origem de *Manas*. Esta é *Mahat*, ou seja, a mente, no homem. *Manas* é também chamado *kshetrajña*, "espírito encarnado", porque está de acordo com a nossa filosofia, os *mānasa-putras*, ou "Filhos da Mente Universal" que criaram, ou melhor, produziram o homem *pensante*, *manu*, encarnando-se na *terceira raça* humana de nossa Ronda. É *Manas*, portanto, o verdadeiro Ego Espiritual reencarnante e permanente, a INDIVIDUALIDADE, sendo as nossas variadas e inumeráveis personalidades apenas suas máscaras externas.

DADE. Ele é, portanto, quando inseparavelmente unido aos dois primeiros, chamado EGO ESPIRITUAL e *Taijasa* (o radiante). Essa é a verdadeira Individualidade, ou o homem divino. É esse Ego — tendo originalmente encarnado na forma humana *insensível*, inconsciente (por não ter qualquer consciência) da presença em si própria da Mônada dual, embora seja animada por ela — que faz daquela forma semelhante à humana *um homem real*. E é esse Ego, esse "Corpo Causal", que domina toda personalidade na qual o *Karma* o força a encarnar, e que é responsabilizado por todos os pecados cometidos através de e em todo novo corpo ou personalidade — as máscaras evanescentes que ocultam o verdadeiro Indivíduo através das longas séries de renascimentos.

P: Mas isso é justo? Por que deveria esse Ego ser punido por ações que esqueceu?

T: Ele não as esqueceu; ele conhece e se lembra de suas más ações tão bem quanto você se lembra do que fez ontem. Só porque a memória daquele fardo de combinados físicos chamado "corpo" não se recorda do que seu predecessor (a personalidade antiga) fez, você imagina que o Ego real as esqueceu? Diga também que é injusto que as botas novas de um menino açoitado por ter roubado maçãs deveriam ser punidas por aquilo de que nunca ouviram falar./ 137

P: Mas não há meios de comunicação entre as consciências ou memórias espiritual e humana?

T: Naturalmente que sim; mas eles nunca foram reconhecidos pelos seus psicólogos científicos modernos. Ao que você atribui a intuição, a "voz da consciência", as premonições, as reminiscências vagas e indefinidas, etc., se não for a tais comunicações? Tivesse a maioria dos homens instruídos pelo menos as percepções espirituais sutis de Coleridge, que demonstra o quão intuitivo era em alguns de seus comentários! Ouça o que ele diz em relação à probabilidade de que "todos os pensamentos sejam em si mesmos imperecíveis". "Se a faculdade da inteligência (súbitas revitalizações de memória) se tornasse mais compreensível, seria necessária apenas uma organização diferente e mais apropriada, *corpo celestial* em vez do *corpo terrestre*, para trazer perante cada alma humana *a experiência coletiva de toda a sua existência passada* (ou melhor, *existências*)." E esse corpo celestial é o nosso EGO *Manásico*.

Sobre a recompensa e punição do ego

P: Eu ouvi você dizer que o *Ego*, seja qual tenha sido a vida levada na Terra pela pessoa que ele encarnou, nunca sofre punição *post mortem*.

T: Nunca, salvo em casos muito excepcionais e raros dos quais não vamos falar aqui, já que a natureza da "punição" não se aproxima de forma alguma de quaisquer conceitos teológicos de danação./ 138

P: Mas se ele é punido nesta vida pelas más ações cometidas em uma vida passada, então é esse Ego que teria de ser recompensado também, seja aqui ou quando desencarnado.

T: E é. Se não admitimos qualquer punição fora da Terra, é porque o único estado que o Eu Espiritual conhece, no outro mundo, é o de pura bem-aventurança.

P: O que você quer dizer?

T: Simplesmente o seguinte: *crimes e pecados cometidos em um plano de objetividade e em um mundo de matéria não podem receber punição em um mundo de pura subjetividade*. Não acreditamos em inferno ou paraíso como lugares; em nenhum fogo do inferno objetivo ou vermes que nunca morrem, nem em quaisquer Jerusaléns de ruas pavimentadas com safiras e diamantes. Acreditamos sim em um estado *post mortem*, ou condição mental, tal como aqueles em que estamos durante um sonho vívido. Acreditamos em uma lei imutável de amor, justiça e misericórdia absolutos, e acreditando assim, dizemos: "Seja qual for o pecado e os terríveis resultados da transgressão *kármica* original dos Egos[1] agora encarnados, nenhum homem (ou a forma material externa e/ periódica da Entidade Espiritual) pode ser responsabilizado, com alguma justiça, pelas consequências de seu nascimento. Ele não pede para nascer, nem pode escolher os pais que lhe darão a vida. Em todas as circunstâncias ele é uma vítima de seu meio ambiente, um produto de circunstâncias sobre as quais não tem qualquer controle; e se cada uma de suas transgressões for imparcialmente investigada, seriam encontrados nove entre dez casos em que ele foi o ofendido, e não o ofensor. A vida é, na melhor das hipóteses, uma encenação impiedosa, um mar tempestuoso a ser atravessado, e um fardo pesado frequentemente difícil demais para ser suportado. Os maiores filósofos têm tentado em vão sondar e encontrar sua *raison d'être*, e têm falhado todos, exceto aqueles que têm a chave para ela, ou seja, os sábios orientais. A vida é, segundo Shakespeare: 139

> Apenas uma sombra errante, um mau ator
> Que se pavoneia e gasta seu tempo sobre o palco
> E então não é mais ouvido: é uma história
> Narrada por um tolo, cheia de efeitos e furor
> Que nada significa.[1]

Nada em suas partes separadas, embora seja da maior importância no conjunto ou série de vidas. De qualquer modo, quase que

---

[1] É sobre essa transgressão que o dogma cruel e ilógico dos Anjos Caídos foi construído. Ele é explicado no vol. II de *A Doutrina Secreta*. Todos os nossos Egos são entidades pensantes e racionais (*manasa-putras*) que viveram, seja sob forma humana ou outras, no ciclo de vida (*Manvantara*) anterior, e cujo *Karma* foi encarnar no *homem* do ciclo atual. Era ensinado nos Mistérios que, tendo eles se retardado no cumprimento dessa lei (ou tendo se "recusado a criar", como diz o Hinduísmo dos *Kumaras* e a lenda cristã do Arcanjo Miguel) — ou seja, tendo deixado de encarnar no tempo devido —, os corpos destinados a eles se corromperam (veja as Estâncias VIII e IX nas *Estâncias de Dzyan*, vol. II., e *A Doutrina Secreta*, pp. 34 e 35.) (Numeração do original em inglês, N. ed. bras.) Daí o pecado original das formas sem entendimento e a punição dos *Egos*. O significado dos anjos rebeldes terem sido atirados aos Infernos é explicado simplesmente pelo fato desses espíritos ou Egos puros terem sido aprisionados em corpos de matéria impura — a carne.

[2] *Macbeth*, Ato V, cena 5, L. 24-8.

qualquer vida individual é, em seu desenvolvimento total, um pesar. E temos nós que acreditar que um pobre e desgraçado homem, depois de atirado de um lado a outro como uma tábua apodrecida pelas ondas enfurecidas da vida, deve ser, se se provar fraco demais para resistir a elas, punido com danação *eterna*, ou mesmo temporária? Nunca! Seja um grande ou um mediano pecador, bom ou mau, culpado ou inocente, uma vez libertado do fardo da vida física,
o *Manu* ("Ego pensante") exausto e desgastado adquiriu/ o direito 140
a um período de descanso e bem-aventurança absolutos. A mesma Lei infalivelmente sábia e justa, mais do que misericordiosa, que inflige sobre o Ego encarnado a punição *kármica* para cada pecado cometido na vida anterior sobre a Terra, provê para a entidade agora desencarnada um longo período de descanso mental, ou seja, o completo esquecimento de cada acontecimento triste e mesmo do menor pensamento doloroso ocorrido em sua última vida como personalidade, deixando na memória da alma apenas a reminiscência do que foi bem-aventurança, ou do que levou à felicidade. Plotino disse que o nosso corpo é o verdadeiro Rio Letes, pois "as almas que mergulham nele tudo esquecem"; queria dizer mais do que realmente disse. Pois, assim como nosso corpo terreno é como o Letes, também o é nosso *corpo celestial* no *Devachan*, e muito mais.

P: Então devo compreender que é permitido ao assassino, ao transgressor da lei divina e humana em todas as formas, ficar sem qualquer punição?

T: Quem disse isso? Nossa filosofia possui uma doutrina de punição tão severa quanto a do mais severo calvinista, mas apenas muito mais filosófica e consistente com a justiça absoluta. Nenhuma ação, nem mesmo um pensamento pecaminoso, passará impune; o último mais severamente do que o primeiro, já que um pensamento é muito mais poderoso na criação de resultados danosos do que um ato.[1]

---

[1] Eu, porém, vos digo: todo aquele que olha para uma mulher para a cobiçar, já cometeu adultério com ela em seu coração. (*Mateus*, 5: 28.)

Acreditamos em uma lei de retribuição infalível, chamada *Karma*, que se sustenta através de uma concatenação natural de causas e seus resultados inevitáveis.

P: E como, ou onde, ela atua?

T: Todo trabalhador merece o seu salário, disse a Sabedoria no / Evan- 141
gelho; toda ação, boa ou má, é um progenitor prolífero, disse a Sabedoria das Idades. Junte as duas e você encontrará o porquê. Após conceder à alma, libertada das angústias da vida pessoal, uma compensação suficiente, e até mesmo centuplicada, o *Karma*, com seu exército de *skandhas*, aguarda no patamar do *Devachan*, de onde o *Ego* reemerge para assumir uma nova encarnação. É nesse momento que o destino futuro do agora repousado Ego oscila na balança da justa retribuição, já que agora cai mais uma vez sob o domínio da lei *kármica* ativa. E é nesse renascimento, pronto para ele – um renascimento selecionado e preparado por essa LEI misteriosa e inexorável, mas infalível em equidade e sabedoria de suas sentenças –, que os pecados da vida anterior do Ego são punidos. Apenas que não é em nenhum Inferno imaginário, com chamas teatrais e diabos ridículos de caudas e chifres que o Ego é lançado, mas nesta Terra, o plano e a região de seus pecados, onde terá de expiar todos os maus pensamentos e ações. O que semeou, isso irá colher. A reencarnação reunirá ao seu redor todos os outros Egos que sofreram, seja direta ou indiretamente, nas mãos da *personalidade* passada, mesmo que tenha sido um instrumento inconsciente. Serão lançados por Nêmesis no caminho do *novo* homem, ocultando o *antigo*, o Ego eterno, e...

P: Mas onde está a equidade de que você falava, se essas *novas* personalidades não têm consciência de terem ofendido ou sido ofendidas?

T: Pode-se considerar que um casaco arrancado das costas do homem que o roubou e feito em farrapos por outro homem de quem foi roubado, e que o reconheceu como seu, tenha sido tratado com jus-

tiça? A nova/ personalidade não é mais do que uma muda de roupa 142
limpa, com suas características, cor, forma e qualidades específicas; mas o *verdadeiro* homem, que a veste, é o mesmo ofensor de antes. É a *individualidade* que sofre através de sua personalidade. E é unicamente ela que pode ser responsável pela terrível, porém *aparente* injustiça na distribuição dos quinhões da vida aos homens. Quando os seus modernos filósofos conseguirem nos mostrar uma boa razão do porquê de tantos homens aparentemente inocentes e bons nascerem somente para sofrer durante toda uma vida; de tantos nascerem pobres a ponto de morrerem de fome nas favelas das grandes cidades, abandonados pelo destino e pelos homens; de por qual motivo, enquanto estes nascem na sarjeta, outros abrem os olhos para a luz em palácios; por que um nascimento nobre e a riqueza parecem com frequência ser dados aos piores homens, e raramente aos merecedores; e por que há mendigos cujos eus *internos* são iguais aos homens maiores e mais nobres – quando isso, e muito mais, for satisfatoriamente explicado, seja pelos seus filósofos ou pelos teólogos, aí então, e não até que isso aconteça, vocês terão o direito de rejeitar a teoria da reencarnação. Os poetas maiores e mais grandiosos perceberam vagamente essa verdade das verdades. Shelley acreditava, e Shakespeare deve ter pensado nela quando escreveu sobre a inutilidade do nascimento. Recordem suas palavras:

> Por que deveria meu nascimento reter meu espírito que se eleva?
> Não são todas as criaturas sujeitas ao tempo?
> Legiões de mendigos há hoje sobre a Terra
> Que se originaram de Reis,
> E muitos monarcas cujos pais foram
> A escória de sua época.

Substitua a palavra "pais" por "Egos" – e você terá a verdade./ 143

IX

Sobre o *Kāma-loka* e o *Devachan*

Sobre o destino dos princípios inferiores

P: Você falou de *Kāma-loka*. O que é isso?

T: Quando o homem morre, seus três princípios inferiores — o corpo, a vida e o veículo desta, isto é, o corpo astral ou duplo do homem *vivente* — deixam-no para sempre. E então, seus quatro princípios — o princípio central ou do meio, a alma animal ou *Kāma-rūpa*, juntamente com aquilo que assimilou de *Manas* inferior, e a tríade superior — acham-se no *Kāma-loka*. Este último é uma localidade astral, o *limbo* da teologia escolástica, o *Hades* dos antigos e, estritamente falando, uma *localidade* apenas em um sentido relativo. Ele nem tem uma área nem limites definidos, mas existe *dentro* do espaço subjetivo, isto é, está além das nossas percepções sensoriais. Ainda assim existe, e é lá que os *eidolons* astrais de todos os seres que viveram, animais inclusive, esperam por sua *segunda morte*. Para os animais, esta vem com a desintegração e o completo desaparecimento até da última de suas partículas *astrais*. Para o *eidolon*
humano, ela começa quando a tríade *Ātmā-Buddhi-Manas*/ "sepa- 144
ra-se", como se diz, de seus princípios inferiores, ou do reflexo de sua *ex-personalidade*, caindo no estado *devachânico*.

P: E o que ocorre depois disso?

T: Depois disso o fantasma *kāma-rúpico* entra em colapso, pois é despojado do princípio pensante que lhe dá forma, *Manas* superior, e porque o aspecto inferior deste – a inteligência animal – não mais recebe luz da mente superior, e não mais possui um cérebro físico através do qual possa atuar.

P: Em que sentido?

T: Ela cai no estado da rã quando certas porções de seu cérebro são retiradas pelo vivissector. Não pode mais pensar, mesmo no plano animal mais inferior. Daí em diante ela nem mesmo é *Manas* inferior, pois esse "inferior" não é nada sem o "superior".

P: E é *essa* não entidade que se materializa nas salas de sessão dos médiuns?

T: Sim, é essa não entidade. Uma não entidade verdadeira, no entanto, apenas em relação aos poderes de racionalização e pensamento, mas ainda uma *entidade*, já que astral e fluídica, como foi demonstrado em certos casos em que, tendo sido magnética e inconscientemente atraída para um médium, é reanimada por algum tempo, vivendo através dele "por procuração", por assim dizer. Esse "fantasma", ou o *Kāma-rūpa*, pode ser comparado à água-viva, a qual tem uma aparência gelatinosa etérea apenas enquanto está em seu elemento, a água (*a aura específica do médium*), mas, logo que atirada fora dela, dissolve-se na mão ou na areia, especialmente à luz solar. Na *aura* do médium, ela vive um tipo de vida vicariante, raciocinando
e falando seja através do cérebro do médium ou/ dos de outras pes- 145
soas presentes. Mas isso nos conduziria longe demais, e em terreno alheio, o qual não desejo invadir. Limitemo-nos ao assunto da reencarnação.

P: Quanto tempo o *Ego* reencarnante permanece no estado *devachânico*?

T: Isso depende, dizem-nos, do grau de espiritualidade e do mérito ou demérito da última encarnação. O tempo médio é de dez a quinze séculos, como eu já lhe disse.

P: Mas por que esse Ego não poderia se manifestar e se comunicar com os mortais, como acreditam os espíritas? O que impede que uma mãe se comunique com os filhos que deixou na Terra, um marido com sua esposa, e assim por diante? É uma crença das mais consoladoras, eu tenho de confessar; nem mesmo estranho que aqueles que acreditam sejam tão avessos a abrir mão dela.

T: Nem são forçados a isso, a menos que prefiram a verdade à ficção, por mais "consoladora" que seja. Embora possam ser destoantes para os espíritas as nossas doutrinas, ainda assim nada do que nós acreditamos e ensinamos é tão egoísta e cruel quanto o que eles pregam.

P: Não compreendo. O que é egoísta?

T: A doutrina do retorno dos espíritos, as "personalidades" reais, como eles dizem, e eu lhe direi por quê. Se o *Devachan* – denomine-o paraíso se desejar, um "lugar de bem-aventurança e suprema felicidade", se é que pode ser alguma coisa – é um lugar assim (ou melhor, *estado*), a lógica nos diz que nenhum sofrimento, ou mesmo uma sombra de dor, pode ser experimentado lá. "Deus enxugará todas as lágrimas dos olhos" daqueles que estão no paraíso, lemos no livro das muitas promessas. E se for possível aos "espíritos dos mortos" retornar e ver tudo o que está acontecendo na Terra, e especialmente *em suas casas*, que tipo de bem-aventurança os espera?/ 146

Por que os teósofos não acreditam no retorno dos "espíritos" puros?

P: O que você quer dizer? Por que isso deveria interferir com a sua bem-aventurança?

T: É simples, e lhe darei um exemplo. Uma mãe morre, deixando para trás seus pequenos e desamparados filhos – órfãos a quem adora – e talvez também um marido querido. Dizemos que seu "espírito" ou Ego – aquela individualidade que está agora impregnada, por todo o período *devachânico*, com os mais nobres sentimentos possuídos por sua *personalidade* falecida, isto é, amor por seus filhos, piedade

por todos os que sofrem, e assim por diante – está agora totalmente separado do "vale de lágrimas", e que sua bem-aventurança futura consiste naquela abençoada ignorância de todas as desgraças que deixou para trás. Os espíritas dizem, ao contrário, que ele está tão vividamente consciente delas quanto antes, *e ainda mais do que antes*, pois os "espíritos veem mais do que os mortais que estão na carne". Dizemos que a bem-aventurança daquele que está no *Devachan* consiste em sua total convicção de que ele nunca deixou a Terra, e que não há de forma alguma tal coisa como a morte; que a *consciência* espiritual *post mortem* da mãe representará para ela uma vida em que está rodeada por seus filhos e por todos aqueles a quem amou; que nenhuma lacuna e nenhuma ligação faltarão para atingir em seu estado desencarnado a mais absoluta e perfeita felicidade. Os espíritas negam isso frontalmente. De acordo com a sua doutrina, o desafortunado homem não é libertado dos sofrimentos dessa vida nem mesmo pela morte. Nem uma só gota do cálice da dor e do sofrimento da vida escapará dos seus lábios;/ e *nolens* 147
volens, já que ele agora tudo vê, a beberá até os restos mais amargos. Dessa forma, a esposa amorosa, que durante sua vida estava pronta para poupar dor ao seu marido à custa do próprio sangue de seu coração, é agora condenada a ver, em total impotência, o seu desespero, e registrar toda e qualquer lágrima que ele derramar pela sua perda. Pior do que isso, ela poderá ver as lágrimas secarem cedo demais, e uma outra face amada brilhar para ele, o pai de seu filhos; encontrar outra mulher substituindo-a nas afeições dele; ser condenada a ouvir seus filhos darem o sagrado nome de "mãe" a alguém indiferente a eles, e ver aquelas pequenas crianças negligenciadas, se não maltratadas. De acordo com essa doutrina, o "suave fluir para a vida imortal" se torna, sem qualquer transição, o caminho para uma nova senda de sofrimento mental! Ainda assim, as colunas do *Banner of Light* (Bandeira da Luz), o antigo jornal dos espíritas americanos, estão cheias de mensagens dos mortos, os "entes queridos que partiram", os quais escrevem para dizer o quão *felizes* estão! É um tal estado de conhecimento consistente

com a bem-aventurança? Então, nesse caso, a "bem-aventurança" é a maldição mais terrível, e a danação ortodoxa tem de ser um alívio em comparação a isso!

P: Mas como sua teoria evita isso? Como você pode reconciliar a teoria da onisciência da alma com a cegueira quanto ao que está acontecendo na Terra?

T: Tal é a lei do amor e da misericórdia. Durante cada período *devachânico* o Ego, onisciente como é, *per se*, veste-se, por assim dizer, com o *reflexo* da personalidade que existiu. Acabei de lhe dizer que os frutos *ideais* de todas as qualidades ou atributos abstratos, e portanto eternos, tais como o amor e a misericórdia, o amor ao/ bem, 148
ao verdadeiro e ao belo, que sempre falaram ao coração da personalidade vivente, aderiram depois da morte ao Ego, e portanto seguiram-no ao *Devachan*. Durante esse período, então, o Ego se torna o reflexo ideal do ser humano que foi quando viveu por último na Terra, e este não é onisciente. Se o fosse, de modo algum estaria no estado que chamamos *Devachan*.

P: Que razões você tem para explicar isso?

T: Caso você queira uma resposta nas linhas estritas de nossa filosofia, direi então que isso é assim porque tudo é *ilusão* (*Māyā*) fora da verdade eterna, a qual não tem forma, cor ou limitação. Aquele que se colocou além do véu de *Māyā* – e tais são os Adeptos e iniciados mais elevados – não pode ter nenhum *Devachan*, enquanto para o mortal comum a bem-aventurança nele é completa. É um esquecimento *absoluto* de tudo o que provocou dor ou tristeza na encarnação anterior, e até mesmo esquecimento do fato de que coisas tais como dor e tristeza de todo existem. Aquele que está no *Devachan* vive o ciclo intermediário entre duas encarnações rodeado de tudo o que havia desejado em vão, e na companhia de todos a quem amou na Terra. Alcançou a realização de todas as aspirações de sua alma. E assim vive por longos séculos uma existência de felicidade *imaculada*, que é a recompensa por seus sofrimentos na vida terrena.

Em resumo, banha-se em um mar de felicidade ininterrupta, intercalada apenas por acontecimentos de felicidade ainda maior.

P: Mas isso é mais do que simples ilusão; é uma existência de insanas alucinações!

T: A partir de seu ponto de vista, pode ser, mas não do ponto de vista
da filosofia. Além disso, não é a nossa vida terrestre cheia/ de tais 149
ilusões? Você nunca encontrou homens e mulheres vivendo anos em um paraíso dos tolos? E porque um dia pode acontecer de você saber que um marido, a quem a esposa adora e por quem se acredita amada, a trai, você partiria seu coração e seu belo sonho despertando-a rudemente para a realidade? Acho que não. Novamente lhe digo, tal esquecimento e *alucinação* — se você chama assim — são apenas uma lei natural de misericórdia e de estrita justiça. Pelo menos é uma perspectiva bem mais fascinante do que a harpa dourada e o par de asas ortodoxos. A convicção de que "a alma que vive ascende com frequência, e percorre com familiaridade as ruas da Jerusalém celestial, visitando os patriarcas e profetas, saudando os apóstolos e admirando o exército de mártires" pode parecer a alguns possuir um caráter mais piedoso. No entanto, é uma alucinação de um caráter ainda mais ilusório, pois as mães amam seus filhos com um amor imortal, sabemos todos, enquanto os personagens mencionados na "Jerusalém celestial" são de uma natureza bastante duvidosa. Mas eu ainda preferiria antes aceitar a "Nova Jerusalém", com suas ruas pavimentadas como as vitrines de uma joalheria, do que encontrar consolo na doutrina impiedosa dos espíritas. A simples ideia de que as *almas conscientes intelectuais* de seu pai, mãe, filha ou irmão encontram sua bem-aventurança em uma *Summerland*[1] — um pouco mais natural, mas ainda tão ridícula quanto a "Nova Jerusalém" em sua descrição — seria suficiente para fazer uma pessoa perder qualquer respeito por seus "entes que

[1] "Terra de Verão"; nome dado pelos espíritas à terra ou região habitada pelos "espíritos" depois da morte. Ver *Glossário Teosófico*, H. P. Blavatsky. (N. ed. bras.)

partiram". Acreditar que um espírito puro possa se sentir feliz enquanto condenado a presenciar os pecados, os erros, as traições e, acima de tudo,/ os sofrimentos daqueles de quem é separado pela 150
morte e a quem mais ama, sem ser capaz de ajudá-los, seria uma ideia enlouquecedora.

P: Há algo de verdade em seu argumento. Eu confesso que nunca havia visto sob esse ângulo.

T: Exatamente, e uma pessoa tem de ser egoísta ao extremo e totalmente destituída do senso de justiça retributiva para poder imaginar tal coisa. Estamos com aqueles a quem perdemos na forma material, e muito, muito mais perto deles agora do que quando estavam vivos. E isso não é assim apenas na fantasia daquele que está no *Devachan*, como alguns podem imaginar, mas na realidade. Pois o puro amor divino não é meramente a flor de um coração humano, mas tem suas raízes na eternidade. O amor sagrado espiritual é imortal, e o *Karma* faz com que, mais cedo ou mais tarde, todos aqueles que se amaram com tal afeição espiritual reencarnem mais uma vez no mesmo grupo familiar. Novamente, dizemos que o amor além-túmulo, embora vocês possam chamá-lo de ilusão, possui uma potência mágica e divina que reage sobre os vivos. O *Ego* de uma mãe, pleno de amor pelos filhos imaginários que vê à sua volta, vivendo uma vida de felicidade, tão real para ele quanto na Terra — esse amor será sempre sentido pelas crianças encarnadas. Ele se manifestará nos seus sonhos, e com frequência em vários acontecimentos — em proteções e salvamentos *providenciais*, pois o amor é um forte escudo, não limitado pelo espaço ou tempo. Assim como acontece com essa mãe *devachânica*, acontece também com o resto dos relacionamentos e ligações humanos, salvo os puramente egoístas ou materialistas. A analogia sugerirá o restante a você.

P: Em nenhum caso, então, vocês admitem a possibilidade de comunicação dos vivos com o espírito *desencarnado*?/ 151

T: Sim, há um caso, e mesmo duas exceções a essa regra. A primeira é durante os poucos dias que se seguem imediatamente à morte de uma pessoa, e antes que o *Ego* passe para o estado *devachânico*. Mas se qualquer mortal vivo foi muito beneficiado pelo retorno do espírito ao plano *objetivo*, é uma outra questão. Salvo alguns casos excepcionais, em que a intensidade do desejo daquele que morreu de retornar para algum propósito específico forçou a consciência superior a *permanecer desperta*, e, portanto, o "espírito" que se comunicou foi de fato a individualidade. O espírito fica atordoado após a morte, e cai muito cedo naquilo que chamamos "inconsciência *pré-devachânica*". A segunda exceção é encontrada nos *Nirmānakāyas*.

P: Quem são esses? E o que esse nome significa para você?

T: É o nome dado àqueles que, embora tenham obtido o direito ao *Nirvāna* e ao descanso cíclico — *não Devachan*, pois este é uma ilusão de nossa consciência, um sonho feliz, e como aqueles que estão qualificados para o *Nirvāna* têm de ter perdido completamente qualquer desejo ou disposição para as ilusões do mundo —, renunciaram ao estado *nirvânico*, por piedade pela humanidade e por aqueles a quem deixaram na Terra. Tal Adepto, ou Santo, ou como você quiser chamá-lo, acreditando ser um ato egoísta descansar em êxtase enquanto a humanidade padece sob a carga da miséria produzida pela ignorância, renuncia ao *Nirvāna* e determina-se a permanecer invisível *em espírito* aqui na Terra. Eles não têm corpo material, posto que o deixaram para trás, mas por outro lado permanecem com todos os seus princípios, mesmo *em vida astral*, na nossa esfera. E tais seres podem se comunicar, e o fazem, com alguns poucos
eleitos, embora certamente não com médiuns *comuns*./ 152

P: Fiz-lhe a pergunta sobre os *Nirmānakāyas* porque li em alguns trabalhos, alemães e outros, que esse era o nome dado às aparições ou corpos terrestres assumidos por Buddhas, nos ensinamentos do *Buddhismo* do Norte.

T: E o são; os orientalistas apenas confundiram esse corpo terrestre, interpretando-o como sendo *objetivo e físico* em vez de puramente astral e subjetivo.

P: E que bem eles podem fazer na Terra?

T: Não muito em relação a indivíduos, já que eles não têm o direito de interferir no *Karma*, podendo apenas aconselhar e inspirar mortais para o bem em geral. No entanto, eles realizam mais atos beneficentes do que você imagina.

P: A isso a ciência nunca daria o seu aval, nem mesmo a psicologia moderna. Para eles, nenhuma porção de inteligência pode sobreviver ao cérebro físico. O que você lhes responderia?

T: Eu nem mesmo me daria ao trabalho de responder, mas diria simplesmente, nas palavras referidas como de "M. A. Oxon" : "A inteligência é perpetuada depois do corpo estar morto. O pensamento não é uma questão de cérebro somente. (...) É razoável propor a indestrutibilidade do espírito humano, a partir do que sabemos." (*Spirit Identity* [Identidade do Espírito], p. 69).

P: Mas "M. A. Oxon" é um espírita?

T: Sem dúvida, e o único espírita *verdadeiro* que eu conheço, embora ainda discordemos dele em muitas questões menores. À parte isso, nenhum espírita chega mais próximo das verdades ocultas do que ele. Assim como qualquer um de nós, ele fala sem cessar "dos perigos externos que cercam os mal preparados, os tolos, com relação ao oculto, aqueles que cruzam as fronteiras sem/ considerar 153
os custos."[1] Nosso único desacordo reside na questão da "Identidade do Espírito". De outra forma, eu, por exemplo, concordo quase totalmente com ele, e aceito as três proposições que ele incluiu em seu discurso de julho de 1884. É esse eminente espírita que discorda de nós, e não nós dele.

[1] "Algumas coisas que *sei* do Espiritismo e algumas que *não* sei."

P: Quais são essas proposições?

T: "(1) Que há uma vida coincidente com, e independente da vida física do corpo. (2) Que, como um corolário necessário, essa vida se estende para além da vida do corpo" (dizemos que ela se estende por todo o *Devachan*). (3) Que existe comunicação entre os habitantes daquele estado de existência e os do mundo no qual vivemos agora."

Tudo depende, veja você, dos aspectos menores e secundários dessas proposições fundamentais. Tudo depende dos pontos de vista que adotamos quanto a espírito e alma, ou *Individualidade* e *Personalidade.* Os espíritas confundem os dois "como sendo um só"; nós os separamos, e dizemos que, com as exceções acima enumeradas, nenhum *espírito* revisita a Terra, embora a alma animal possa fazê-lo. Mas retornemos mais uma vez ao nosso assunto principal, os *skandhas*.

P: Começo a entender melhor agora. É o espírito, por assim dizer, desses *skandhas* mais nobres que, aderindo ao Ego encarnante, sobrevive e é acrescentado ao inventário de suas experiências angélicas. E são os atributos conectados com os *skandhas* materiais, com motivos egoístas e pessoais, que,/ desaparecendo do campo de ação no 154
período entre duas encarnações, reaparecem na encarnação subsequente como resultados *kármicos* a serem resgatados; e portanto o espírito não deixará o *Devachan*. É isso?

T: Quase inteiramente. Você estará totalmente correto se adicionar a isso que a lei da retribuição, ou *Karma*, recompensando os seres superiores e mais espirituais no *Devachan*, nunca deixa de recompensá-los novamente na Terra, ao lhes dar um maior desenvolvimento e guarnecendo o Ego com um corpo adequado a ele.

Algumas palavras sobre os *skandhas*

P: O que acontece com os outros, os *skandhas* inferiores da personalidade, depois da morte do corpo? São totalmente destruídos?

T: São, e no entanto não são — outro mistério metafísico e oculto para você. São destruídos enquanto inventário de funcionamento disponível para a personalidade; mas permanecem como *efeitos kármicos*, como germes, pairando na atmosfera do plano terrestre, prontos para voltar à vida, como tantos demônios vingativos, e a aderir à nova personalidade do Ego quando este reencarna.

P: Isso de fato ultrapassa a minha compreensão, e é muito difícil de entender.

T: Não quando você tiver assimilado todos os detalhes. Então você
verá que, quanto à lógica, consistência, filosofia profunda, miseri-
córdia divina e equidade, essa doutrina da reencarnação não tem
comparação sobre a Terra. É uma crença num perpétuo progresso
de/ cada Ego que encarna, ou alma divina, numa evolução do ex- 155
terior para o interior, do material para o espiritual, chegando, ao
fim de cada estágio, à unidade absoluta com o princípio divino. De
uma força à outra força, da beleza e perfeição de um plano para a
maior beleza e perfeição de outro, com acessos a uma nova glória,
a um novo conhecimento e poder em cada ciclo — tal é o destino de
todo Ego, que assim se torna seu próprio Salvador em cada mundo
e encarnação.

P: Mas o Cristianismo ensina a mesma coisa. Ele também prega o progresso.

T: Sim, apenas com algo adicional. Ele nos fala da *impossibilidade* de atingir a Salvação sem o auxílio de um Salvador miraculoso, e portanto condena à perdição todos aqueles que não aceitam o dogma. É esta justamente a diferença entre a Teologia cristã e a Teosofia. A primeira enfatiza a crença na descida do Ego Espiritual no *eu inferior*; a última inculca a necessidade da luta para se elevar ao estado do Christos ou do Buddha.

P: Ensinar o aniquilamento da consciência, em caso de fracasso, no entanto, não quereria dizer, na opinião dos não metafísicos, aniquilamento do *Eu*?

T: Do ponto de vista daqueles que acreditam na ressurreição do corpo, *literalmente*, e insistem que cada osso, cada artéria e átomo de carne serão ressuscitados fisicamente no Dia do Julgamento, realmente sim. Se você insistir que é a forma perecível e as qualidades finitas que constituem o homem *imortal*, nós dificilmente nos compreenderemos. E se você não compreender que, limitando a existência
de cada Ego a uma só vida/ sobre a Terra, você estará fazendo da 156
Deidade um *Indra* sempre embriagado da letra morta dos *Purānas*; um *Moloch* cruel, um deus que faz uma insolúvel confusão na Terra e ainda reclama agradecimentos por ela, então o quanto antes cessarmos essa conversa, melhor.

P: Mas retornemos, visto que o assunto dos *skandhas* já foi resolvido, à questão da consciência que sobrevive à morte. Esse é o assunto que interessa à maioria das pessoas. Possuímos mais conhecimento no *Devachan* do que na vida terrena?

T: Em um sentido, podemos adquirir mais conhecimento; isto é, podemos desenvolver mais qualquer faculdade que amamos e pelas quais lutamos durante a vida, contanto que esteja relacionada com coisas abstratas e ideais, tal como a música, a pintura, a poesia e assim por diante, já que o *Devachan* é meramente uma continuação idealizada e subjetiva da vida terrena.

P: Mas se no *Devachan* o espírito está livre da matéria, por que não deveria ele possuir todo o conhecimento?

T: Porque, como eu lhe disse, o Ego está, por assim dizer, unido à memória de sua última encarnação. Assim, se você pensar sobre o que eu lhe disse, e considerar todos os fatos em conjunto, você perceberá que o estado *devachânico* não é de onisciência, mas sim uma continuação transcendental da vida pessoal recém-finalizada. É o descanso da alma das atribuições da vida.

P: Mas os materialistas científicos afirmam que depois da morte do homem nada permanece; que o corpo humano simplesmente se desintegra em seus elementos constitutivos; e que aquilo que chamamos alma é meramente uma autoconsciência temporária, um subproduto da ação orgânica, que se evaporará como fumaça. Não é estranho o estado mental deles?/ 157

T: Nada estranho, a meu ver. Se dizem que a autoconsciência cessa com o corpo, então, no caso deles, simplesmente expressam uma profecia inconsciente, pois já que estão firmemente convencidos do que afirmam, nenhuma vida consciente após a morte é possível para eles. Porque *há* exceções a todas as regras.

Sobre a consciência *post mortem e post natal*[1]

P: Mas se a autoconsciência humana sobrevive à morte como regra, por que deveria haver exceções?

T: Nos princípios fundamentais do mundo espiritual não há exceção possível. Mas há regras para aqueles que veem e regras para aqueles que preferem permanecer cegos.

P: Compreendo e concordo. Isso é apenas a aberração de um cego, que nega a existência do Sol porque não o vê. Mas após a morte seus olhos espirituais certamente o compelirão a ver. É isso o que você quer dizer?

T: Ele não será compelido, nem verá nada. Tendo persistentemente negado durante a vida a continuação da existência após a morte, ele será incapaz de vê-la, pois sua capacidade espiritual, tendo sido bloqueada em vida, não pode se desenvolver após a morte, e ele continuará cego. Ao insistir que ele *tem* de vê-la, evidentemente

---

[1] Alguns trechos deste capítulo e do precedente foram publicados em *Lúcifer*, sob a forma de um "Diálogo sobre os Mistérios da Pós-vida", no número de janeiro de 1889 (vol. III). O artigo não foi assinado, como se tivesse sido escrito pelo editor, mas veio da pena da autora do presente livro.

você quer dizer uma coisa e eu outra. Você/ fala do espírito a partir 158
do espírito, ou da chama a partir da chama – de *Ātmā*, em resumo –, e você o confunde com a alma humana – *Manas*... Você não está me compreendendo; tentarei esclarecer. O ponto principal de sua questão é saber se, no caso de um completo materialista, a perda total da autoconsciência e da autopercepção depois da morte é possível. Não é isso? Eu respondo: *é* possível. Pois, acreditando firmemente na nossa doutrina esotérica, que se refere ao período *post mortem*, ou o intervalo entre duas vidas ou nascimentos, como um estado meramente transitório, eu digo que, dure o intervalo entre dois atos do drama ilusório da vida um ano ou um milhão de anos, aquele estado *post mortem* pode, sem qualquer infração da lei fundamental, provar ser exatamente o mesmo estado de um homem em profundo desmaio.

P: Mas como pode ser isso, já que você acabou de dizer que as leis fundamentais do estado *post mortem* não admitem qualquer exceção?

T: Não estou dizendo que elas admitem uma exceção. Mas a lei espiritual da continuidade se aplica apenas a coisas que são verdadeiramente reais. Para alguém que leu e compreendeu o *Mundaka Upanishad* e o *Vedanta-Sara*, tudo isso se torna muito claro. Eu direi mais: é suficiente compreender o que queremos dizer por *Buddhi* e a dualidade de *Manas* para ter uma clara percepção de por que os materialistas podem perder uma sobrevivência autoconsciente depois da morte. Já que *Manas*, em seu aspecto inferior, é a sede da mente terrena, ela pode, portanto, dar apenas a percepção do Universo que é baseada na evidência daquela mente; ela não pode dar visão espiritual. É dito na escola oriental que, entre *Buddhi* e
Manas/ (o Ego), ou *Ishvara* e *Prajna*,[1] não há na realidade maior 159
diferença do que entre *a floresta e suas árvores, um lago e suas*

[1] *Ishvara* é a consciência coletiva da deidade manifestada, *Brahma*, isto é, a consciência coletiva da Hoste de *Dhyan Chohans* (veja *A Doutrina Secreta*); *Prajna* é a sabedoria individual destes.

águas, como o *Mundaka* ensina. Uma ou cem árvores mortas por falta de vitalidade, ou arrancadas da raiz, são, no entanto, incapazes de fazer com que a floresta deixe de ser uma floresta.

P: Da forma como entendo, *Buddhi* representa a floresta nessa analogia, e *Manas-taijasa*[1] as árvores. E se *Buddhi* é imortal, como pode aquilo que é similar a ele, isto é, *Manas-taijasa*, perder completamente sua consciência até o dia de sua nova encarnação? Não posso compreender isso.

T: Você não consegue compreender porque está misturando uma representação abstrata do todo com suas mudanças casuais de forma. Lembre-se de que, se podemos dizer que *Buddhi-Manas* é incondicionalmente imortal, o mesmo não se pode dizer de *Manas* inferior, e menos ainda de *Taijasa*, que é meramente um atributo. Nem *Manas* nem *Taijasa* podem existir separados de *Buddhi*, a alma divina, pois o primeiro (*Manas*) é, em seu aspecto inferior, um atributo qualificativo da personalidade terrestre, e o segundo (*Taijasa*) é idêntico ao primeiro, porque é o mesmo *Manas*, apenas com a luz de *Buddhi* refletida nele. Por sua vez, *Buddhi* permaneceria sendo apenas um espírito impessoal sem/ esse elemento emprestado pela 160
alma humana, que o condiciona e faz com que ele pareça, nesse Universo ilusório, *alguma coisa separada* da Alma Universal por todo o período do ciclo da encarnação. Melhor dizer que *Buddhi-Manas* não pode morrer nem perder sua autoconsciência na Eternidade, nem a recordação de suas encarnações anteriores, nas quais ambas — isto é, a alma espiritual e a humana — estiveram estreitamente ligadas. Mas não é assim no caso de um materialista, cuja alma humana não apenas deixa de receber qualquer coisa da alma divina, como também se recusa a reconhecer sua existência. Você dificilmente poderia aplicar esse axioma aos atributos e às qualificações

[1] *Taijasa* significa "o radiante", em consequência de sua união com *Buddhi*; ou seja, *Manas*, a alma humana, iluminada pela radiância da alma divina. Portanto, *Manas-taijasa* pode ser descrita como mente radiante, a razão *humana* acesa pela luz do espírito, e *Buddhi-Manas* é a revelação do divino, acrescido do intelecto humano e da autoconsciência.

da alma humana, pois seria como dizer que, porque sua alma divina é imortal, então o rosado em seu rosto também tem de ser imortal; enquanto esse rosado, assim como *Taijasa*, é simplesmente um fenômeno transitório.

P: Estou entendendo que você está dizendo que não devemos confundir, em nossas mentes, o número com o fenômeno, a causa com seus efeitos?

T: É exatamente isso o que estou dizendo; e repito que, limitada a *Manas*, ou à alma humana apenas, a própria radiância de *Taijasa* se torna uma mera questão de tempo; pois ambas, tanto a imortalidade quanto a consciência após a morte, tornam-se, para a personalidade terrena do homem, simplesmente atributos condicionados, já que dependem inteiramente de condições e crenças criadas pela própria alma humana durante a vida de seu corpo. O *Karma* age incessantemente: colhemos *na nossa pós-vida* apenas o fruto daquilo que nós próprios semeamos nesta.

P: Mas se, depois da destruição de meu corpo, meu Ego pode mergulhar em um estado de completa inconsciência, então onde pode ter
lugar a punição para os pecados da minha vida passada?/ 161

T: Nossa filosofia ensina que a punição do *Karma* alcança o Ego somente em sua encarnação seguinte. Depois da morte ele recebe apenas a recompensa por sofrimentos imerecidos suportados durante sua encarnação passada.[1] Toda a punição após a morte, mesmo para os materialistas, consiste, portanto, na ausência de qualquer recompensa e na completa perda da consciência da própria bem-

---

[1] Alguns teósofos fizeram objeção a essa frase, mas as palavras são as do Mestre, e o sentido atribuído à palavra "imerecidos" é o dado acima. No folheto número 6 da TPS (Sociedade Teosófica de Publicações), foi utilizada uma frase, criticada posteriormente na *Lúcifer*, que pretendeu transmitir a mesma ideia. Na sua forma, entretanto, ela era desastrada e se prestava à crítica que lhe foi dirigida; mas a ideia essencial era que os homens frequentemente sofrem os efeitos das ações de outros, efeitos que, portanto, não pertencem estritamente ao seu próprio *Karma* — e por esses sofrimentos eles naturalmente merecem compensação.

-aventurança e descanso. O *Karma* é filho do Ego terrestre, o fruto das ações da árvore que é a personalidade objetiva, visível a todos, assim como o fruto de todos os pensamentos e mesmo motivos do "Eu" espiritual; mas o *Karma* é também a mãe terna, que cura as feridas infligidas por ela mesma durante a vida precedente, antes de começar a torturar esse Ego infligindo-lhe novas feridas. Pode--se dizer que não há sofrimento físico ou mental na vida de um mortal que não seja fruto e consequência diretos de algum pecado em uma existência precedente. Por outro lado, visto que ele não conserva a mais leve recordação disso em sua vida atual, e não se sente merecedor de tal punição, pensando, portanto, que não sofre por qualquer culpa própria, apenas isso é suficiente para outorgar à alma humana o mais pleno consolo, descanso e bem-aventurança em sua existência *post mortem*. A morte sobrevém aos nossos eus espirituais sempre como libertadora e amiga. Para o materialista que, não/ obstante seu materialismo, não foi um homem mau, o in- 162
tervalo entre as duas vidas será como o sono ininterrupto e plácido de uma criança, ou inteiramente sem sonhos, ou cheio de imagens das quais ele não terá uma percepção definida; enquanto para o mortal comum ele será um sonho tão vívido quanto a vida, cheio de êxtase e visões realistas.

P: Então o homem pessoal tem de continuar sempre sofrendo *cegamente* as penalidades *kármicas* nas quais o Ego incorreu?

T: Não exatamente. No momento solene da morte, cada homem, mesmo quando a morte é súbita, vê toda a sua vida passar diante dos olhos, nos mais diminutos detalhes. Por um breve instante, o *Ego pessoal* se torna uno com o *Ego individual* e onisciente. Mas esse instante é suficiente para mostrar a ele a cadeia completa de causas que estiveram em ação durante sua vida. Ele vê e compreende então a si mesmo como de fato é, desprovido de quaisquer lisonjas e autoenganos. Ele lê sua vida, permanecendo como um espectador, olhando lá embaixo a arena que está abandonando; ele sente e conhece a justiça de todo o sofrimento que o atingiu.

P: Isso acontece com todo mundo?

T: Sem qualquer exceção. É-nos dito que homens muito bons e santos veem não apenas a vida que estão vivendo, mas mesmo várias vidas precedentes, nas quais foram produzidas as causas que fizeram deles o que são na vida recém-encerrada. Eles reconhecem a lei do *Karma* em toda a sua majestade e justiça.

P: Há alguma coisa correspondente a isso antes do renascimento?

T: Há. Assim como o homem, no momento da morte, tem um *insight/* 163
retrospectivo sobre a vida que levou, então, no momento em que renasce na Terra, o *Ego*, despertando do estado do *Devachan*, tem uma visão prospectiva da vida que o aguarda, e percebe todas as causas que o levaram a ela. Ele as percebe e vê o futuro, porque é entre o *Devachan* e o renascimento que o Ego readquire sua plena consciência *manásica*, e volta a ser, por um curto período, o deus que era, antes de, em conformidade com a lei *kármica*, ter descido pela primeira vez à matéria e encarnado no primeiro homem físico. O "fio de ouro" vê todas as suas "pérolas", e não perde qualquer uma que seja.

O que de fato se quer dizer por aniquilamento

P: Ouvi alguns teósofos falarem de um fio de ouro no qual suas vidas estão enfileiradas. O que eles querem dizer com isso?

T: Nos livros sagrados hindus está dito que aquilo que passa por encarnações periódicas é o *Sūtrātmā*, que significa literalmente "Alma-fio". É um sinônimo para o Ego reencarnante – *Manas* conjugado a *Buddhi* – que absorve as recordações *manásicas* de todas as nossas vidas anteriores. É chamada assim porque as longas séries de vidas humanas estão enfileiradas como as pérolas de um único fio. Em alguns *Upanishads* esses repetidos renascimentos são comparados à vida de um mortal que oscila periodicamente entre o sono e a vigília.

P: Eu devo dizer que isso não parece muito claro, e lhe direi por quê.
Para o homem que desperta, um novo dia começa, porém aquele ho-
mem é o mesmo, em alma e corpo, do dia anterior;/ enquanto que, 164
em cada encarnação, uma completa transformação tem lugar, não apenas no aspecto externo, sexo e personalidade, mas mesmo nas capacidades mentais e psíquicas. A analogia não me parece muito correta. O homem que desperta do sono lembra-se com muita clareza do que fez no dia anterior, no anterior àquele e mesmo meses e anos antes. Mas nenhum de nós tem a mais leve recordação de uma vida anterior ou de qualquer fato ou acontecimento relativo a ela... Posso esquecer pela manhã o que sonhei durante a noite, mas ainda assim sei que dormi, e tenho a certeza de que vivi durante o sono; no entanto, que recordação posso ter de minha encarnação passada, até o momento da morte? Como você concilia isso?

T: Algumas pessoas se recordam, de fato, de suas encarnações passadas; mas essas são Buddhas e iniciados. Isso é o que os *iogues* chamam *Samma-Sambuddha*, ou o conhecimento da série completa das próprias encarnações passadas.

P: E quanto a nós, mortais comuns que não atingimos *Samma-Sambuddha*, como poderemos compreender essa analogia?

T: Estudando-a e procurando compreender mais corretamente as características e os três tipos de sono. O sono é uma lei geral e imutável tanto para os homens quanto para os animais, mas há diferentes tipos de sono e ainda mais tipos de sonhos e visões.

P: Isso nos leva a outro assunto. Retornemos ao materialista que, embora não negue os sonhos — o que dificilmente poderia fazer —, no entanto nega a imortalidade em geral e a sobrevivência de sua própria individualidade.

T: E o materialista, sem o saber, está certo. No homem que não possui
qualquer percepção interior e fé na imortalidade de sua alma, nele
a alma nunca poderá se tornar *Buddhi-taijasī*, mas permanecerá
simplesmente *Manas*, e para *Manas* somente não há/ imortalidade 165

possível. A fim de se viver uma vida consciente no mundo que virá, deve-se em primeiro lugar acreditar naquela vida durante a existência terrestre. É sobre esses dois aforismos da Ciência Secreta que toda a filosofia sobre a consciência *post mortem* e a imortalidade da alma está construída. O Ego recebe sempre de acordo com seu merecimento. Depois da dissolução do corpo começa para ele um período de consciência plenamente desperta, ou um estado de sonhos caóticos, ou então um sono completamente desprovido de sonhos, indistinto do aniquilamento; esses são os três tipos de sono. Se os nossos fisiologistas encontram a causa dos sonhos e das visões, em uma preparação inconsciente para eles durante as horas de vigília, por que não se poderia admitir o mesmo para os sonhos *post mortem*? Repito: *morte é sono*. Depois da morte, ante os olhos espirituais da alma, começa uma representação de acordo com um programa aprendido e com frequência composto por nós mesmos: a realização prática de crenças *corretas* ou de ilusões criadas por nós mesmos. O metodista será metodista, o muçulmano será muçulmano, pelo menos por algum tempo — em um perfeito paraíso dos tolos segundo o gosto e a criação de cada um. Esses são os frutos *post mortem* da árvore da vida. Naturalmente, nossa crença ou descrença no fato da imortalidade consciente é incapaz de influenciar a realidade incondicionada do fato, uma vez que existe; mas a crença ou a descrença naquela imortalidade, como propriedade de entidades independentes ou separadas, não pode deixar de colorir aquele fato em sua aplicação a cada uma dessas entidades. Agora você começa a compreender?

P: Acho que sim. O materialista, não acreditando em nada que/ não 166
lhe possa ser provado através de seus cinco sentidos ou através de racionalização científica, baseando-se exclusivamente nos dados fornecidos por esses sentidos, a despeito de sua inadequação, e rejeitando toda manifestação espiritual, aceita a vida como a única existência consciente. Portanto, tudo será para ele conforme suas crenças determinam. Ele perderá seu Ego pessoal e mergulhará em um sono sem sonhos até um novo despertar. É isso?

T: Quase. Lembre-se do ensinamento praticamente universal dos dois tipos de existência consciente: a terrena e a espiritual. Esta última deve ser considerada real a partir do próprio fato de ser habitada pela eterna, imutável e imortal Mônada, enquanto o Ego encarnante se veste com novas roupagens, completamente diferentes das de sua encarnação anterior, onde tudo, exceto seu protótipo espiritual, está condenado a uma transformação profundamente radical, de modo a não deixar nenhum rastro de si.

P: Como assim? Pode o meu "eu" terreno consciente perecer não apenas por algum tempo, como a consciência do materialista, mas tão completamente a ponto de não deixar nenhum rastro?

T: De acordo com o ensinamento, tudo deve perecer, e completamente; exceto o princípio que, tendo-se unido à Mônada, tornou-se, desse modo, essência puramente espiritual e indestrutível, una com ela na eternidade. Mas no caso de um completo materialista, em cujo "eu" pessoal *Buddhi* nunca se refletiu, como pode este último carregar para a Eternidade uma partícula que seja daquela personalidade terrena? Seu "Eu" espiritual é imortal; mas do seu eu presente ele pode carregar para a Eternidade apenas aquilo que se tornou merecedor da imortalidade, ou seja, o aroma da flor ceifada pela morte./ 167

P: E a flor, o "eu" terrestre?

T: A flor, assim como todas as flores passadas e futuras que desabrocharam e terão de desabrochar do ramo-mãe, o *Sūtrātmā*, todas filhas de uma mesma raiz ou *Buddhi*, retornarão ao pó. Seu "eu" presente, como você mesmo sabe, não é o corpo sentado agora à minha frente, nem mesmo o que eu chamaria de *Manas-Sūtrātmā*, mas sim *Sūtrātmā-Buddhi*.

P: Mas isso não me explica de modo algum por que você denomina a vida após a morte de imortal, infinita e real, e a terrena de um simples fantasma ou ilusão, visto que mesmo essa vida *post mortem* tem limites, embora possam ser muito mais amplos do que os da vida terrena.

T: Sem dúvida. O Ego espiritual do homem se move na eternidade como um pêndulo entre as horas do nascimento e da morte. Mas se por um lado essas horas, que marcam os períodos da vida terrena e da vida espiritual, são limitadas em sua duração, e se o próprio número de tais estágios na eternidade entre o sono e o despertar, a ilusão e a realidade, tem o seu início e o seu fim, por outro lado o peregrino espiritual é eterno. Portanto, são as horas de sua vida *post mortem* — quando, desencarnado, ele se vê face a face com a verdade e não com as miragens de suas existências terrenas transitórias durante o período de peregrinação que chamamos "ciclo de renascimentos" — a única realidade, em nossa concepção. Não obstante sua limitação, tais intervalos não evitam que o Ego, sempre se aperfeiçoando, prossiga sem desvios, embora gradual e vagarosamente, pelo caminho que o levará à sua última transformação, na qual, tendo alcançado seu objetivo, torna-se um ser divino. Esses intervalos e estágios ajudam a conseguir esse resultado final, em vez de retardá-lo; sem tais intervalos limitados, / o Ego divino nunca poderia 168
atingir seu objetivo final. Eu já lhe dei uma vez uma ilustração comparando o *Ego*, ou *individualidade*, a um ator, e suas numerosas e variadas encarnações aos papéis que ele representa. Você diria que a individualidade do ator são esses papéis ou seus trajes? Da mesma forma que aquele ator, o Ego é forçado a representar, durante o ciclo de necessidade, até o próprio patamar do *Paranirvāna*, muitos papéis que lhe são desagradáveis. Mas assim como a abelha colhe o seu mel em todas as flores, deixando os restos como alimento para os vermes, da mesma forma o faz a nossa individualidade espiritual, chamemo-la *Sūtrātmā* ou Ego. Coleta de toda personalidade terrena na qual o *Karma* o força a encarnar somente o néctar das qualidades espirituais e da autoconsciência, unindo tudo isso em um todo e emergindo de sua crisálida como o glorioso *Dhyan Chohan*. Tanto pior para as personalidades terrenas das quais ele não pode coletar nada. Tais personalidades seguramente não podem sobreviver conscientemente à sua existência terrena.

P: Assim, então, parece que, para a personalidade terrena, a imortalidade ainda é condicional. Então a imortalidade, ela mesma, *não é* incondicional?

T: De forma alguma. Mas a imortalidade não pode tocar o *não existente*: para tudo aquilo que existe como *SAT*, ou emana de *SAT*, a imortalidade e a eternidade são absolutas. A matéria é o polo oposto do espírito, e no entanto os dois são um. A essência de tudo isso, ou seja, espírito, força e matéria, ou os três em um, não tem nem início nem fim; mas a forma adquirida por essa tripla unidade durante suas encarnações, sua exterioridade, é certamente apenas/ a ilusão 169
de nossas concepções pessoais. Portanto, consideramos apenas o *Nirvāna* e a vida universal como uma realidade, e relegamos a vida terrestre, com sua personalidade terrena incluída — e mesmo sua existência *devachânica* — ao reino fantasma da ilusão.

P: Mas por que chamar o sono, em tal caso, de realidade, e o estado de vigília de ilusão?

T: Isso é simplesmente uma comparação feita para facilitar a compreensão do assunto, e, do ponto de vista das concepções terrenas, é muito correta.

P: Ainda assim não consigo compreender: se a vida por vir é baseada na justiça e na retribuição[1] meritória de todos os nossos sofrimentos na Terra, como no caso dos materialistas, muitos dos quais são realmente honestos e caridosos, não deveria permanecer mais da personalidade deles do que o resíduo de uma flor murcha?

T: Ninguém jamais disse tal coisa. Nenhum materialista, por mais incrédulo, pode morrer para sempre na plenitude de sua individualidade espiritual. O que se disse foi que a consciência pode desaparecer, seja completamente ou parcialmente, no caso de um materialista, de modo que nenhum remanescente consciente de sua personalidade sobreviva.

1 A palavra *retribution* (retribuição) a princípio incluía o sentido de "compensação". Em português, ainda se mantém esse sentido. (N. ed. bras.)

P: Mas certamente isso é aniquilamento.

T: Certamente que não. Podemos dormir pesadamente e perder várias estações durante uma longa viagem de trem, sem a menor recordação ou consciência; despertamos em uma outra e, continuando a viagem, passamos por inúmeras paradas até o final do trajeto, ou até que o destino seja alcançado. Três tipos de sono foram mencionados: o sem sonhos, o caótico e aquele que é tão real que, para o
homem que dorme,/ seus sonhos se tornam plena realidade. Se você 170
aceita esta, por que não poderia aceitar os primeiros? A vida que um homem terá no *post mortem* será de acordo com o que acreditou e esperou que fosse. Aquele que não esperou qualquer vida por vir terá um absoluto vazio, muito semelhante ao aniquilamento, no intervalo entre os dois renascimentos. Isso é apenas a realização do programa do qual falamos, um programa criado pelos próprios materialistas. Mas há vários tipos de materialistas, como você mesmo disse. Um egoísta perverso, que nunca derramou uma lágrima por ninguém a não ser por si mesmo, somando, assim, à sua incredulidade uma total indiferença pelo mundo inteiro, tem de perder para sempre a sua personalidade no limiar da morte. Essa personalidade, por não ter quaisquer laços de simpatia pelo mundo à sua volta, e por isso nada a prendê-la ao *Sūtrātmā*, em seu último suspiro rompe toda conexão com ele. Não existindo *Devachan* para tal materialista, o *Sūtrātmā* reencarnará quase que imediatamente. Mas, quanto aos materialistas cujo único erro foi a descrença, passarão dormindo apenas uma estação. E chegará o dia em que aquele ex-materialista perceberá a si mesmo na eternidade, e talvez se arrependa de ter perdido mesmo um único dia, uma única estação da vida eterna.

P: Não seria mais correto dizer que a morte é nascimento em uma nova vida, ou mais um retorno à eternidade?

T: Você pode dizer assim, se quiser. Lembre-se apenas de que os nascimentos são diferentes, e que há seres “natimortos”, que são *fracassos* da Natureza. Além disso, com suas ideias fixas ocidentais sobre vida material, as palavras “vivente” e “ser” são por demais

inaplicáveis ao estado subjetivo puro da existência *post mortem.*/ 171
Com exceção de alguns filósofos que não são lidos pela maioria, e que estão eles mesmos confusos demais para apresentar um quadro mais preciso dela, é justamente porque as ideias ocidentais de vida e morte se tornaram tão estreitas que, por um lado, levaram ao materialismo crasso, e por outro à concepção ainda mais material da outra vida, a qual os espíritas formularam como a sua "Terra de Verão". Lá as almas dos homens comem, bebem, casam-se e vivem em um paraíso tão sensual quanto o de Maomé, mas ainda menos filosófico. Nem são melhores as concepções medíocres dos cristãos incultos, sendo, caso possível, ainda mais materialistas, pois, com os seus anjos truncados, trombetas de bronze, harpas douradas e fogos de inferno materiais, o paraíso cristão parece uma cena de conto de fadas em uma pantomima de Natal.

É por causa dessas concepções estreitas que você tem tanta dificuldade em compreender. É justamente porque a vida da alma desencarnada, ao mesmo tempo que possui toda a vividez da realidade, como em certos sonhos, é também destituída de toda forma grosseiramente objetiva da vida terrena, que os filósofos orientais a compararam com visões durante o sono.

Palavras precisas para coisas precisas

P: Você não acha que, por não haver termos precisos e estabelecidos para definir cada "princípio" no homem, é que surge em nossas mentes tal confusão de ideias quanto às respectivas funções deles?

T: Já pensei nisso. Todo o problema surgiu/ do seguinte: iniciamos 172
nossa exposição e discussão sobre os "princípios" usando seus nomes sânscritos, em vez de traduzi-los imediatamente para o uso dos teósofos. Temos de tentar corrigir isso agora.

P: Fará bem, pois isso poderá evitar maiores confusões; não existem, parece-me, dois escritores teosóficos que concordem em chamar o mesmo "princípio" pelo mesmo nome.

T: A confusão é, no entanto, mais aparente do que real. Ouvi alguns de nossos teósofos expressarem surpresa e criticarem vários artigos que falavam desses "princípios"; mas quando examinados, não havia neles pior erro do que o uso da palavra "alma" para abranger três princípios sem especificar a distinção. O primeiro, e positivamente o mais claro de nossos autores teosóficos, o Sr. A. P. Sinnett, tem alguns textos de fácil compreensão e admiravelmente bem escritos sobre o "Eu Superior".[1] Suas palavras também foram mal interpretadas por alguns, por ter ele utilizado a palavra "alma" em um sentido geral, mas aqui estão algumas passagens que lhe mostrarão como é claro e compreensível tudo o que ele escreve sobre o assunto:

> (...) A alma humana, uma vez lançada nas correntes da evolução como uma individualidade humana,[2] atravessa períodos alternados de existência física e de existência relativamente espiritual. Passa de um plano, ou *stratum*, ou condição da Natureza, para outro, sob o direcionamento de suas afinidades *kármicas*; vivendo encarnada a vida que seu *Karma* lhe prescreveu, modificando seu progresso de acordo com as limitações das circunstâncias e desenvolvendo novo *Karma* com o uso ou o abuso de oportunidades, ela retorna/ à existência espiritual 173
> (*Devachan*) após cada vida física — através da região intermediária do *Kāma-loka* — para descanso e revigoramento, e para a absorção gradual à sua essência, como progresso cósmico, da experiência de vida adquirida "na Terra", ou durante a existência física. Essa visão do assunto terá, além disso, sugerido muitas inferências colaterais a quem pensar sobre ele, por exemplo: que a transferência de consciência do estágio do *Kāma-loka* para o do *Devachan* dessa progressão deveria necessariamente ser gradual;[3] que na verdade nenhuma linha forte e segura separa as várias condições espirituais; que mesmo os planos espiritual e físico, como demonstram as faculdades psíquicas em pessoas vivas, não estão tão irremediavelmente isolados um do outro como as

---

[1] Veja *Transactions of the London Lodge of the Theosophical Society* (Atas da Loja de Londres da Sociedade Teosófica), número 7, outubro de 1885.

[2] O "Ego reencarnante", ou "alma humana", como ele a chama; o corpo causal para os hindus.

[3] A duração dessa "transferência" depende, no entanto, do grau de espiritualidade da ex-personalidade do Ego desencarnado. Para aqueles cujas vidas foram muito espirituais, essa transferência, embora gradual, é muito rápida. O tempo se torna mais longo para os inclinados ao materialismo.

> teorias materialistas sugerem; que todos os estados da Natureza estão à nossa volta simultaneamente e falam a diferentes faculdades perceptivas; e assim por diante... É claro que durante a existência física as pessoas que possuem faculdades psíquicas permanecem em contato, de alguma forma, com os planos de consciência superfísicos, e embora a maioria das pessoas dos nossos dias possam não estar dotadas dessas faculdades, todos nós – como o fenômeno do sono e especialmente (...) os fenômenos do sonambulismo e mesmerismo demonstram – somos capazes de entrar em condições de consciência com que os cincos sentidos físicos nada têm a ver. Nós – as almas dentro de nós – não estamos, por assim dizer, todos à deriva no oceano da matéria. Nós claramente conservamos algum interesse ou direitos que permaneceram na margem da qual, por algum tempo, nos afastamos. O processo da encarnação, portanto, não é plenamente descrito quando falamos de uma existência *alternada* nos planos físico e espiritual, retratando então a alma como uma entidade completa que passa inteiramente de um estado de existência para outro. A definição mais correta do processo provavelmente representaria a encarnação como algo que se dá nesse plano físico da Natureza por meio de um efluxo que emana da alma. O
> reino espiritual seria por todo o tempo o *habitat* próprio da alma,/ o 174
> qual ela nunca abandonaria completamente; e aquela porção não materializável da alma que reside permanentemente no plano espiritual pode adequadamente, talvez, ser chamada de EU SUPERIOR.

Esse "Eu Superior" é *Ātmā*, e naturalmente é "não materializável", como diz o Sr. Sinnett. Mais ainda, nunca pode ser "objetivo" sob quaisquer circunstâncias, mesmo para a percepção espiritual mais elevada. Pois *Ātmā*, ou o Eu Superior, é de fato *Brahman*, o ABSOLUTO, e indistinguível dele. Nos períodos de *Samādhi*, a consciência espiritual superior do iniciado é inteiramente absorvida na essência UNA, que é *Ātman*, e portanto, sendo una com o todo, nada pode haver de objetivo para ela. No entanto, alguns dos nossos teósofos adquiriram o hábito de usar as palavras "eu" e "ego" como sinônimos, e de associar o termo "eu" com o "eu" ou Ego individual superior ou mesmo pessoal unicamente humanos, enquanto o termo "EU" nunca deveria ser aplicado exceto ao *Eu Uno universal*. Daí a confusão. Ao falarmos de *Manas*, o "corpo causal", podemos chamá-lo – quando conectando-o com a radiância *búddhica* – de "Ego SUPERIOR", e nunca de "Eu superior". Pois mesmo *Buddhi*, a "Alma espiritual", não é o EU, mas apenas o veículo do EU. Todos os outros "eus" – tais como o eu "individual" e o eu "pessoal" – nunca deveriam ser falados ou escritos sem seus adjetivos qualificadores e característicos.

Assim, nesse ensaio dos mais excelentes sobre o "Eu Superior", esse termo é aplicado ao *sexto princípio*, ou *Buddhi* (é claro que em associação com *Manas*, já que sem tal união não haveria princípio ou elemento pensante na alma espiritual), dando consequentemente origem a exatamente esses mal-entendidos. A afirmação de que
"uma criança não obtém seu *sexto* princípio/ – ou se torna um ser 175
moralmente responsável e capaz de gerar *Karma* – até os sete anos de idade" prova o que se quis dizer até agora por EU SUPERIOR. Portanto, o hábil autor está plenamente justificado ao explicar que, após ter o "Eu Superior" penetrado no ser humano e saturado a personalidade com sua consciência – em algumas das organizações mais refinadas apenas –, "pessoas com faculdades psíquicas podem de fato perceber esse Eu Superior através de seus sentidos mais refinados, de tempos em tempos". Mas, da mesma forma, aqueles que limitam o termo "Eu Superior" ao Princípio Divino Universal estão "justificados" ao compreendê-lo erroneamente. Pois quando lemos, despreparados para essa troca de termos metafísicos,[1] que enquanto "manifestando-se plenamente no plano físico (...) o Eu Superior permanece como um Ego espiritual consciente no plano de natureza correspondente" –, estamos aptos a ver, no "Eu Superior" dessa frase, *Ātmā*, e no Ego espiritual *Manas*, ou, antes, *Buddhi-Manas*, e imediatamente a criticar tudo como incorreto.

Para evitar daqui por diante tais incompreensões, proponho traduzir literalmente os termos orientais ocultos, oferecendo-os para uso futuro.

---

[1] "Troca de *termos metafísicos*" se aplica aqui somente à mudança de seus equivalentes traduzidos das expressões orientais, pois até os nossos dias nunca existiram quaisquer termos como esses, cada teosófo tendo de criar seus próprios termos para expressar seus pensamentos. Já não é sem tempo, pois, que se estabeleça alguma nomenclatura definida.

O EU SUPERIOR é	*Ātmā*, o raio inseparável do EU UNO e universal. É o Deus que está *acima*, mais do que *dentro* de nós. Feliz é o homem que consegue saturar o seu *Ego interno* com ele! / 176
O EGO *divino* ESPIRITUAL é	A alma espiritual ou *Buddhi*, em estreita união com *Manas*, o princípio mental sem o qual não é Ego de modo algum, mas apenas o *veículo* de *Ātman*.
O EGO INTERNO ou SUPERIOR é	*Manas*, o "quinto" princípio, assim chamado independentemente de *Buddhi*. O princípio-mente é o Ego espiritual somente quando fundido *em um* com *Buddhi* — e não se supõe que qualquer materialista tenha em si *tal* Ego, por maiores que sejam suas capacidades intelectuais. É a *individualidade* permanente, ou o "Ego reencarnante".
O EGO INFERIOR ou PESSOAL é	o homem físico em conjunto com seu *eu inferior*, ou seja, instintos animais, paixões, desejos, etc. É chamado de *falsa personalidade*, e consiste de *Manas inferior* combinado com *Kāma-rūpa*, operando através do corpo físico e seu fantasma, ou "duplo".
O "princípio" restante, *Prāna*, ou "vida", é, estritamente falando, a força radiante ou energia de *Ātmā* — como a vida universal e o EU UNO —, seu aspecto inferior ou, antes (em seus efeitos), seu aspecto mais físico, porque aspecto manifestado. *Prāna*, ou vida, permeia todo o ser do Universo objetivo, e é chamado um "princípio" apenas porque é um fator indispensável e um *Deus ex machina* do homem vivente.	

P: Creio que essa divisão, de combinações mais simples, responderá melhor. A outra é metafísica demais.

T: Se tanto as pessoas de fora quanto os teósofos concordarem com isso, ela certamente tornará os temas muito mais compreensíveis./ 177

X

Sobre a Natureza do nosso Princípio Pensante

O mistério do Ego

P: Percebi, na citação de *O Catecismo Buddhista*[1] que você apresentou há pouco tempo, uma discrepância que gostaria de ver explicada. Lá é afirmado que os *skandhas* – a memória inclusive – mudam com toda nova encarnação. E, no entanto, é assegurado que o reflexo das vidas passadas, que, dizem, são inteiramente feitas de *skandhas*, "tem de sobreviver". Nesse momento, não tenho claro em minha mente o que é precisamente que sobrevive, e gostaria que me explicasse. É apenas aquele "reflexo", os *skandhas*, ou sempre aquele mesmo Ego, *Manas*?

T: Acabei de explicar que o "princípio" que reencarna, aquele a que chamamos homem *divino*, é indestrutível por todo o ciclo de vida: indestrutível como uma *entidade* pensante, e mesmo como uma forma etérea. O "reflexo" é apenas a *lembrança* espiritualizada, durante o período *devachânico*, da *ex-personalidade* – Sr. A ou Sra. B – com a qual o Ego se identifica durante aquele período. Já que esse período é apenas a continuação da vida terrena, por assim dizer o próprio apogeu, numa série contínua, dos poucos momentos felizes daquela agora passada/ existência, o *Ego* tem que se identi- 178
ficar com a consciência *pessoal* daquela vida, se é que alguma coisa dela permanecerá.

---

[1] OLCOTT, Henry S., Brasília: Editora Teosófica (N.d.bras.).

P: Isso significa que o *Ego*, não obstante sua natureza divina, passa todos esses períodos entre duas encarnações em um estado de obscuridade mental, ou insanidade temporária.

T: Você pode considerar como quiser. Nós acreditamos que, fora da REALIDADE ÚNICA, nada é mais do que uma ilusão passageira – incluindo o Universo inteiro –, e não o vemos como insanidade, mas como uma sequência ou desenvolvimento muito natural da vida terrena. O que é a vida? Um feixe das mais variadas experiências, de ideias, emoções e opiniões que mudam diariamente. Em nossa juventude, com muita frequência nos devotamos entusiasticamente a um ideal, a algum herói ou heroína a quem tentamos seguir e reviver; alguns anos mais tarde, quando o frescor de nossos sentimentos juvenis diminuiu e estes se tornaram mais sóbrios, somos os primeiros a rir de nossas fantasias. E, no entanto, houve um dia em que identificamos nossa personalidade tão completamente com aquela do ideal em nossa mente – especialmente se era aquela de um ser vivente – que a primeira foi totalmente mesclada e perdida na segunda. Pode-se dizer que um homem de cinquenta anos é o mesmo ser que era quando tinha vinte? O homem *interno* é o mesmo; a personalidade externa vivente é completamente transformada e modificada. Você também chamaria essas mudanças de estado mental humano de insanidades?

P: Como você as chamaria, e especialmente como você explicaria a permanência de uma e a evanescência da outra?

T: Temos pronta a nossa própria doutrina, e para nós ela não oferece
qualquer dificuldade. A chave está na consciência dupla de nossa
mente, e também na natureza dual do "princípio" mental./ Há uma 179
consciência espiritual, a mente *manásica* iluminada pela luz de *Bud-
dhi*, aquela que percebe abstrações subjetivamente, e a consciência
senciente (a luz *manásica* inferior), inseparável de nosso cérebro
e sentidos físicos. Essa última consciência é mantida em sujeição
pelo cérebro e sentidos físicos, e, sendo por sua vez igualmente de-
pendente deles, tem de naturalmente se desvanecer e finalmente

morrer com o desaparecimento do cérebro e dos sentidos físicos. Somente o primeiro tipo de consciência, que tem suas raízes na eternidade, sobrevive e vive para sempre, e pode, portanto, ser considerado imortal. Tudo o mais pertence às ilusões passageiras.

P: O que você realmente entende por ilusão, nesse caso?
T: O que entendo está muito bem descrito no ensaio anteriormente mencionado sobre "O Eu Superior". Diz o seu autor:

> A teoria que estamos considerando (o intercâmbio de ideias entre o *Ego superior* e o eu inferior) se harmoniza muito bem com o tratamento desse mundo em que vivemos como um mundo fenomenal de ilusões, sendo o plano espiritual da Natureza, por outro lado, o mundo numenal ou plano da realidade. A região da Natureza na qual, por assim dizer, a alma permanente está enraizada é mais real do que aquela na qual suas flores transitórias aparecem por um breve espaço, para murcharem e se despedaçarem, enquanto a planta recupera energias para produzir uma nova flor. Supondo-se que as flores fossem perceptíveis apenas aos sentidos ordinários, e suas raízes existissem em um estado da Natureza intangível e invisível para nós, os filósofos de tal mundo que intuíssem a existência de coisas tais como raízes em um outro/ plano de existência seriam capazes de dizer sobre as flores: 180
> estas não são as plantas reais; elas não têm importância relativa, são meramente fenômenos ilusórios do momento.

Isso é o que quero dizer: o mundo no qual florescem as flores transitórias e evanescentes das vidas pessoais não é o mundo permanente e real, mas sim aquele no qual encontramos a raiz da consciência, aquela raiz que está além da ilusão e vive na eternidade.

P: O que você quer dizer com raiz que vive na eternidade?
T: Quero dizer a entidade pensante, o Ego que reencarna, quer o consideremos um "anjo", um "espírito" ou uma força. Daquilo que cai sob nossas percepções sensórias, apenas o que cresce diretamente de, ou está ligado à acima mencionada raiz invisível, pode partilhar de sua vida imortal. Daí que todo pensamento, ideia e aspiração nobres da personalidade que ela anima, procedentes e alimentados por

essa raiz, têm de se tornar permanentes. Quanto à consciência física, como é uma qualidade do "princípio" senciente, ainda que inferior – *Kama-rupa* ou instinto animal, iluminado pelo reflexo *manásico* inferior, ou a alma humana –, ela tem de desaparecer. Aquilo que apresenta atividade enquanto o corpo está adormecido ou paralisado é a consciência superior, sendo que nossa memória registra de maneira débil e imprecisa – porque automática – tais experiências, e com frequência deixa de ser mesmo levemente impressionada por elas.

P: Mas como pode ser que *MANAS*, embora chamado por você de *Nous*, um "Deus", seja tão fraco durante suas encarnações a ponto de ser realmente conquistado e aprisionado por seu corpo?

T: Eu poderia lhe devolver a mesma pergunta: "Como é/ que ele, a 181
quem vocês consideram 'o Deus dos Deuses' e o único Deus vivo, *é tão fraco* a ponto de permitir que o mal (ou o Demônio) leve a melhor sobre *ele*, assim como sobre todas as suas criaturas, seja enquanto permanece no paraíso ou durante o tempo em que esteve encarnado nesta Terra?" Tenho certeza de que você responderá novamente: "Isso é um Mistério, e estamos proibidos de indagar sobre os Mistérios de Deus." Não estando proibida de fazê-lo pela nossa filosofia religiosa, respondo à sua pergunta dizendo que, a menos que Deus desça como um *Avatar*, nenhum princípio divino pode deixar de ser confinado e paralisado pela turbulenta matéria animal. A heterogeneidade sempre dominará a homogeneidade, nesse plano de ilusões, e quanto mais próxima está uma essência de seu princípio-raiz – a homogeneidade primordial –, mais difícil é para este se impor sobre a Terra. Os poderes espirituais e divinos jazem adormecidos em todo ser humano, e quanto mais amplo for o alcance de sua visão espiritual, mais poderoso será o Deus dentro dele. Mas como poucos homens podem sentir esse Deus, e, como uma regra média proporcional, a Deidade está sempre confinada e limitada em nossos pensamentos por concepções prévias – aquelas ideias que são inculcadas em nós desde a infância –, fica difícil para você compreender a nossa filosofia.

P: E é esse nosso Ego que é o nosso Deus?

T: De forma alguma; "*um* Deus" não é a Deidade universal, mas apenas uma centelha originada do oceano único do fogo divino. O nosso Deus *interior*, ou "nosso Pai em segredo", é o que chamamos de EU SUPERIOR, *Ātmā*. O nosso Ego encarnante era um Deus originalmente, assim como o eram todas as emanações primevas do Princípio Desconhecido único. Mas desde a sua "queda na matéria", tendo de encarnar por todo/ o ciclo em sucessão, do primeiro ao 182
último, ele não é mais um deus livre e feliz, mas um pobre peregrino a caminho de reconquistar aquilo que perdeu. Posso responder-lhe mais completamente repetindo o que está escrito sobre o Homem Interno em *Ísis Sem Véu* (vol. II, p. 593 [numeração do original em inglês — N. ed. bras.]):

> Desde a mais remota antiguidade a *espécie humana* como um todo *sempre esteve convencida da existência de uma entidade espiritual pessoal dentro do homem físico pessoal*. Essa entidade interior era mais ou menos divina de acordo com sua proximidade à *coroa — Christos*. Quanto mais estrita a união, mais sereno o destino do homem, menos perigosas as condições externas. Essa crença não é nem fanatismo nem superstição, mas apenas um sentimento sempre presente e instintivo da proximidade de um outro mundo espiritual e invisível que, embora sendo subjetivo para os sentidos do homem externo, é perfeitamente objetivo para o ego interno. Além disso, eles acreditavam que há *condições externas e internas que afetam a determinação da nossa vontade sobre as nossas ações*. Eles rejeitavam o fatalismo, pois o fatalismo implica um curso cego de um poder ainda mais cego. Mas eles acreditavam no *destino* (ou *Karma*) do qual, do nascimento até a morte, cada homem está tecendo fio após fio ao seu redor, assim como o faz a aranha com sua teia; e esse destino é guiado ou por aquela presença denominada por alguns de anjo guardião ou pelo nosso mais íntimo homem interno astral, que é com muita frequência o gênio do mal do homem físico (ou a *personalidade*). Ambos guiam o homem externo, mas um dos dois tem de prevalecer; e desde o início da desordem invisível a austera e implacável *lei da compensação* [e *retribuição*] surge em cena e assume o seu curso, seguindo fielmente a flutuação [do conflito]. Quando o último fio é tecido, e o homem está aparentemente embrulhado na rede de seus próprios feitos, encontra-se ele então totalmen-

> te sob o império desse destino *autoconstruído*. Este, então, ou fixa o homem como concha inerte contra a rocha imóvel ou o leva embora, como uma pena, em um redemoinho criado por suas próprias ações.

Tal é o destino do HOMEM — o Ego verdadeiro, e não o *automatom*, a casca que leva esse nome. Cabe a ele se tornar o conquistador da matéria./ 183

A natureza complexa de *Manas*

P: Mas você ia dizer algo sobre a natureza essencial de *Manas*, e sobre a relação deste com os *skandhas* do homem físico.

T: É essa natureza – misteriosa, multiforme, além de qualquer compreensão, e quase indistinta em suas correlações com os outros princípios – que é a coisa mais difícil de compreender, e ainda mais difícil de explicar. *Manas* é um "princípio", e no entanto é uma "entidade" e uma individualidade ou Ego. Ele é um "Deus", e no entanto está condenado a um ciclo infindável de encarnações, sendo responsável por cada uma delas, e tendo de sofrer por cada uma delas. Tudo isso parece tão contraditório quanto enigmático; entretanto, há centenas de pessoas, mesmo na Europa, que compreendem tudo isso perfeitamente, pois compreendem o Ego não apenas em sua integridade, como também em seus muitos aspectos. Finalmente, para me fazer compreender, tenho de explicar-lhe desde o início a genealogia desse Ego, em poucas palavras.

Tente imaginar um "espírito", um ser celestial, tanto faz chamá-lo por um nome ou por outro, divino em sua natureza essencial e no entanto não puro o suficiente para ser *uno com o TODO*; ele tem, de modo a consegui-lo, de purificar sua natureza. Ele só pode fazê-lo passando *individualmente* e *pessoalmente*, isto é, espiritualmente e fisicamente, através de cada experiência e sentimento que existe no Universo multifacetado ou diferenciado. Portanto, depois
de ter alcançado tal/ experiência nos reinos inferiores e ascendido 184
mais e mais em cada degrau na escada do ser, ele tem de passar por todas as experiências nos planos humanos. Em sua própria essência

isso é *PENSAMENTO*, e é, portanto, chamado na sua pluralidade *Mānasa-putras*, os "filhos da mente (universal)". Esse "PENSAMENTO" *individualizado* é o que nós teósofos chamamos de Ego humano *real*, a entidade pensante aprisionada em um envoltório de carne e ossos. Isso é com certeza uma entidade espiritual, e não *matéria*, e tais entidades são os Egos encarnantes que animam internamente o fardo de matéria animal chamada espécie humana, e cujos nomes são *Manas*, ou "mentes". Mas uma vez aprisionados, ou encarnados, suas essências se tornam duais; isso quer dizer que os *raios* da mente divina eterna, considerados como entidades individuais, assumem um atributo duplo: (a) sua característica inerente *essencial*, a mente que aspira ao paraíso (*Manas* superior), e (b) a qualidade de pensamento humano, ou cogitação animal, racionalizada devido à superioridade do cérebro humano, *manas*-tendendo-a-*kama*, ou *Manas* inferior. Um gravita em direção a *Buddhi* e o outro tende para baixo, para a sede das paixões e dos desejos animais. Os últimos não têm lugar no *Devachan*, e nem podem eles se associar com a tríade divina que ascende como UNIDADE para a bem-aventurança mental. No entanto é o Ego, a entidade *manásica*, que tem a responsabilidade por todos os pecados dos atributos inferiores, da mesma forma que um pai ou mãe é responsável pelas transgressões de sua criança, enquanto esta permanece irresponsável.

P: Essa "criança" é a personalidade?

T: Sim. Afirmar, portanto, que a personalidade morre com o corpo
não é afirmar tudo. O corpo, que era/ apenas o símbolo objetivo do 185
Sr. A ou da Sra. B, vai desaparecendo com todos os seus *skandhas* materiais, que são as expressões visíveis dele. Porém, tudo aquilo que constituía durante a vida o fardo *espiritual* de experiência, as aspirações mais nobres, as afeições imorredouras e a natureza altruísta do Sr. A ou da Sra. B se liga, durante o período *devachânico*, ao Ego que está identificado com a porção espiritual daquela entidade terrena, agora desaparecida de nossa vista. O *ator* está tão imbuído do *papel* que acabou de representar que sonha com ele durante toda a noite

devachânica, visão que continua até que chega para ele a hora de retornar ao palco da vida para representar um outro papel.

P: Como se explica o fato dessa doutrina, que você diz ser tão antiga quanto o homem pensante, não ter encontrado lugar, por exemplo, na Teologia cristã?

T: Equívoco seu; ela encontrou. Apenas a Teologia a desfigurou de tal forma que está irreconhecível, assim como o fizeram muitas outras doutrinas. A Teologia considera o Ego como o anjo que Deus nos dá no momento de nosso nascimento, *para tomar conta de nossa alma.* Em vez de responsabilizar aquele "anjo" pelas transgressões da pobre alma desamparada, é esta última que, de acordo com a lógica teológica, é punida por todos os pecados, tanto da carne quanto da mente! É a alma, o *alento* imaterial de Deus e *sua pretensa criação* que, por graça do mais impressionante malabarismo intelectual, é condenada a queimar em um fogo material sem nunca se consumir,[1] enquanto o "anjo" escapa ileso, após dobrar suas brancas asas
e umedecê-las com algumas/ lágrimas. Sim, esses são os nossos 186
"espíritos servidores", os "mensageiros da misericórdia" enviados, diz-nos o Bispo Mant,

> (...) para realizar
> O bem aos herdeiros da Salvação, por nós eles ainda
> Sofrem quando pecamos,
> Rejubilam-se quando nos arrependemos.

Contudo, torna-se evidente que, se pedíssemos a todos os bispos do mundo para definirem de uma vez por todas o que querem dizer por *alma* e suas funções, seriam tão incapazes de responder quanto de nos mostrar qualquer sombra de lógica na crença ortodoxa!

---

[1] Sendo de "uma natureza semelhante à do amianto", de acordo com a expressão eloquente e apaixonada de um moderno Tertuliano inglês. [Padre da Igreja do Ocidente, nascido em Cartago em 155 d.C. e falecido em 222 d.C., apologista e polemista, caracterizado por um rigor intransigente. (N. ed. bras.)]

A doutrina é ensinada no Evangelho de São João

P: A isso os adeptos dessa crença poderiam responder que, se por um lado o dogma ortodoxo promete ao pecador e ao materialista impenitentes um mau período em um inferno por demais realista, por outro lado dá a eles uma chance de arrependimento até o último minuto. Além disso eles não ensinam o aniquilamento, ou a perda da personalidade, o que vem a dar no mesmo.

T: Se a Igreja não ensina nada disso, por outro lado o Cristo o faz; e isso é muito significativo, pelo menos para aqueles que colocam Cristo acima do Cristianismo.

P: Cristo ensina algo desse gênero?

T: Sim, e qualquer ocultista e mesmo cabalista bem informado lhe dirá o mesmo. Cristo, ou o quarto evangelho pelo menos, ensina a reencarnação, assim como o aniquilamento da personalidade, se você esquecer a letra morta e se manter atento ao espírito esotérico. Lembre-se dos versículos 1 a 6 do cap. 15 de *São João*. O que fala a parábola,
a não ser da/ *tríade* superior no homem? *Ātmā* é o "lavrador"; o Ego 187
espiritual ou *Buddhi* (Christos) é a "videira", enquanto a alma animal e vital, a *personalidade*, é o "ramo". "Eu sou a *verdadeira* videira, e meu Pai é o lavrador. Toda vara em mim que não dá fruto Ele a tira. (...) Como a vara de si mesma não pode dar fruto, se não estiver na videira, assim também vós, se não estiverdes em mim. Eu sou a videira – vós as varas. (...) Se alguém não estiver em mim será lançado fora, como a vara, e secará; e os colhem e lançam no fogo e ardem."

Explicamos isso desta maneira: não acreditamos nos fogos do inferno que a Teologia descobriu como subjacentes à ameaça às *varas*; dizemos que o lavrador é *Ātmā*, o símbolo do princípio impessoal e infinito,[1] enquanto a videira simboliza a alma espiritual, Christos, e cada vara representa uma nova encarnação.

---

[1] Durante os *Mistérios*, é o hierofante, o "Pai", quem plantou a videira. Todos os símbolos possuem sete chaves de decifração. O revelador do *Pleroma* sempre foi chamado "Pai".

P: Quais provas você tem para sustentar tão arbitrária interpretação?

T: A simbologia universal é uma garantia de que é correta e de que não é arbitrária. Hermas[1] diz que "Deus plantou a vinha", ou seja, ele criou a humanidade. Na Cabala mostra-se que o Ancião dos Anciãos, ou a "Longa Face", planta uma vinha, esta última representando a humanidade, e uma videira, significando a vida. Mostra-se, portanto, o espírito do "Rei Messias" lavando suas vestes *no vinho* a partir do alto, a partir da criação do mundo.[2] E o "Rei Messias" é o / Ego purificado *por lavar suas vestes* (ou seja, suas personalida- 188
des em renascimento), no *vinho a partir do alto*, ou *Buddhi*. Adão, ou A-Dam, é "sangue". A vida da carne está no sangue (*nephesh* – alma), *Levítico*, 17, 2. E Adão-Kadmon é o único-Gerado. Noé também planta uma vinha – o berço alegórico da futura humanidade. Como consequência da adoção da mesma alegoria, encontramos a ideia reproduzida no *Codex Nazareno*. Sete videiras são procriadas – videiras essas que são as nossas sete raças com seus sete salvadores ou Buddhas – que nascem de *Kebar-Zivo*, e Ferho (ou Parcha) Raba, regaas.[3] Quando os abençoados ascenderem à companhia das criaturas da Luz, ele verão *Iavar-Zivo*, o *Senhor da Vida*, e a Primeira Videira.[4] Essas metáforas cabalísticas são, portanto, naturalmente repetidas no *Evangelho Segundo São João*, 15, 1.

Não nos esqueçamos que no sistema humano – mesmo de acordo com as filosofias que ignoram nossa divisão setenária – o Ego ou *homem pensante* é chamado de *Logos*, ou Filho da Alma e do Espírito. "*Manas* é o Filho adotivo do Rei – e da Rainha" (equivalentes esotéricos de *Ātmā* e *Buddhi*), diz um trabalho oculto. Ele é o "homem-deus" de Platão, que se crucifica no *espaço* (ou duração do ciclo de vida) para a redenção da *matéria*. Ele o faz encarnando sem cessar, conduzindo assim a humanidade rumo à perfeição, e dando

[1] *Hermas Pastor*, similitude V, parágrafo 6.
[2] *Zohar*, Comentário sobre o *Gênesis*, 40, 10.
[3] *Codex Nazaraeus*, vol. III, p. 60-1.
[4] *Ibid.*, vol. II, p. 281.

oportunidade, com isso, para as formas inferiores se desenvolverem em superiores. Nem por uma vida ele deixa de progredir/ e de 189
ajudar toda a Natureza física a progredir; até o evento ocasional e muito raro de perder uma de suas personalidades, no caso de ser ela inteiramente destituída mesmo de uma centelha de espiritualidade, ajuda em seu progresso individual.

P: Mas certamente, se o *Ego* é responsabilizado pelas transgressões de suas personalidades, tem de responder também pela perda, ou antes, pelo completo aniquilamento de uma delas.

T: De modo algum, a menos que ele não tenha feito nada para evitar esse horrível destino. Mas se, apesar de todos os seus esforços, sua voz — *a da nossa consciência* — foi incapaz de penetrar o muro de matéria, então a obtusidade dessa última, resultante da natureza imperfeita do material, classifica-se como um outro fracasso da Natureza. O Ego é suficientemente punido pela perda do *Devachan*, e especialmente por ter de encarnar quase que imediatamente.

P: Essa doutrina da possibilidade de se perder a alma — ou personalidade, como você a chama — vai de encontro às teorias ideais tanto dos cristãos quanto dos espíritas, embora Swedenborg a adote até certo ponto, no que chama de *morte espiritual*. Eles nunca a aceitarão.

T: Isso não pode absolutamente alterar um fato na Natureza, se for um fato, ou evitar que tal coisa ocasionalmente aconteça. O Universo e todas as coisas nele, morais, mentais, físicas, psíquicas ou espirituais, são construídas com base numa lei perfeita de equilíbrio e harmonia. Como dito antes (veja *Ísis Sem Véu*, vol. I, p. 318-19 [numeração do original em inglês — N. ed. bras.]), a força centrípeta não poderia se manifestar sem a centrífuga, nas revoluções harmônicas das esferas; e todas as formas e seu progresso são produtos dessa força dual na Natureza.

O espírito/ (*Buddhi*) é a energia espiritual centrífuga, e a alma 190
(*Manas*) a centrípeta; e para produzir um resultado, elas têm de

estar em perfeita união e harmonia. Interrompa ou danifique o movimento centrípeto da alma terrena, que tende para o centro que a atrai; impeça seu progresso entravando-a com um peso de matéria maior do que ela pode suportar, ou do que é adequado ao estado *devachânico*, e a harmonia do todo será destruída. A vida pessoal, ou talvez melhor, seu reflexo ideal, só pode continuar se mantida pela força dupla, ou seja, pela união íntima entre *Buddhi* e *Manas* em cada renascimento. O mínimo desvio da harmonia a danifica; e quando é destruída além de qualquer recuperação, as duas forças se separam no momento da morte. Durante um breve intervalo, a forma *pessoal* (chamada indiferenciadamente *Kāma-rūpa* e *Māyāvi-rūpa*) — cuja florescência espiritual, ligando-se ao Ego, segue-o ao *Devachan* e dá à *individualidade* permanente seu colorido *pessoal* — é forçada a permanecer no *Kāma-loka* e é gradualmente aniquilada. Porque é depois da morte dos absolutamente depravados, dos não espirituais e dos perversos além de qualquer redenção que chega o momento crítico e supremo. Se, durante a vida, o último e desesperado esforço do EU INTERNO (*Manas*) para unir alguma coisa da personalidade a si mesmo e ao raio resplandecente e superior do divino *Buddhi* é frustrado, se é permitido que esse raio seja cada vez mais impedido de penetrar na crosta sempre mais espessa do cérebro físico, então o Ego espiritual ou *Manas*, uma vez livre do corpo, permanece completamente separado dos remanescentes etéreos da personalidade; e esta, ou *Kāma-rūpa*, seguindo suas tendências terrenas, é atraída para o Hades — que chamamos *Kāma-loka*/ 191
— e permanece nele. Essas são as "varas secas", mencionadas por Jesus, quando tiradas da Videira. O aniquilamento, no entanto, nunca é instantâneo, e às vezes pode necessitar de séculos para que se complete. Mas lá a personalidade permanece juntamente com os *resíduos* de outros Egos pessoais mais afortunados, e se torna, como eles, uma *casca* e um *elemental*. Como dito em *Ísis*, são essas duas classes de "espíritos", as *cascas* e os *elementais*, que são as "estrelas" dominantes no grande palco espiritual das "materializações". E você pode ter certeza de que não são elas que reencarnam; e, portanto,

muito poucos desses "seres amados que partiram" sabem qualquer coisa de reencarnação, desencaminhando com isso os espíritas.

P: Mas a autora de *Ísis Sem Véu* não é acusada de ter pregado contra a reencarnação?

T: Por aqueles que não compreenderam o que foi dito, sim. Na época em que esse trabalho foi escrito, nenhum espírita, seja inglês ou americano, acreditava em reencarnação, e o que é dito na obra sobre reencarnação foi dirigido contra os espíritas franceses, cuja teoria é tão não filosófica e absurda quanto o ensinamento oriental é lógico e autoevidente em sua verdade. Os reencarnacionistas da escola de Alan Kardec acreditam em uma reencarnação arbitrária e imediata. Para eles, uma pai morto pode encarnar em sua própria filha ainda não nascida, e assim por diante. Eles não têm *Devachan*, *Karma* ou qualquer filosofia que garanta ou prove a necessidade de renascimentos consecutivos. Mas como pode a autora de *Ísis* argumentar contra a reencarnação *kármica*, com intervalos longos que
variam entre mil e mil e quinhentos/ anos, quando ela é a crença 192
fundamental tanto dos *buddhistas* quanto dos hindus?

P: Então vocês rejeitam as teorias tanto dos espíritas reencarnacionistas quanto dos não reencarnacionistas, em sua totalidade?

T: Não em sua totalidade, mas apenas considerando suas respectivas crenças fundamentais. Ambos confiam no que seus "espíritos" lhes dizem, e ambos discordam tanto entre si quanto nós teósofos discordamos de ambos. A verdade é uma; quando ouvimos os fantasmas franceses pregando a reencarnação e os ingleses negando e denunciando a doutrina, concluímos que ou os "espíritos" franceses ou os ingleses não sabem o que estão dizendo. Acreditamos, como ambos, na existência de "espíritos", ou seres invisíveis dotados de mais ou menos inteligência. Mas enquanto em nossos ensinamentos seus tipos e *genera* são inúmeros, nossos oponentes não admitem quaisquer outros "espíritos" a não ser os humanos desencarnados, os quais, ao que sabemos, são em sua maioria *cascas kama-lókicas*.

P: Você parece muito severa contra os espíritas. Já que você expôs seus pontos de vista e suas razões para negar a materialização e a comunicação direta em sessões espíritas com os espíritos desencarnados – ou os "espíritos dos mortos" –, poderia esclarecer mais um fato? Por que alguns teósofos nunca se cansam de dizer o quão perigosas são as ligações com os espíritos e a mediunidade? Eles têm alguma razão especial para isso?

T: Devemos supor que sim. Eu sei que *eu* tenho. Devido à minha familiaridade de mais de meio século com essas influências invisíveis, porém por demais tangíveis e inegáveis, desde os elementais conscientes e as *cascas* semiconscientes até os espectros completamente
insensíveis/ e indescritíveis, de todos os tipos, reclamo um certo 193
direito para defender meu ponto de vista.

P: Você poderia me dar algum exemplo ou exemplos de por que essas práticas deveriam ser consideradas perigosas?

T: Isso exigiria mais tempo do que disponho para lhe dar. Toda causa tem de ser julgada pelos efeitos que produz. Analise a história do espiritismo nos últimos cinquenta anos – desde o seu reaparecimento neste século, na América – e julgue por você mesmo se ele fez aos seus partidários mais bem ou mais mal. Espero que me compreenda. Não estou falando contra o verdadeiro espiritismo, mas contra o movimento moderno que responde por esse nome, e a pretensa filosofia inventada para explicar seus fenômenos.

P: Você não acredita em seus fenômenos de maneira nenhuma?

T: É justamente porque acredito neles com razões boas demais e (salvo alguns casos de fraude deliberada) sei que são tão reais quanto o fato de que eu e você vivemos, que todo o meu ser se revolta contra eles. Mais uma vez, estou falando apenas dos fenômenos físicos, não mentais ou mesmo psíquicos. Semelhante atrai semelhante. Há vários homens e mulheres de mente elevada, puros e bons, os quais conheço pessoalmente, que passaram anos de suas vidas sob a direta orientação e mesmo proteção de elevados "espíritos",

sejam desencarnados ou planetários. Mas *essas* inteligências não são do tipo dos John Kings e dos Ernests que figuram nas salas de "sessão". Essas inteligências guiam e controlam mortais apenas em casos raros e excepcionais, aos quais são magneticamente atraídos pelo passado *kármico* do indivíduo. Para atraí-los, não basta esperar
passivamente "para se desenvolver". Isso apenas/ abre a porta para 194
um enxame de "espectros", bons, maus e indiferentes, dos quais o médium se torna um escravo por toda a vida. É contra tal mediunidade, tal ligação promíscua com duendes, que elevo minha voz, e não contra o misticismo espiritual. Este último é enobrecedor e sagrado, enquanto a primeira é exatamente da mesma natureza dos fenômenos de dois séculos atrás, pelos quais se fez sofrer tantas bruxas e bruxos. Leia Glanvil e outros autores sobre bruxaria e você encontrará registrados lá os paralelos da maioria, se não de todos, os fenômenos físicos do espiritismo do Século XIX.

P: Você pretende sugerir que isso tudo é bruxaria e nada mais?

T: O que quero dizer é que, seja consciente ou inconscientemente, toda essa relação com os mortos é *necromancia*, e uma prática das mais perigosas. Antes de Moisés, tal despertar dos mortos foi, por eras, considerado por todas as nações inteligentes como pecaminoso e cruel, visto que perturba as demais almas e interfere em seu desenvolvimento evolucionário rumo a estados mais elevados. A sabedoria coletiva de todos os séculos passados sempre denunciou tais práticas em viva voz. Finalmente, repito o que nunca deixei de repetir oralmente e por escrito por quinze anos: enquanto alguns dos pretensos "espíritos" não sabem o que estão falando, e meramente repetem — como papagaios — o que encontram nos cérebros do médium e outras pessoas, outros são mais perigosos, e podem somente levar a pessoa para o mal. Esses são dois fatos por si só evidentes. Entre nos círculos espíritas da escola de Alan Kardec e achará "espíritos" afirmando a reencarnação e falando como nativos católicos roma-
nos. Volte-se para os "seres amados/ que partiram" na Inglaterra e 195
na América e os ouvirá negar a reencarnação até o fim, denuncian-

do aqueles que a ensinam e sustentando visões protestantes. Seus melhores e mais poderosos médiuns sofreram todos com problemas de saúde do corpo e da mente. Pense no triste fim de Charles Foster, que morreu em um asilo, lunático e furioso; em Slade, um epilético; em Eglinton — o melhor médium atualmente na Inglaterra —, sujeito à mesma doença. Lembre-se da vida de D.D. Home, um homem cuja mente estava embebida de rancor e amargura, que nunca tinha uma única boa palavra a dizer de qualquer pessoa de quem ele suspeitasse possuir poderes psíquicos, e que caluniou todos os outros médiuns até a morte. Esse Calvino do espiritismo sofreu por anos de uma terrível doença da coluna, causada por sua ligação com os "espíritos", e morreu completamente arruinado.

Pense também no triste fim do pobre Washington Irving Bishop. Conheci-o em Nova Iorque quando tinha quatorze anos, e ele era inegavelmente um médium. Verdade é que o pobre homem pregou uma peça a seus "espíritos", batizando-os de "ação muscular inconsciente", para grande gáudio de todas as organizações de tolos científicos e altamente instruídos, e para a plenitude de seu próprio bolso. Mas *de mortuis nil nisi bonum*; seu fim foi triste. Ele havia estrenuamente ocultado seus espasmos epiléticos — o primeiro e mais forte sintoma da mediunidade genuína —, e quem sabe se estava morto ou em um transe quando o exame *post mortem* foi realizado? Seus parentes insistem que estava vivo, se acreditarmos nos telegramas de Reuter. Finalmente, observe as médiuns veteranas, as fundadoras e primeiras instigadoras do espiritismo moderno — as irmãs Fox. Depois de mais de quarenta anos de ligação com
os "anjos", estes as levaram/ ao alcoolismo incurável, e estão agora 196
denunciando, em palestras públicas, o seu próprio trabalho e a filosofia de uma vida inteira como fraudes. Que tipo de espíritos são aqueles que as induziram, pergunto-lhe?

P: Mas a sua inferência é correta?

T: O que você inferiria se os melhores alunos de uma certa escola de canto se arruinassem por abusar de suas delicadas gargantas? Que o método utilizado era ruim. Então, eu penso que a inferência é igualmente justa em relação ao espiritismo, quando vemos seus melhores médiuns caírem vítimas de tal sorte. Podemos apenas dizer: deixe que aqueles que se interessam pelo assunto julguem a árvore do espiritismo pelos seus frutos e ponderem sobre a lição. Nós, teósofos, sempre consideramos os espíritas como irmãos que têm a mesma tendência mística que nós, mas eles sempre nos consideraram inimigos. Nós, possuindo uma filosofia mais antiga, tentamos ajudá-los e avisá-los, mas eles retribuíram nos injuriando e difamando, e a nossos motivos, de todas as maneiras possíveis. No entanto, os melhores espíritas ingleses dizem exatamente o que nós dizemos, sempre que tratam seriamente de suas crenças. Ouça "M. A. Oxon" confessar esta verdade: "Os espíritas inclinam-se em demasia a confiar exclusivamente na intervenção de espíritos externos nesse nosso mundo, *e a ignorar os poderes do Espírito Encarnado*".[1] Por que nos caluniar e ofender, então, por dizermos precisamente a mesma coisa? Daqui por diante, não teremos mais nada a ver com o espiritismo. E retomemos agora à reencarnação./ 197

[1] *Second Sight* (Segunda Visão), Introdução.

XI
Sobre os Mistérios da Reencarnação

Renascimentos periódicos

P: Você quer dizer, então, que todos nós vivemos na Terra antes, em inumeráveis encarnações passadas, e que continuaremos vivendo em outras?

T: Sim. O ciclo de vida, ou antes, o ciclo de vida consciente, começa com a separação do homem-animal mortal em sexos, e terminará com o fim da última geração de homens, na sétima raça da humanidade, da sétima ronda. Considerando que estamos apenas na quinta raça da quarta ronda, sua duração é mais facilmente imaginável do que expressável.

P: E continuamos encarnando em novas *personalidades* todo o tempo?

T: Decididamente sim, porque esse ciclo de vida ou período de encarnação pode ser melhor comparado à vida humana. Assim como cada uma dessas vidas se compõe de dias de atividade separados por noites de sono ou inação, também no ciclo de encarnações uma vida ativa é seguida de um descanso *devachânico*.

P: E é essa sucessão de nascimentos que é geralmente definida como reencarnação?

T: Exatamente. É apenas através desses nascimentos que o progresso perpétuo/ dos incontáveis milhões de Egos em direção à perfeição final e ao descanso final (tão longo quanto foi o período de atividade) pode ser alcançado.

P: E o que é que regula a duração ou as qualidades especiais dessas encarnações?

T: O *Karma* — a lei universal de justiça retributiva.

P: E essa lei é inteligente?

T: Para o materialista, que chama a lei da periodicidade que regula a ordenação dos vários corpos, e todas as outras leis da Natureza, de forças cegas e leis mecânicas, sem dúvida o *Karma* seria uma lei do acaso e nada mais. Para nós, nenhum adjetivo ou qualificação poderia descrever aquilo que é impessoal e não entidade, mas uma lei operativa universal. Se você me pergunta sobre a sua inteligência causativa, devo dizer que não sei. Mas se você me pedir para definir seus efeitos e lhe dizer o que eles são em nossa crença, posso dizer que a experiência de milhares de eras tem nos mostrado que eles são *equidade, sabedoria e inteligência* absolutas e infalíveis. Pois o *Karma*, em seus efeitos, é um infalível reparador da injustiça humana e de todas as falhas da Natureza; um rigoroso ajustador dos erros; uma lei retributiva que recompensa e pune com igual imparcialidade. No sentido mais estrito, ele "não respeita pessoa alguma"; por outro lado, não pode ser propiciado ou desviado através de oração. Essa é uma crença comum aos hindus e *buddhistas*, que acreditam ambos no *Karma*.

P: Nisso os dogmas cristãos contradizem a ambos, e duvido que qualquer cristão aceite o ensinamento.

T: Não; e Inman explicou a razão disso muitos anos atrás./ Em suas 199
palavras, enquanto "os cristãos acreditarão em qualquer absurdo se promulgado pela Igreja como uma questão de fé (...), os *buddhistas* sustentam que nada que contradiga a razão perfeita pode ser uma doutrina verdadeira do Buddha." Eles não acreditam em qualquer perdão para os seus pecados, exceto após uma punição adequada e

justa para cada ação ou pensamento maléfico em uma futura encarnação, e uma compensação proporcional para as partes prejudicadas.

P: Onde isso é afirmado?

T: Na maioria de suas obras sagradas. Em *The Wheel of the Law* (A Roda da Lei, p. 57), pode-se ler o seguinte princípio teosófico: "Os *buddhistas* acreditam que cada ato, palavra ou pensamento tem a sua consequência, que aparecerá mais cedo ou mais tarde no estado presente ou no futuro. Atos maléficos produzirão consequências maléficas, atos bons produzirão consequências boas: prosperidade neste mundo ou nascimento no paraíso (*Devachan*) no estado futuro."[1]

P: Os cristãos acreditam na mesma coisa, não?

T: Não; eles acreditam no perdão e na remissão de todos os pecados. Promete-se a eles que se apenas acreditarem no sangue de Cristo (uma vítima *inocente*!), no sangue oferecido por Ele para a expiação dos pecados de toda a humanidade, isso reparará todos os pecados mortais. E nós não acreditamos seja na reparação vicariante ou na possibilidade da remissão do menor pecado por qualquer deus, nem mesmo por um "Absoluto *pessoal*" ou "Infinito", se tal coisa pudesse existir. O que acreditamos é na estrita e imparcial justiça. Nossa ideia da "Deidade Universal" desconhecida, representada pelo *Karma*, é
que/ ela é um Poder que não pode falhar, e não pode ter, portan- 200
to, nem ira nem misericórdia, apenas *equidade* absoluta, que deixa cada causa, grande ou pequena, produzir seus inevitáveis efeitos. As palavras de Jesus "com a medida que medis sereis medidos" (*Mateus*, 7:2) nem explicitamente nem por implicação apontam para qualquer esperança de futura misericórdia ou salvação por procuração. Por essa razão é que para nós, que reconhecemos a justiça dessa afirmação em nossa filosofia, nunca será demais recomendar sempre a misericórdia, a caridade e o perdão das ofensas mútuas. *Não resista ao mal* e *pague o mal com o bem* são preceitos *buddhis-*

[1] H. A. Alabaster, Trübrer & Co., Londres, 1871.

tas, pregados em vista da implacabilidade da lei *kármica*. Pois tomar o homem a lei em suas próprias mãos é de qualquer modo uma presunção sacrílega. A lei humana pode utilizar medidas restritivas, mas não punitivas; e um homem que, acreditando no *Karma*, ainda assim se vinga e se recusa a perdoar toda injúria, e a pagar o mal com o bem, é um criminoso, e apenas fere a si mesmo. Já que o *Karma* seguramente punirá aquele que o injuriou, ao procurar infligir uma punição adicional ao seu inimigo, em vez de deixá-la à grande Lei, ele criará apenas uma causa para a recompensa futura de seu próprio inimigo e uma punição futura para si mesmo. O Regulador infalível afeta em cada encarnação a qualidade de sua sucessora, e a soma do mérito ou demérito das precedentes a determina.

P: Devemos então inferir o passado de um homem pelo seu presente?

T: Apenas até o ponto de acreditarmos que sua vida presente é o que com justiça deveria ser, para reparar os pecados da vida passada. É claro que — exceto os videntes e os grandes Adeptos — não podemos, como/
mortais comuns, saber que pecados foram esses. A 201
partir da nossa escassez de dados, é impossível para nós determinar mesmo o que deve ter sido a juventude de um homem de idade; nem podemos, por motivos semelhantes, tirar conclusões definitivas, meramente a partir do que vemos da vida de alguém, quanto ao que sua vida passada possa ter sido.

O que é o *Karma*?

P: Mas o que é o *Karma*?

T: Como já disse, nós o consideramos a *Lei Última* do Universo, a fonte, origem e nascedouro de todas as outras leis existentes na Natureza. O *Karma* é a lei infalível que ajusta o efeito à causa, nos planos físico, mental e espiritual do ser. Como nenhuma causa permanece sem seu devido efeito, da maior à menor, de um distúrbio cósmico ao movimento de sua mão, e como semelhante produz semelhante, o *Karma* é aquela lei invisível e desconhecida *que ajusta sábia, inte-*

ligente e equitativamente cada efeito à sua causa, remontando esta última ao seu produtor. Embora ele mesmo *incognoscível*, sua ação é perceptível.

P: Então eis novamente o "Absoluto", o "Incognoscível", que não é de muito valor como uma explicação para os problemas da vida?

T: Ao contrário. Pois, embora não saibamos o que o *Karma* é *per se* e em sua essência, *sabemos como* ele funciona, e podemos definir e descrever seu modo de ação com precisão. Apenas *não* conhecemos sua causa *última*, da mesma forma que a filosofia moderna admite universalmente que a causa *última* de qualquer coisa é "incognoscível"./ 202

P: E o que a Teosofia tem a dizer com respeito à solução das necessidades mais práticas da humanidade? Qual é a explicação que ela oferece sobre o incrível sofrimento e terríveis necessidades prevalecentes entre as supostas "classes inferiores"?

T: De acordo com a nossa doutrina, todos esses grandes males sociais — a distinção de classes na sociedade e dos sexos nas lides da vida, a distribuição desigual do capital e do trabalho — são devidos ao que concisa mas corretamente denominamos *KARMA*.

P: Mas com certeza todos esses males que parecem cair sobre as massas de algum modo, indiscriminadamente, não são *Karma* real, *individual*/ e merecido? 203

T: Não; eles não podem ser definidos tão estritamente em seus efeitos a ponto de nos permitir demonstrar que cada meio ambiente pessoal e as condições de vida específicas nas quais se encontra cada pessoa são nada mais que o *Karma* retributivo que o indivíduo gerou em uma vida anterior. Não devemos perder de vista o fato de que todo átomo está sujeito à lei geral que governa o corpo inteiro ao qual ele pertence, e aqui encontramos a pista mais ampla da lei *kármica*. Você não percebe que o agregado de *Karma* individual se torna o da nação à qual aqueles indivíduos pertencem, e, mais ainda, que a soma total de "*karmas*" nacionais é o *Karma* do mundo?

Os males dos quais você fala não são peculiares ao indivíduo ou mesmo à nação; eles são mais ou menos universais. E é sobre essa linha ampla de interdependência humana que a lei do *Karma* encontra sua legítima e uniforme manifestação.

P: Devo, então, entender que a lei do *Karma* não é necessariamente uma lei individual?

T: É exatamente o que quero dizer. Seria impossível ao *Karma* reajustar o equilíbrio de poder na vida e no progresso mundiais, a menos que ele tivesse uma linha de ação ampla e geral. É sustentado como uma verdade entre os teósofos que a interdependência da humanidade é a causa daquilo que é chamado *Karma* distributivo, sendo essa lei o que proporciona a solução para o grande problema do sofrimento coletivo e de seu alívio. Além disso, uma lei oculta rege que nenhum homem pode se tornar superior às suas falhas individuais sem elevar, seja mesmo apenas um pouco, todo o organismo do qual ele é uma parte integral. Do mesmo modo, ninguém pode pecar ou sofrer os efeitos do pecado sozinho. Na realidade, não há algo tal como "separatividade", e a maior aproximação a esse estado egoísta que as leis da vida permitem está na intenção ou motivo.

P: Não existem meios pelos quais o *Karma* distributivo ou nacional possa ser, por assim dizer, concentrado ou reunido, e levado à sua realização natural e legítima sem todo esse prolongado sofrimento?

T: Como uma regra geral, e dentro de certos limites que definem a idade à qual pertencemos, a realização da lei do *Karma* não pode ser acelerada ou retardada. Mas, e disso eu tenho certeza, o limite da possibilidade em qualquer dessas direções jamais foi alcançado. Ouça a seguinte narrativa de uma fase de sofrimento nacional e pergunte a si mesmo se, admitindo o poder de ação do *Karma* individual, relativo e distributivo, esses males não podem ser extensivamente modificados e geralmente aliviados. O que vou ler para você vem de uma Salvadora Nacional — alguém que, tendo superado o eu e estando livre para escolher, elegeu servir a humanidade e / 204 suportar pelo menos o máximo que os ombros de uma mulher são capazes de suportar do *Karma* nacional. Segue-se o que ela diz:

> Sim, a Natureza de fato sempre fala, você não acha? Apenas que às vezes fazemos tanto barulho que abafamos sua voz. É por isso que é tão repousante sair da cidade e nos aconchegar por algum tempo nos braços da Mãe. Lembro-me do crepúsculo em Hampstead Heath quando assistimos o Sol se pôr; mas – oh! sobre que sofrimento e miséria pôs-se aquele Sol! Uma senhora trouxe-me ontem uma grande cesta de flores silvestres. Pensei que uma parte da minha família do extremo leste tinha mais direito a elas do que eu, e portanto as levei esta manhã a uma escola muito pobre em Whitechapel. Quisera que você tivesse visto aquelas pequenas faces pálidas brilharem! De lá fui a uma pequena taberna pagar o jantar de algumas crianças. Era em uma ruela estreita e afastada, cheia de pessoas se acotovelando; cheirando indescritivelmente mal – a peixe, carne e outros comestíveis, todos fumegando sob um Sol que, em Whitechapel, apodrece em vez de purificar. A taberna era a quintessência de todos os odores. Bolos de carne indescritíveis a um *penny*, repugnantes montes de "comida" e enxames de moscas, um verdadeiro altar de Belzebu! Por todos os lados, bebês rondando atrás de migalhas – um, que tinha o rosto de um anjo, juntava caroços de cerejas como forma de dieta leve e nutritiva.
>
> Vim para o oeste com todos os nervos estremecendo e rangendo, perguntando a mim mesma se algo pode ser feito com alguns bairros de Londres, salvo serem engolidos em um terremoto e começar sua povoação novamente, depois de seus habitantes serem mergulhados em algum Letes purificador do qual nem uma memória emergeria! Então pensei em Hampstead Heath – e meditei. Se por algum sacrifício alguém obtivesse o poder de salvar essas pessoas, não valeria calcular o custo; mas, veja, ELES devem ser transformados – e como isso pode ser feito? Nas condições em que estão agora, não se beneficiariam de qualquer ambiente em que fossem colocados; e no entanto, em seu ambiente atual eles continuarão a apodrecer. Partem-me o coração essa miséria infinda, sem esperança, e a degradação brutal que é a um só tempo seu produto e sua raiz. É como a árvore bânia:[1] cada ramo se enraíza e emite novos brotos. Que diferença entre esses sentimentos e a pacífica
> cena em Hampstead! E nós,/ que somos os irmãos e as irmãs dessas 205

[1] Figueira brava de Bengala. (N. ed. bras.)

pobres criaturas, temos o direito apenas de usar Hampstead Heath para ganhar forças para salvar Whitechapels. (*Assinado por um nome muito respeitado e conhecido demais para ser exposto ao escárnio.*)

P: Essa é uma carta triste, mas bela, e acho que ela apresenta com dolorosa clareza a terrível ação do que você denominou "*Karma* relativo e distributivo". Mas não parece haver esperança imediata de qualquer alívio mais brando do que um terremoto, ou outro engolfamento semelhante!

T: Que direito temos nós de pensar dessa forma, quando metade da humanidade está em posição de efetuar um alívio imediato das privações sofridas por seus semelhantes? Quando cada indivíduo tiver contribuído para o bem geral com dinheiro, com trabalho e com pensamento enobrecedor, então, e somente então, o equilíbrio do *Karma* nacional será alcançado, e até então não temos o direito ou quaisquer razões para dizer que há mais vida sobre a Terra do que a Natureza pode suportar. Está reservado às almas heroicas, os salvadores da nossa raça e nação, descobrir a causa dessa desigual pressão de *Karma* retributivo, e por um supremo esforço reajustar o equilíbrio de poder, salvando as pessoas de um engolfamento moral mil vezes mais desastroso e mais permanentemente maléfico do que tal catástrofe física, na qual você parece ver a única saída para essa miséria acumulada.

P: Bem, então me diga, em termos gerais, como você descreve essa lei do *Karma*.

T: Nós descrevemos o *Karma* como aquela lei de reajustamento que sempre tende a restaurar o equilíbrio abalado no mundo físico e a harmonia rompida no mundo moral. Dizemos que o *Karma* não
atua sempre dessa ou daquela maneira particular, mas que/ *sempre* 206
age de modo a restaurar a harmonia e preservar o equilíbrio em virtude do qual o Universo existe.

P: Dê-me um exemplo.

T: Mais tarde lhe darei um exemplo completo. Agora pense em um pequeno lago. Uma pedra cai na água e cria ondas que o perturbam. Essas ondas oscilam para frente e para trás até que finalmente, devido ao processo que os cientistas chamam de lei da dissipação da energia, elas se acalmam, e a água retorna à sua condição de tranquilidade. De maneira semelhante, *toda* ação, em todos os planos, produz perturbações na harmonia equilibrada do Universo, e as vibrações assim produzidas continuarão a rolar para frente e para trás, se sua área é limitada, até que o equilíbrio seja restaurado. Mas, visto que cada uma dessas perturbações começa em um ponto específico, está claro que o equilíbrio e a harmonia somente podem ser restaurados pela reconvergência *àquele mesmo ponto* de todas as forças postas em movimento a partir dele. E eis aqui uma prova de que as consequências dos atos e pensamentos de um homem devem todas reagir sobre *ele mesmo* com a mesma força com a qual foram postas em movimento.

P: Não vejo nenhum caráter moral a respeito dessa lei. Parece-me como a simples lei física de que ação e reação são iguais e opostas.

T: Não me surpreende ouvi-lo dizer isso. Os europeus caíram demais no hábito arraigado de considerar certo e errado, bom e mal, como questões de um código arbitrário de lei estipulado ou pelos homens ou imposto a eles por um deus pessoal! Nós teósofos, entretanto,
dizemos que “bem” e/ “harmonia” por um lado, e “mal” e “desar- 207
monia”, por outro, são sinônimos. Além disso, nós sustentamos que toda dor e sofrimento são resultado da falta de harmonia, e que a única e terrível causa da perturbação da harmonia é o *egoísmo* em uma forma ou outra. Assim, o *Karma* devolve a cada homem *as reais consequências* de suas próprias ações, sem qualquer consideração para com seu caráter moral; mas visto que ele recebe o que lhe é devido por *tudo*, é óbvio que ele será obrigado a reparar todos os sofrimentos que causou, assim como colherá em alegria e felicidade os frutos de toda a felicidade e harmonia que ajudou a produzir. Não poderia fazer melhor do que citar para você certas passagens de livros e artigos escritos por nossos teósofos — aqueles que têm uma ideia correta de *Karma*.

P: Gostaria que o fizesse, já que sua literatura sobre esse assunto parece ser muito escassa.

T: Porque é o mais difícil de nossos princípios. Pouco tempo atrás surgiu a seguinte objeção de um escritor cristão: "Supondo-se que o ensinamento teosófico esteja correto, e que o homem deva ser seu próprio salvador, superar o eu e conquistar o mal que está em sua natureza dual para alcançar a emancipação de sua alma, o que deve o homem fazer depois de ter sido despertado e convertido, até certo ponto, do mal ou da iniquidade? Como ele conseguirá a emancipação, ou perdão, ou a eliminação do mal ou iniquidade que ele já cometeu?"

A isso o Sr. J.H. Connelly responde muito pertinentemente que ninguém deve esperar "fazer com que o trem teosófico corra sobre os trilhos teológicos". Como ele disse:

> A possibilidade de furtar-se à responsabilidade individual não está entre os/ conceitos da Teosofia. Nesta fé não existe tal coisa como o per- 208
> dão ou eliminação do mal ou iniquidade já cometidos de outra maneira senão pela adequada punição do malfeitor e do restabelecimento da harmonia no Universo, que foi perturbada por tal ato. O mal foi feito por ele próprio, e enquanto outros têm de sofrer suas consequências, a reparação não pode ser feita por ninguém senão por ele mesmo.
>
> A condição considerada (...) na qual um homem deve ter despertado e abandonado, até certo ponto, o mal ou a iniquidade, é aquela em que o homem deverá ter percebido que suas ações são más e merecedoras de punição. Com essa percepção, um senso de responsabilidade pessoal é inevitável, e é na exata proporção da extensão de seu despertar ou "conversão" que o senso dessa notável responsabilidade tem de ocorrer. E esta pesa sobre ele quando se sente forçado a aceitar a doutrina da reparação por procuração.
>
> Diz-se-lhe que deve também se arrepender, mas nada é mais fácil do que isso. É uma agradável fraqueza da natureza humana o fato de estarmos bastante inclinados a nos arrepender do mal que fizemos quando nossa atenção é voltada para ele, e quando ou já sofremos por causa dele ou já gozamos os seus frutos. Possivelmente, uma análise cuidadosa do sentimento nos mostraria que aquilo de que nos arrependemos é antes a necessidade que parecia exigir o mal como um meio de atingir os nossos fins egoístas do que o próprio mal.

Embora atraente para a mente comum, essa perspectiva de lançar nosso fardo de pecados "aos pés da cruz" não se recomenda ao estudante teosófico. Ele não concebe por que o conhecimento do mal por parte do pecador poderia conferir-lhe qualquer perdão, ou a eliminação de suas iniquidades passadas; ou por que o arrependimento e uma vida futura correta lhe confeririam a suspensão, em seu favor, da lei universal da relação entre causa e efeito. Os resultados de suas más ações continuam a existir; o sofrimento causado a outros por suas iniquidades não foi eliminado. O estudante teosófico considera como seu problema o resultado da iniquidade contra o inocente. Ele considera não apenas o culpado, mas também suas vítimas.

O mal é uma infração das leis da harmonia que governam o Universo, e a penalidade para ele deve recair sobre o próprio violador daquelas
leis./ Cristo lançou o aviso: "Não pequeis mais, para que não vos suce- 209
da algo pior"; e São Paulo disse: "Trabalhai por vossa própria salvação. Aquilo que um homem semear, isso mesmo colherá." Isso, diga-se de passagem, é uma excelente tradução metafórica da frase dos *Puranas* que o antecederam: "Cada homem colhe as consequências de seus próprios atos."

Esse é o princípio da lei do *Karma* ensinado pela Teosofia. Sinnett, em seu livro *O Budismo Esotérico*, representou o *Karma* como "a lei da causação ética". A expressão "a lei da retribuição", como Madame Blavatsky traduz seu significado, é melhor. Ele é o poder que

"Justo, embora misterioso, nos guia sem erro
Através de caminhos não sinalizados, da culpa à expiação."

Porém é mais. Ele recompensa o mérito tão inequívoca e amplamente quanto pune o demérito. É o resultado de cada ato, pensamento e palavra, e por ele os homens moldam a si mesmos suas vidas e acontecimentos. A filosofia oriental rejeita a ideia da criação de uma alma nova para cada bebê que nasce. Ela acredita que há um número limitado de Mônadas, evoluindo e se aperfeiçoando através da assimilação de muitas personalidades sucessivas. Tais personalidades são produto do *Karma*, e é através do *Karma* e da reencarnação que a Mônada humana, em seu devido tempo, retorna à sua origem – a Deidade absoluta.

E.D. Walker, em seu *Reincarnation* (Reencarnação), oferece a seguinte explicação:

Em poucas palavras, a doutrina do *Karma* explica que fizemos de nós mesmos o que somos por ações anteriores, e estamos construindo nossa eternidade futura pelas ações presentes. Não existe outro destino além do que nós próprios determinamos. Não há salvação ou condenação além da que nós próprios provocamos... Porque o *Karma* não oferece abrigo para as ações culpáveis e necessita de uma elevada hombridade, é menos bem-vindo às naturezas fracas do que os princípios religiosos fáceis da reparação vicária, da intercessão, do perdão e das conversões no leito de morte... Nos domínios da eterna justiça, a ofensa e a punição estão inseparavelmente ligados como um único evento, porque não existe distinção real entre a ação e suas consequências... É o *Karma*, ou nossas antigas ações, que nos trazem de volta à/ vida 210
terrena. A morada do espírito muda de acordo com seu *Karma*, e este proíbe qualquer continuação demorada em uma condição, porque ele está continuamente mudando. Enquanto a ação é governada por motivos materiais e egoístas, os efeitos daquela ação devem se manifestar nos renascimentos físicos. Apenas o homem perfeitamente abnegado pode evitar a gravitação da vida material. Poucos já o conseguiram, mas esse é o objetivo da humanidade. (p. 299-303)

E, ainda, Connelly cita de *A Doutrina Secreta*:

Aqueles que acreditam no *Karma* têm de acreditar no *destino*, o qual, do nascimento à morte, cada homem está tecendo, fio por fio, ao seu redor, assim como faz a aranha em sua teia. E esse destino é guiado ou pela voz celestial do *protótipo* indivisível externo a nós, ou pelo nosso *astral* mais íntimo, ou homem interno, que é com muita frequência o gênio do mal da entidade encarnada chamada homem. Ambos conduzem o homem externo para diante, mas um dos dois tem de prevalecer; e desde o início da desordem invisível a austera e implacável *lei da compensação* surge em cena e assume o seu curso, seguindo fielmente as flutuações. Quando o último fio é tecido, e o homem está envolvido na rede de suas próprias ações, então ele se encontra totalmente sob o império desse destino por ele mesmo construído. Um ocultista ou um filósofo não falará da bondade ou da crueldade da Providência; mas identificando-a com *Karma-Nemesis*, ele ensinará que ela, não obstante, guarda o bem e vela por eles nesta vida, assim como nas vidas futuras, e que pune o malfeitor — sim, até mesmo o seu sétimo renascimento —, em resumo, até que o efeito de seu ato de perturbação mesmo do menor átomo, no infinito mundo de harmonia, tenha sido finalmente compensado; pois o único decreto do *Karma* — um decreto eterno e imutável — é harmonia absoluta no mundo da matéria assim como é no mundo do espírito. Não é, portanto, o *Karma* que recompensa ou pune, mas nós a nós mesmos, conforme agimos através e juntamente com a Natureza, conformando-nos com as leis das quais essa harmonia depende, ou as rompendo.

Nem seriam as leis do *Karma* inescrutáveis se os homens trabalhassem
em união/ e harmonia, em vez de em desunião e luta. Pois desapare- 211
ceria a nossa ignorância daqueles caminhos — que uma parte da humanidade denomina caminhos da Providência, escuros e intrincados, enquanto outra vê neles a ação do fatalismo cego, e uma terceira simples acaso, sem deuses ou demônios a guiá-los — se os atribuíssemos à sua correta causa. (...) Permanecemos aturdidos perante o mistério de nossa própria constituição e os enigmas da vida que *não* resolveremos, e acusamos a grande Esfinge de nos devorar. Mas realmente não há um percalço em nossas vidas, um dia acidentado ou uma má sorte que não possa ser remontado às suas origens em nossos próprios atos nesta ou em outra vida. (...) A lei do *Karma* está intimamente entretecida com a da reencarnação. (...) Apenas essa doutrina (...) pode nos explicar o misterioso problema do bem e do mal e reconciliar o homem com a terrível e *aparente* injustiça da vida. Nada a não ser essa certeza pode tranquilizar nosso senso de justiça revoltado. Porque, quando alguém não familiarizado com essa nobre doutrina olha em torno de si e percebe as desigualdades de nascimento e fortuna, de intelecto e capacidades; quando vê honras prestadas a tolos e devassos, sobre os quais a sorte acumulou seus favores por mero privilégio de nascimento, enquanto seu vizinho mais próximo, com toda sua inteligência e nobres virtudes — muito mais merecedor em todos os sentidos — morre por necessidades não satisfeitas e por falta de solidariedade; quando vê tudo isso e tem de voltar as costas, incapaz de aliviar o sofrimento não merecido, com os ouvidos zumbindo e o coração doendo pelos gritos de dor à sua volta — apenas o abençoado conhecimento do *Karma* evita que amaldiçoe a vida e os homens, assim como o seu suposto Criador (...).

Essa lei, seja consciente ou inconsciente, não predestina a nada e a ninguém. Existe a partir e na eternidade, em verdade, pois é a própria eternidade; e como tal, já que nenhum ato pode ser igualado à eternidade, não se pode dizer que aja, pois é a própria ação. Não é a onda que afoga o homem, mas a ação *pessoal* do desgraçado, que se dirige deliberadamente e se coloca sob a ação *impessoal* das leis que governam o movimento do oceano. O *Karma* nada cria, nada planeja. É o homem quem planta e cria causas, e a lei *kármica* ajusta os efeitos — ajuste esse

que não é um ato, mas harmonia universal, sempre tendendo a voltar à sua posição original, assim como um ramo que, forçado vigorosamente a se dobrar, retorna à posição original com um vigor correspondente. Se acontece de deslocar o braço que tentou/ dobrá-lo fora de sua posi- 212
ção natural, podemos dizer que foi o ramo que quebrou nosso braço, ou foi a nossa tolice que nos trouxe dor?

O *Karma* nunca buscou destruir a liberdade intelectual e individual, como o Deus inventado pelos monoteístas. Não envolveu suas determinações em escuridão propositadamente para deixar perplexo o homem, nem punirá aquele que ousar desvendar seus mistérios. Ao contrário, aquele que conhecer, através do estudo e da meditação, e jogar luz sobre seus intrincados caminhos, em cujas tortuosidades tantos homens pereceram devido à ignorância dos labirintos da vida, estará trabalhando pelo bem de seus semelhantes. O *Karma* é uma lei absoluta e eterna no mundo da manifestação; e como só pode existir um absoluto, assim como *uma* causa eterna e sempre presente, aqueles que acreditam no *Karma* não podem ser considerados ateus ou materialistas – e menos ainda fatalistas: pois o *Karma* é uno com o Incognoscível, do qual é um aspecto em seus efeitos no mundo fenomênico.[1]

Um outro capacitado escritor teosófico diz (*Purpose of Theosophy* [Objetivo da Teosofia], Sra. P. Sinnett, p. 10-14):

Cada indivíduo está gerando *Karma*, bom ou mau, em cada ação e pensamento do dia a dia, e está, ao mesmo tempo, trabalhando nesta vida o *Karma* gerado pelos atos e desejos da última. Quando vemos pessoas afligidas por doenças congênitas, podemos com segurança afirmar que essas doenças são os resultados inevitáveis de causas iniciadas por elas mesmas em uma vida anterior. Pode-se argumentar que, uma vez que essas doenças são hereditárias, elas não podem ter nada a ver com uma encarnação passada; mas deve-se lembrar que o Ego, o homem real, a individualidade, não tem sua origem espiritual na linhagem onde está reencarnado, mas é atraído pelas afinidades que seu modo de vida anterior dispôs ao seu redor, para a corrente que o leva – quando chega a hora do renascimento – ao lar que mais corresponde ao desenvolvimento daquelas tendências.

---

[1] *A Doutrina Secreta*, vol. 1, p. 639, 643-44; vol. II, p. 303-4, 304-6. (Numeração do original em inglês – Nota ed. bras.)

Essa doutrina do *Karma*, quando corretamente compreendida, é bem
calculada para guiar e assistir aqueles que percebem sua verdade rumo
a um modo de vida superior e melhor, pois não se deve esquecer que
não apenas nossas ações, mas também nossos pensamentos, são/ se- 213
guidos por uma multidão de circunstâncias que influenciarão, para o
bem ou para o mal, o nosso próprio futuro e, o que é mais importante,
o futuro de muitos dos nossos semelhantes. Se os pecados de omissão
e incumbência pudessem em qualquer caso se reportar apenas aos que
os cometem, seus efeitos sobre o *Karma* do pecador seriam questões
de menor consequência.

O fato de que cada pensamento e ato através da vida traz consigo, para o bem ou para o mal, uma influência correspondente sobre outros membros da família humana, traduz um estrito senso de justiça, moralidade e altruísmo, tão necessário à felicidade e ao progresso futuros. Um crime uma vez cometido, um pensamento maléfico lançado pela mente serão chamados do passado — nenhum arrependimento, por maior que seja, pode apagar seus resultados no futuro. (...) O arrependimento, se sincero, impedirá um homem de repetir erros; não pode salvá-lo, ou aos outros, dos efeitos daqueles já cometidos, que infalivelmente o alcançarão nesta vida ou no próximo renascimento.

J.H. Connelly prossegue:

Os que creem em uma religião baseada em tal doutrina desejariam que ela pudesse ser comparada a outra na qual o destino do homem na eternidade é determinado pelos acidentes de uma existência terrena única e breve, durante a qual ele é incentivado pela promessa de que "a árvore jazerá da maneira que cair", na qual sua mais luminosa esperança, quando ele despertar para um conhecimento de sua iniquidade, é a doutrina da reparação vicária, e na qual mesmo esta é dificultada, de acordo com a Confissão Presbiteriana de Fé.

Por decreto de Deus, para a manifestação de Sua glória, alguns ho-
mens e anjos são predestinados à vida eterna, e outros à morte eterna.
"Homens e anjos, dessa maneira predestinados, são especial e perma-
nentemente designados; e seu número é tão certo e definido que não
pode ser aumentado ou diminuído. (...) Já que Deus apontou os elei-
tos à glória (...)." E nem são quaisquer outros por Cristo redimidos,
efetivamente chamados, justificados, adotados, santificados e salvos,
mas apenas os eleitos./ Quanto ao restante da humanidade, Deus se 214
compraz — de acordo com a insondável deliberação de sua própria

vontade, com a qual concede ou nega misericórdia a seu prazer, para a glória de seu poder soberano sobre suas criaturas – em não considerá-lo, e condená-lo à desonra e à ira por seus pecados, em louvor de sua gloriosa justiça.

Isso é o que o capacitado defensor diz. Não podemos fazer nada melhor do que finalizar o assunto como ele o fez, com uma citação de um magnífico poema. Em suas palavras:

> A beleza delicada da exposição sobre *Karma* feita por Edwin Arnold em *A Luz da Ásia*[1] nos convida a reproduzi-la aqui; porém é longa demais para uma citação completa. Eis uma parte:
>
> "O *Karma* – todo esse total da Alma
> Formado dos seus atos e pensamentos anteriores.
> Esse EU que ela teceu – com a trama imperceptível do tempo
> Sobre a cadeia dos fatos invisíveis...
> (...)
>
> Há um poder estável e divino
> Que existiu antes do começo e não terá fim,
> Eterno como o espaço e seguro como a certeza,
> Que se move para o bem, e que só está sujeito
> Às suas próprias leis...
>
> Ninguém pode menosprezá-lo;
> Quem lhe desobedece perde e quem o serve ganha;
> Retribui o bem oculto pela paz e felicidade
> E o mal disfarçado pelos sofrimentos.
>
> Vê em todos os lugares e tudo percebe;
> Sêde justo e ele vos recompensará, porém, se fordes injusto
> Ele vos dará a retribuição merecida,
> Mesmo que o *Dharma* demore a manifestar-se.
>
> Não conhece nem a cólera nem o perdão;
> Suas medidas são de uma precisão absoluta e sua balança infalível;
> O tempo não existe para ele; julgará amanhã
> Ou muito tempo depois./ 215
> (...)

[1] Brasília: Editora Teosófica, 2ª ed., 2018. (N. ed. bras.)

> Tal é a Lei que se move para a justiça,
> Que ninguém pode evitar ou deter;
> Seu coração é o Amor e seu fim a Paz
> E a perfeição última! Obedecei!"

E agora eu o aconselho a comparar essa exposição com as nossas visões teosóficas sobre o *Karma*, a lei da retribuição, e dizer se não são ambas mais filosóficas e justas do que esse dogma cruel e estúpido que faz de "Deus" um demônio insensível; ou seja, o princípio de que os "eleitos apenas" serão salvos, e o restante condenado à perdição eterna!

P: Sim, percebo em geral o que você quer dizer, mas gostaria que pudesse me dar um exemplo concreto da ação do *Karma*.

T: Isso eu não posso fazer. Podemos apenas ter certeza, como afirmei antes, que nossas vidas e circunstâncias presentes são o resultado direto de nossos próprios atos e pensamentos em vidas passadas. Mas nós, que não somos videntes ou iniciados, não podemos saber nada sobre os detalhes de funcionamento da lei do *Karma*.

P: Pode alguém, mesmo Adepto ou Vidente, seguir esse processo *kármico* de reajuste, em detalhes?

T: Certamente; "aqueles que *sabem*" podem fazê-lo através do exercício de poderes que estão latentes em todos os homens.

Quem são aqueles que sabem?

P: Isso se dá igualmente para nós e para os outros?

T: Igualmente. Como disse, a mesma visão limitada existe para todos, salvo aqueles que atingiram, na atual encarnação, o ápice da visão e
clarividência espirituais. Podemos apenas perceber/ que, se as coi- 216
sas conosco tivessem de ser diferentes, teriam sido diferentes; que somos o que fizemos de nós, e temos apenas o que conseguimos por nós mesmos.

P: Temo que tal concepção apenas nos angustie.

T: Acredito que faça exatamente o contrário. É a descrença na justa lei de retribuição que mais provavelmente despertaria todo sentimento de rebelião no homem. Uma criança, tanto quanto um adulto, se ressente de uma punição, ou mesmo uma censura, que ela acredite não ser merecida, muito mais do que se ressentiria de uma punição mais severa, se ela sentir que foi merecida. A crença no *Karma* é a razão mais elevada para que alguém se conforme com sua sorte nesta vida, e o mais poderoso incentivo para o esforço de melhorar o renascimento seguinte. Ambas essas atitudes, de fato, seriam destruídas se supuséssemos que nossa sorte fosse o resultado de qualquer outra coisa que não a mais estrita *Lei*, ou que nosso destino estivesse em quaisquer outras mãos que não as nossas.

P: Você acabou de afirmar que esse sistema de reencarnação sob a lei *kármica* se impõe por sua razão, justiça e senso moral. Porém, se assim é, não será às custas de algum sacrifício das qualidades mais brandas de compaixão e piedade, e portanto, um endurecimento dos instintos mais sutis da natureza humana?

T: Apenas aparentemente; não na realidade. Ninguém pode receber mais ou menos do que merece sem haver uma injustiça ou parcialidade correspondente em relação a outros; e uma lei que pudesse ser desviada através da compaixão traria mais miséria do que salvação, e mais irritação e maldições do que agradecimentos. Lembre-se também de que nós não administramos a lei, se criamos causas para seus efeitos — ela administra a si mesma; e, novamente, que a provisão mais copiosa/ de compaixão e misericórdia justas é encon- 217
trada no estado do *Devachan*.

P: Você fala dos Adeptos como uma exceção à regra de nossa ignorância geral. Eles conhecem mesmo mais do que nós sobre a reencarnação e os estados seguintes?

T: Sim, eles conhecem. Através do treinamento de faculdades que todos nós possuímos, mas que apenas eles desenvolveram à perfeição, entraram em espírito nesses vários planos e estados que estamos discutindo. Por longas eras, uma geração de Adeptos após outra estudou os mistérios do ser, da vida, da morte e do renascimento, e todos por sua vez ensinaram alguns dos fatos assim estudados.

P: E o objetivo da Teosofia é a produção de tais Adeptos?

T: A Teosofia considera a humanidade como uma emanação da divindade em sua senda de retorno a ela. Em um ponto avançado nesta senda, o Adeptado é alcançado por aqueles que dedicaram várias encarnações a esse objetivo. Pois, lembre-se bem, ninguém alcançou o Adeptado nas ciências secretas em uma vida; ao contrário, muitas encarnações são necessárias para isso, depois da formação de um propósito consciente e do início do treinamento necessário. Muitos podem ser os homens e as mulheres dentro de nossa Sociedade que iniciaram esse trabalho árduo rumo à iluminação várias encarnações atrás, e que ainda, devido a ilusões pessoais da vida presente, são ignorantes do fato, ou estão a caminho de perder toda chance de progredir nem que seja um pouco mais nesta existência. Eles sentem uma atração irresistível pelo Ocultismo e pela *Vida Superior*, e no entanto são por demais personalistas e dogmáticos em relação a si mesmos,/ apaixonados demais pelas seduções ilusórias 218
da vida mundana e pelos seus prazeres efêmeros para abrir mão deles; e dessa forma perdem sua chance nesta encarnação. Porém, para os homens comuns, para os deveres práticos da vida diária, tal resultado distante não é apropriado como um objetivo, e bastante ineficaz como motivação.

P: Qual, então, deve ser seu objetivo, ou propósito preciso para entrar na Sociedade Teosófica?

T: Muitos estão interessados nas nossas doutrinas, e sentem instintivamente que são mais verdadeiras do que as de qualquer religião dogmática. Outros resolveram firmemente alcançar o mais elevado ideal do dever humano.

A diferença entre fé e conhecimento ou fé cega e fé fundamentada

P: Você disse que essas pessoas aceitam e acreditam nas doutrinas da Teosofia. Mas, já que elas não são aqueles Adeptos que você acabou de mencionar, elas têm então de aceitar seus ensinamentos com *fé cega*. Em que esta difere da fé cega das religiões convencionais?

T: Difere nesse aspecto da mesma forma que difere em quase todos os outros pontos. Aquilo que você chama "fé", a *fé cega*, na realidade, em relação aos dogmas das religiões cristãs, torna-se para nós *conhecimento*, a sequência lógica das coisas que *conhecemos* sobre os *fatos* na Natureza. Suas doutrinas se baseiam na interpretação, e portanto no testemunho em *segunda mão* dos videntes; as nossas, no testemunho invariável e imutável/ dos videntes. A Teologia 219
cristã comum, por exemplo, sustenta que o homem é uma criatura de Deus, composta de três partes — corpo, alma e espírito —, todas essenciais à sua integridade e todas, mesmo na forma grosseira da existência física, ou na forma etérea da experiência pós-ressurreição, tendo de constituir o homem para sempre, e portanto, cada um tendo uma existência permanente e separada dos outros homens e do Divino. A Teosofia, por outro lado, sustenta que o homem, sendo uma emanação do Desconhecido, e no entanto essência divina sempre presente e infinita, tem o seu corpo e tudo o mais impermanentes, e portanto uma ilusão; sendo que somente o espírito nele é a substância única permanente, e mesmo este perde sua individualidade separada no momento de sua completa reunião com o *Espírito Universal*.

P: Se perdemos até mesmo nossa individualidade, então isso se torna simplesmente aniquilamento.

T: Digo que *não*, já que falo da individualidade *separada*, e não da universal. Aquela se torna como uma parte transformada no todo; *a gota de orvalho* não se evapora, mas torna-se o mar. É o homem físico *aniquilado* quando de um feto se transforma num homem idoso? Que orgulho satânico é o nosso se colocamos a nossa consciência e individualidade infinitesimais em nível superior à consciência universal e infinita!

P: Segue-se, então, que não existe, de fato, homem algum, mas tudo é espírito?
T: Você está enganado. Segue-se disso que a união do espírito com a matéria é apenas temporária; ou, para ser mais clara, já que espírito e matéria são uma só coisa, sendo os dois polos opostos da substância manifestada *universal*, segue-se que o espírito perde o direito a/ 220
esse nome enquanto a menor partícula e átomo de sua substância em manifestação ainda estiverem ligados a qualquer forma, que é o resultado da diferenciação. Acreditar em algo diferente é *fé cega*.

P: Então é baseado em *conhecimento*, e não em *fé*, que você afirma que o princípio permanente, o espírito, simplesmente transita através da matéria?
T: Eu colocaria de outra maneira: afirmamos que o aparecimento do princípio permanente e *uno*, o espírito, *como matéria* é transitório, e, portanto, nada mais é do que uma ilusão.

P: E isso é anunciado como conhecimento — e não fé?
T: Exatamente. Mas como eu vejo muito bem aonde você quer chegar, devo dizer-lhe também que consideramos a *fé*, assim como você a advoga, como um distúrbio mental, e a fé real, ou seja, a *pistis* dos gregos, como *crença baseada no conhecimento*, seja fornecida pela evidência dos sentidos físicos ou *espirituais*.

P: O que você quer dizer?
T: Quero dizer que — se o que você quer saber é a distinção entre as duas, então eu posso dizer-lhe que existe uma enorme diferença entre *fé baseada na autoridade* e *fé baseada na própria intuição espiritual*.

P: E qual é?

T: A primeira é credulidade e *superstição* humana, e a segunda, crença e *intuição* humana. Conforme o professor Alexandre Wilder diz em sua introdução aos *Mistérios Eleusínios*: "É a ignorância que leva à profanação. Os homens ridicularizam aquilo que não compreendem adequadamente. (...) A corrente subterrânea desse mundo é direcionada a um único quase infinito, uma fé sagrada capaz / de apre- 221
ender as mais supremas verdades de toda a existência".[1] Aqueles que limitam essa "credulidade" apenas aos dogmas autoritários humanos nunca penetrarão aquele poder, e nem mesmo o perceberão em suas naturezas. Ela é facilmente aprisionada no plano externo, e é incapaz de trazer à luz a essência que a governa; pois, para fazê-lo, tais pessoas têm de reclamar o seu direito de julgamento próprio, e isso elas nunca *ousariam* fazer.

P: E é essa "intuição" que os força a rejeitar Deus como um Pai, Soberano e Governante pessoal do Universo?

T: Precisamente. Acreditamos em um princípio sempre incognoscível, pois apenas uma aberração cega pode fazer com que alguém sustente que o Universo, o homem pensante e todas as maravilhas contidas mesmo no mundo da matéria possam ter crescido sem *poderes inteligentes* que efetuassem a organização extraordinariamente sábia de todas as suas partes. A Natureza pode errar, e com frequência erra, nos seus detalhes e nas manifestações externas de seus materiais, mas nunca em suas causas e resultados internos. Os antigos pagãos mantinham sobre esse assunto pontos de vista muito mais filosóficos do que os filósofos modernos, quer sejam agnósticos, materialistas ou cristãos; e nenhum escritor pagão jamais apresentou a proposição de que a crueldade e a misericórdia não são sentimentos finitos, e podem portanto se tornar atributos de um deus *infinito*. Seus deuses, portanto, eram todos finitos. O autor siamês de *The Wheel of the Law* (A Roda da Lei) expressa a mesma ideia que nós sobre o seu deus pessoal; ele diz (p. 25):

---

[1] Thos. Taylor, *Dissertation on the Eleusinian and Bacchic Mysteries: Introduction* (Dissertação sobre os Mistérios Eleusínios e Báquicos; Introdução).

> Um *buddhista* poderia acreditar na existência de um deus mais sublime do que todas as qualidades e atributos humanos — um deus perfeito, acima do amor, do ódio e do ciúme, que repousasse calmamente em uma tranquilidade que nada poderia perturbar. E de tal deus ele não diria nada que o depreciasse, não por desejo de agradá-lo ou por medo de ofendê-lo, e sim por uma veneração natural; porém, ele não pode/ compreender um deus que tenha os atributos e as qualidades 222
> dos homens, um deus que ama e odeia, que demonstra ira; uma divindade que, quer seja descrita pelos missionários cristãos ou pelos maometanos, brâmanes[1] ou judeus, caia sob os mesmos parâmetros de um bom homem comum.

P: Fé por fé, não é melhor a fé do cristão que, em sua impotência e humildade humanas, acredita que existe um Pai misericordioso nos Céus que o protegerá da tentação, o ajudará na vida e perdoará suas transgressões, do que a fé fria e orgulhosa, e quase fatalista, dos vedantinos e teósofos?

T: Persista em chamar a nossa crença de "fé", se quiser. Mas já que estamos novamente nesta mesma questão, é minha vez de perguntar-lhe: fé por fé, não é melhor a que se baseia estritamente na lógica e na razão do que a que se baseia simplesmente na autoridade humana, ou no culto aos heróis? *Nossa* "fé" possui toda a força lógica da verdade aritmética de que dois mais dois somarão quatro. A sua fé é como a lógica de algumas mulheres emocionais, de quem Tourgenyeff disse que, para elas, dois mais dois em geral somam cinco, mais uma vela de sebo na barganha. A sua fé se choca, além disso, não só com qualquer visão concebível de justiça e lógica, mas que, se analisada, leva o homem à sua perdição moral, refreia o progresso da humanidade e que, sem dúvida transformando força em lei, transforma um entre dois homens em um Caim para seu irmão Abel.

P: Ao que você se refere?/ 223

---

[1] Referimo-nos aqui aos brâmanes sectários. O *Parabrahm* dos vedantinos é a Deidade que aceitamos e na qual acreditamos.

Deus tem o direito de perdoar?

T: À doutrina da expiação; refiro-me a esse perigoso dogma no qual vocês acreditam, o qual ensina que não importa quão perversos sejam nossos crimes contra as leis de Deus e dos homens, temos apenas de acreditar no sacrifício de Jesus pela salvação da humanidade, e que seu sangue lavará toda e qualquer mancha. Combato essa doutrina há vinte anos e agora chamo a sua atenção para um parágrafo de *Ísis Sem Véu* escrito em 1877 (vol. II, p. 542 [numeração do original em inglês – N. ed. bras.]). Eis o que o Cristianismo ensina, e o que combatemos:

> A misericórdia de Deus é ilimitada e insondável. É impossível conceber um pecado humano tão execrável que o preço pago antecipadamente pela redenção do pecador não possa inocentá-lo, ainda que fosse mil vezes pior. E, além disso, nunca é tarde demais para se arrepender. Mesmo que o ofensor espere até o último minuto da última hora do último dia de sua vida mortal para que seus lábios descorados pronunciem a confissão de fé, ele poderá ir para o paraíso, assim como o fez o ladrão à beira da morte, e assim poderão fazer todos os outros, tão perversos quanto ele. Tais são as crenças da Igreja e do clero; crenças lançadas à testa de seus compatriotas pelos pregadores favoritos da Inglaterra, bem na luz do Século XIX, a era mais paradoxal de todas. Pois bem, ao que isso leva?

P: Isso não torna o cristão mais feliz do que o *buddhista* ou o brâmane?

T: Não. Não o homem culto, pelo menos, já que a maioria deles há muito tempo perdeu virtualmente toda crença nesse dogma cruel./ 224
Mas leva aqueles que ainda acreditam nele mais *facilmente ao patamar de todo crime concebível* do que qualquer outro que eu conheça. Permita-me citar *Ísis* mais uma vez (veja vol. II, p. 542 e 543 [numeração do original em inglês – N. ed. bras.]):

> Se nos afastamos do reduzido círculo da credulidade e consideramos o Universo como um todo equilibrado pelo preciso ajuste de partes, como tudo soa lógico, e como o mais leve e vacilante senso de justiça se revolta contra essa "reparação vicária"! Se o criminoso pecasse somente contra si mesmo, e não prejudicasse ninguém a não ser a si mesmo; se por um

> sincero arrependimento ele pudesse eliminar os eventos passados não apenas da memória do homem, mas também daquele registro imperecível, que nenhuma deidade — nem mesmo a mais suprema das supremas — pode fazer desaparecer, então esse dogma não seria incompreensível. Mas sustentar que alguém pode prejudicar seu semelhante, matar, perturbar o equilíbrio da sociedade e a ordem natural das coisas e depois — através da covardia, esperança ou compulsão, não importa o quê — ser perdoado porque acredita que o derramamento do sangue de uma pessoa lava o derramamento do sangue de outra — isso é um despropósito!
>
> Podem os resultados de um crime ser eliminados mesmo se o próprio crime pudesse ser perdoado? Os efeitos de uma causa nunca permanecem dentro dos limites dessa causa, nem os resultados do crime podem ser confinados ao ofensor e sua vítima. Toda ação, seja boa ou má, tem seus efeitos, tão palpáveis quanto a pedra lançada à água tranquila. A analogia é trivial, mas é o melhor que já se concebeu, portanto permita que a utilizemos. Os círculos em redemoinho são maiores e mais rápidos conforme for maior ou menor o objeto perturbador, mas a menor pedrinha, mais ainda, a mais diminuta partícula produz suas ondulações. E essa perturbação não é por si só visível, e nem só na superfície. Embaixo, invisível, em todas as direções — para fora e para baixo — cada gota empurra outra até que os lados e o fundo sejam tocados pela força. Mais ainda, o ar acima da água é agitado, e essa perturbação passa — como nos relata o físico — de *stratum* para *stratum* afora, em direção ao espaço, para todo o sempre; um impulso foi transmitido à matéria, e este nunca é perdido, e nunca poderá ser anulado!
>
> Assim como o crime, da mesma forma com seu oposto. A ação pode ser instantânea, mas os efeitos são eternos. Quando, depois que a pedra foi
> lançada ao/ lago, pudermos chamá-la de volta à mão, trazer de volta 225
> as ondulações, eliminar a força dispendida, restituir as ondas etéricas ao seu estado de não ser anterior, apagar cada traço do ato de atirar o objeto, de modo que o registro do Tempo jamais mostre que ele ocorreu, *então* poderemos pacientemente ouvir os cristãos argumentarem sobre a eficácia dessa reparação vicária (...).

(...) e deixar de acreditar na Lei do *Karma*. Do modo como as coisas são agora, chamamos o testemunho do mundo inteiro para decidir qual de nossas duas doutrinas considera melhor a justiça divina, e qual é mais razoável, mesmo sobre a simples evidência e lógica humanas.

P: No entanto milhões acreditam no dogma cristão e são felizes.

T: Puro sentimentalismo sobrepujando suas faculdades pensantes, que nenhum verdadeiro filantropo ou altruísta jamais aceitará. Isso nem mesmo é um sonho de egoísmo, mas um pesadelo do intelecto humano. Veja aonde ele leva, e diga-me o nome da nação pagã onde crimes são mais facilmente cometidos ou são mais numerosos do que em terras cristãs. Veja os longos e horrorosos registros anuais de crimes cometidos em países europeus, e contemple a América protestante e bíblica. Lá, as *conversões* efetuadas em prisões são mais numerosas do que as realizadas nas *campanhas religiosas* e nas pregações públicas. Veja em que estado se encontra a balança da justiça cristã (!):

> Assassinos de mãos ensanguentadas, impulsionados pelos demônios da luxúria, da vingança, da avareza, do fanatismo ou da mera sede brutal de sangue, que matam suas vítimas, na maioria das vezes, sem lhes dar tempo para se arrepender ou invocar Jesus. Esses, talvez, morreram em pecado, e naturalmente — de forma consistente com a lógica teológica — encontraram a recompensa de suas ofensas maiores e menores. Mas o assassino, alcançado pela justiça humana, é aprisionado, pranteado pelos sentimentalistas, torna-se alvo de orações e, orando,
> pronuncia as palavras encantadas da conversão,/ indo para o patíbulo 226
> como um redimido filho de Jesus! Não fosse pelo assassinato, não teriam orado por ele, redimido, perdoado. Claramente esse homem fez bem em matar, pois assim alcançou a felicidade eterna! Mas e quanto à vítima, sua família, parentes dependentes, relações sociais? Não tem a justiça para eles qualquer recompensa? Eles têm de sofrer nesse mundo e no próximo, enquanto aquele que os prejudicou senta-se ao lado do "bom ladrão" do Calvário, e é para sempre abençoado? Sobre essa questão o clero guarda um silêncio prudente. (*Ísis Sem Véu*, vol. II, p. 543 [numeração do original em inglês — N. ed. bras.]).

E agora você sabe por que os teósofos — cuja crença e esperança fundamental é justiça para todos, no Céu como na Terra, e no *Karma* — rejeita esse dogma.

P: O destino final do homem, então, não é um paraíso presidido por

Deus, mas a transformação gradual da matéria em seu elemento primordial, o espírito?

T: É para esse objetivo final que tudo tende, na Natureza.

P: Alguns de vocês não consideram essa associação de "queda do espírito na matéria" como um mal, e o renascimento como um sofrimento?

T: Alguns consideram, e por isso se esforçam para encurtar seu período de provação na Terra. No entanto isso não é um mal puro, já que assegura a experiência sobre a qual nos elevaremos ao conhecimento e à sabedoria. Refiro-me à experiência que *ensina* que as necessidades de nossa natureza espiritual nunca podem ser satisfeitas por uma felicidade que não seja espiritual. Enquanto estivermos no corpo, estaremos submetidos à dor, ao sofrimento e a todos os incidentes adversos e desapontadores que ocorrem durante a vida. Portanto, e para atenuar isso, finalmente adquirimos o conhecimento que, somente ele, pode nos proporcionar alívio e esperança de um
futuro melhor./ 227

XII
O que é a Teosofia Prática?

O dever

P: Por que, então, a necessidade de renascimento, já que todos falham da mesma forma em garantir uma paz permanente?

T: Porque o objetivo final não pode ser alcançado por nenhuma outra forma senão por experiências de vida, e porque a maior parte destas consiste em dor e sofrimento. É apenas através destas últimas que podemos aprender. As alegrias e os prazeres não nos ensinam nada; são evanescentes, e em longo prazo podem apenas trazer saciedade. Além disso, nosso constante fracasso em encontrar qualquer satisfação permanente na vida que atendesse às necessidades de nossa natureza superior nos mostra claramente que essas necessidades podem ser satisfeitas apenas em seu próprio plano, isto é, o espiritual.

P: O resultado natural disso é um desejo de abandonar a vida de um modo ou de outro?

T: Se você quer dizer com tal desejo o "suicídio", eu respondo então que decididamente não. Tal resultado nunca pode ser "natural", mas se deve sempre a uma doença cerebral mórbida ou aos mais decididos e fortes pontos de vista materialistas. Esse é o pior dos crimes, e/ terrível em seus resultados. Mas, se por desejo você quer dizer simplesmente aspiração por alcançar a existência espiritual, e não um desejo de abandonar a Terra, então eu o chamaria um desejo realmente muito natural. De outra forma a morte voluntária seria um abandono de nosso presente posto e dos deveres de que nos incumbiram, assim como uma tentativa de nos esquivar das responsabilidades *kármicas* – e, assim, envolvendo a criação de novo *Karma*.

P: Mas se as ações no plano material são insatisfatórias, por que teriam os deveres, que são tais ações, de ser obrigatórios?

T: Em primeiro lugar, porque para com todos os homens, e por último para com nós mesmos, não é o atingimento da felicidade pessoal, mas sim da felicidade dos outros; o cumprimento do que é correto porque é correto, e não pelo que nos pode trazer. A felicidade, ou antes o contentamento, pode de fato seguir-se ao desempenho do dever, mas não é e não deve ser o motivo para ele.

P: O que você entende precisamente por "dever", em Teosofia? Não pode ser os deveres cristãos pregados por Jesus e seus Apóstolos, já que você não os reconhece.

T: Mais uma vez você está enganado. Aquilo que você chama "deveres cristãos" foi inculcado por todos os grandes reformadores morais e religiosos, eras antes da era cristã. Tudo o que era grande, generoso, heroico foi, nos tempos antigos, não somente falado e pregado em púlpitos, assim como nos nossos dias, mas *realizado em atos*, às vezes por nações inteiras. A história da reforma *buddhista* está cheia dos atos mais nobres e mais heroicamente altruístas. "Sejais todos de uma só mente, tendo compaixão uns pelos outros; amai-vos como irmãos, sejais misericordiosos, corteses; não/ retribuí o 229
mal com o mal, ou a injúria com a injúria, mas, de modo contrário, abençoando" – isso era realizado na prática pelos seguidores de Buddha, vários séculos antes de Pedro. A ética do Cristianismo é grandiosa, sem dúvida, mas inegavelmente não é nova, e se originou como deveres "pagãos".

P: E como você definiria esses deveres, ou dever, em geral, conforme vocês compreendem o termo?

T: O dever é aquilo que é *devido* à humanidade, aos nossos semelhantes, vizinhos, família, e especialmente aquilo que devemos a todos aqueles que são mais pobres e mais desamparados do que nós. Esse é um débito que, se não pago durante a vida, nos deixa espiritualmente insolventes e moralmente falidos em nossa próxima encarnação. A Teosofia é a quintessência do *dever*.

P: Da mesma forma o é o Cristianismo, se corretamente compreendido e aplicado.

T: Sem dúvida que sim; mas se ele não fosse uma *religião da boca pra fora* na prática, a Teosofia teria pouco a fazer entre os cristãos. Infelizmente ele é apenas uma ética "de boca". Aqueles que cumprem seus deveres para com todos, somente pelo dever, são poucos, e menos ainda são os que cumprem aquele dever permanecendo contentes com a satisfação de sua própria e secreta consciência. Ele é

> a voz pública
> do louvor que honra e recompensa a virtude,

sempre predominante nas mentes dos filantropos "mundialmente renomados". A ética moderna é linda para ser lida e ser ouvida em discussão; mas o que são as palavras, se não forem convertidas em ação? Finalmente, se você me perguntar como compreendemos o dever teosófico na prática, e em vista do *Karma*, eu poderia responder-lhe que nosso dever é beber, sem um murmúrio, até a última/ 230
gota, qualquer que seja o conteúdo que a taça da vida tenha reservado para nós; colher as rosas da vida somente pela fragrância que elas possam desprender para os *outros*, e nos contentarmos apenas com os espinhos, se aquela fragrância não puder ser desfrutada sem dela privarmos mais alguém.

P: Tudo isso é muito vago. O que vocês fazem além do que os cristãos fazem?

T: Não é o que nós, membros da Sociedade Teosófica, fazemos – embora alguns de nós tentemos fazer o melhor que podemos –, mas o quão mais longe a Teosofia leva rumo ao bem do que o moderno Cristianismo. Digo — *ação*, ação executada, em vez de meras intenções e palavras. Um homem pode ser o que quiser, o mais mundano, egoísta e duro de coração dos homens, e mesmo um patife da pior espécie, mas isso não o impedirá de denominar a si mesmo cristão, ou aos outros de vê-lo como tal. Mas nenhum teósofo tem o direito a esse nome a menos que esteja completamente imbuído da verdade de Carlyle: "O objetivo do homem é uma *ação*, e não um *pensamento*, por mais nobre que ele seja" — e a menos que ele estabeleça e modele sua vida diária de acordo com essa verdade. A profissão de uma verdade ainda não é a sua ratificação, e quanto mais bonita e grandiosa ela soa, mais alto a virtude e o dever são discutidos em vez de realizados e mais forçosamente ela lembrará sempre um dos frutos do Mar Morto. A *hipocrisia* é o mais abominável de todos os vícios; e a *hipocrisia* é a característica mais proeminente do maior país protestante deste século — a Inglaterra.

P: O que você considera que se deve à humanidade como um todo?
T: O total reconhecimento de direitos e privilégios iguais para todos, e sem distinção de raça, cor, posição social ou nascimento./ 231

P: Quando é que você considera que esses direitos não são concedidos?
T: Quando há a mais leve invasão do direito do outro — seja este outro um homem ou uma nação; quando há qualquer fracasso em se demonstrar a ele a mesma justiça, amabilidade, consideração ou misericórdia que desejamos para nós mesmos. Todo o sistema político atual é construído sobre o esquecimento de tais direitos e sobre a mais feroz e veemente afirmação do egoísmo nacional. Os franceses dizem: "Assim como é o senhor, é o servo"; eles deveriam acrescentar: "Assim como é a política nacional, é o cidadão".

P: Vocês tomam parte na política de alguma forma?
T: Como uma Sociedade, nós a evitamos cautelosamente, pelas razões expostas anteriormente. Procurar alcançar reformas políticas sem

antes haver efetuado uma reforma na *natureza humana é o mesmo que colocar vinho novo em odres velhos*. Faça com que os homens sintam e reconheçam no mais íntimo de seus corações qual é o seu dever real e verdadeiro para com todos os homens, e todo velho abuso do poder, toda lei perversa na política nacional, baseados no egoísmo humano, social ou político, desaparecerão por si mesmos. Tolo é o jardineiro que tenta retirar de seus canteiros de flores as ervas daninhas cortando-as na superfície do solo, em vez de arrancá-las pelas raízes. Nenhuma reforma política duradoura pode ser jamais alcançada tendo os mesmos homens egoístas de sempre à frente dos acontecimentos.

As relações da Sociedade Teosófica com as reformas políticas

P: Então a Sociedade Teosófica não é uma organização política?

T: Certamente que não. Ela é internacional no mais elevado sentido, qual seja, abrange, entre seus membros, homens e mulheres de todas as raças, credos/ e modos de pensar, que trabalham juntos por 232
um objetivo, o progresso da humanidade; mas como uma sociedade, ela não toma parte em qualquer política nacional ou partidária.

P: Por que é assim?

T: Exatamente pelas razões que já mencionei. Além disso, a ação política deve necessariamente variar com as circunstâncias da época e com as idiossincrasias dos indivíduos. O fato de que, pela própria natureza de suas posições como teósofos, os membros da ST concordam em relação aos princípios da Teosofia, ou não pertenceriam à Sociedade, não implica necessariamente que concordem em todos os outros assuntos. Como uma sociedade eles podem agir juntos apenas em assuntos que sejam comuns a todos — isto é, no que se refere à própria Teosofia; como indivíduos, cada um é perfeitamente livre para seguir sua linha particular de pensamento e ação política, contanto que não se choque com os princípios teosóficos ou fira a Sociedade Teosófica.

P: Mas com certeza a ST não se mantém totalmente à parte das questões sociais que estão agora despontando tão rapidamente?

T: Os princípios da ST são uma prova de que ela – ou melhor, a maioria
de seus membros – não se mantém à parte. Se a humanidade pode
apenas se desenvolver mental e espiritualmente pelo cumprimento,
em primeiro lugar, das leis fisiológicas mais legítimas e científicas, o
maior dever de todos aqueles que lutam por esse desenvolvimento é
dar o melhor de si para fazer com que essas leis sejam cumpridas de
modo geral. Todos os teósofos estão mais do que conscientes de que,
infelizmente, nos países ocidentais em especial, a condição social de
grandes massas da população torna impossível que tanto seus cor-
pos como seus espíritos sejam apropriadamente treinados;/ como 233
consequência, o desenvolvimento de ambos é interrompido. Como
esse treinamento e desenvolvimento é um dos objetivos expressos
da Teosofia, a Sociedade Teosófica está em total sintonia e harmonia
com todos os verdadeiros esforços nessa direção.

P: Mas o que você entende por "verdadeiros esforços"? Cada reformador social tem sua própria panaceia, e cada um acredita que a sua é a única coisa que pode desenvolver e salvar a humanidade.

T: Exato, e essa é a verdadeira razão por que tão pouco trabalho social satisfatório é realizado. Na maioria dessas panaceias não há um princípio realmente orientador, e certamente não há um único princípio que una a todos. Assim, tempo e energia preciosos são desperdiçados, pois os homens, em vez de cooperar, lutam uns com os outros; e com frequência, é de se temer, em prol da fama e da recompensa, e não da grande causa que professam ter no coração e que deveria ser suprema em suas vidas.

P: Como, então, os princípios teosóficos deveriam ser aplicados de forma que a cooperação social possa ser promovida e esforços verdadeiros para o melhoramento social possam ser levados avante?

T: Permita-me lembrá-lo quais são estes princípios: unidade e causação universais; solidariedade humana; a lei do *Karma*; a reencarnação. Esses são os quatro elos da corrente de ouro que deveria unir a humanidade em uma só família, uma Fraternidade Universal.

P: Como?

T: No presente estado da sociedade, especialmente nos pretensos países civilizados, somos continuamente levados a encarar o fato de que um grande número de pessoas está sofrendo de indigência,/ 234
pobreza e doenças. Sua condição física está arruinada e suas faculdades mentais e espirituais estão com frequência quase dormentes. Por outro lado, muitas pessoas no outro extremo da escala social levam vidas de descuidada indiferença, luxúria material e indulgência egoísta. Nenhuma dessas formas de existência é mero acaso. Ambas são efeitos das condições que cercam aos que a elas estão sujeitos, e a negligência do dever social em um lado está ligada mais estreitamente ao desenvolvimento obstaculizado e interrompido no outro. Em Sociologia, assim como em todos os ramos da verdadeira ciência, a lei da causação universal é válida. Mas essa causação necessariamente implica, como sua consequência lógica, aquela solidariedade humana na qual a Teosofia tão energicamente insiste. Se a ação de um reage na vida de todos, e essa é a verdadeira ideia científica, então apenas quando todos os homens se tornarem irmãos, e quando todos praticarem em suas vidas diárias a verdadeira fraternidade, é que a verdadeira solidariedade humana, que jaz na raiz da elevação da raça, poderá ser alcançada. É com essa ação e integração, com essa verdadeira fraternidade, na qual cada um viverá por todos e todos por cada um, que é um dos princípios teosóficos fundamentais, que cada teósofo deveria se comprometer, não apenas para ensiná-la, mas para realizá-la em sua vida pessoal.

P: Tudo isso parece ser muito bom como um princípio geral; mas como você o aplicaria de uma forma concreta?

T: Considere por um momento aquilo que você chamaria de fatos concretos da sociedade humana. Compare as vidas não apenas das massas, mas também daquelas que são chamadas/ classes média e 235 alta, com o que elas deveriam ser sob condições mais saudáveis e nobres, onde a justiça, a benevolência e o amor fossem supremos em vez do egoísmo, da indiferença e da brutalidade que hoje parecem reinar. Todas as coisas boas e más na humanidade têm suas raízes no caráter humano, e esse caráter é e tem sido condicionado pela cadeia infinita de causa e efeito. Mas esse condicionamento se aplica ao futuro, da mesma forma que ao presente e ao passado. O egoísmo, a indiferença e a brutalidade nunca poderiam ser o estado normal da raça — acreditar nisso seria perder as esperanças na humanidade —, e isso nenhum teósofo poderia fazer. O progresso somente pode ser alcançado através do desenvolvimento das qualidades mais nobres. Agora, a verdadeira evolução nos ensina que, alterando o ambiente do organismo, nós podemos alterar e melhorar o organismo; e no sentido mais estrito isso é verdade em relação ao homem. Todo teósofo, portanto, está comprometido a dar o melhor de si para ajudar, por todos os meios possíveis, todo esforço social sábio e bem recomendado que tenha como objetivo o melhoramento da condição dos pobres. Tais esforços devem ser feitos tendo em vista a emancipação social definitiva deles, ou o desenvolvimento do senso do dever naqueles que agora, com tanta frequência, o negligenciam em quase todos os aspectos da vida.

P: De acordo. Mas quem irá decidir se os esforços sociais são sábios ou não?

T: Ninguém e nenhuma sociedade pode estabelecer uma regra rigorosa e segura a esse respeito. Muito tem de ser necessariamente deixado ao julgamento individual. Um teste geral pode, no entanto, ser sugerido.

A ação proposta tende a promover aquela verdadeira/ fraterni- 236
dade que é o objetivo da Teosofia? Nenhum verdadeiro teósofo terá muita dificuldade em aplicar tal teste. Uma vez que esteja satisfeito com ele, seu dever consistirá no direcionamento da formação da opinião pública. E isso somente poderá ser conseguido inculcando-se aquelas concepções superiores e mais nobres dos deveres públi-

cos e privados que jazem na raiz de todo desenvolvimento espiritual e material. Em todos os casos concebíveis ele próprio terá de ser um centro de ação espiritual, sendo que dele e de sua própria vida individual diária terão de se irradiar aquelas forças espirituais superiores, as únicas que poderão regenerar seus semelhantes.

P: E por que ele deveria fazer isso? Não estão, ele e todos os demais, conforme vocês mesmos ensinam, condicionados por seu *Karma*, e o *Karma* não tem necessariamente de traçar seus próprios caminhos?

T: É a própria lei do *Karma* que dá força a tudo que eu tenho dito. O indivíduo não pode se separar da raça, nem a raça do indivíduo. A lei do *Karma* se aplica igualmente a todos, embora nem todos estejam igualmente desenvolvidos. Ao ajudar no desenvolvimento dos outros, o teósofo acredita que está não apenas os ajudando a cumprir com seu *Karma*, mas também, no sentido mais estrito, cumprindo o seu próprio. O que ele tem sempre em vista é o desenvolvimento da humanidade, da qual tanto um quanto os outros são partes integrantes, e ele sabe que qualquer fracasso de sua parte em responder ao que é superior dentro de si retarda não somente a si mesmo mas a todos, em sua marcha progressiva. Através de suas ações, ele pode tornar mais difícil ou mais fácil à humanidade atingir o próximo plano superior do ser.

P: Como isso se relaciona com o quarto dos princípios que você mencionou, ou seja, a reencarnação?/ 237

T: A ligação é a mais íntima. Se nossas vidas presentes dependem do desenvolvimento de certos princípios, que são um crescimento a partir dos germes deixados por uma existência anterior, então a lei é válida com relação ao futuro. Uma vez compreendida a ideia de que a causação universal não é meramente presente, mas também passada, presente e futura, cada ação em nosso presente plano cai natural e facilmente em seu verdadeiro lugar, e é vista em sua verdadeira relação com nós mesmos e com os outros. Toda ação mesquinha e egoísta nos lança para trás, e não para a frente, enquanto todo pensamento nobre e todo ato altruísta são degraus para os superiores e mais gloriosos planos de ser. Se essa vida fosse tudo, então, em muitos aspectos seria de fato pobre e mesquinha; mas, vista como uma preparação para a próxima esfera de existência, pode ser usada como o portal de ouro através do qual podemos passar, não egoisticamente e sozinhos, mas na companhia de nossos companheiros, para os palácios que se situam além.

Sobre o autossacrifício

P: O mais elevado princípio da Teosofia é a justiça igual para todos e o amor por todas as criaturas?
T: Não; há um ainda muito mais elevado.

P: Qual poderia ser?
T: O dar aos outros mais do que a si mesmo — o autossacrifício. Tal era o princípio e o elevado padrão que marcou de modo tão proeminente os grandes Instrutores e Mestres da humanidade, por exemplo, Gautama Buddha na história e Jesus de Nazaré como descrito nos
Evangelhos. Esse traço apenas foi suficiente para/ lhes assegurar 238
a reverência e a gratidão perpétuas das gerações de homens que os vêm sucedendo. Dizemos, no entanto, que o autossacrifício deve ser realizado com discernimento, e um tal abandono de si mesmo, se praticado sem justiça ou cegamente, sem considerar os resultados subsequentes, pode com frequência se provar não apenas inútil, mas prejudicial. Uma das regras fundamentais da Teosofia é a justiça para consigo mesmo (vendo-se como uma unidade da humanidade coletiva), mas não como uma autojustiça pessoal; não mais, porém não menos do que para com os outros, a menos que, pelo sacrifício do próprio eu, de fato possamos beneficiar a muitos.

P: Você poderia clarear sua ideia fornecendo um exemplo?
T: Há muitos exemplos ilustrativos na história. A Teosofia considera muito mais elevado o autossacrifício pelo bem prático de salvar muitas pessoas do que a autoabnegação por uma ideia sectária, tal

como "salvar os pagãos da *danação*", por exemplo. Em nossa opinião, o Padre Damião, um jovem de trinta anos que ofereceu sua vida em sacrifício para o benefício e alívio dos sofrimentos dos leprosos em Molokai, indo viver com eles sozinho por dezoito anos para finalmente contrair a terrível doença e morrer, *não morreu em vão*. Ele deu alívio e relativa felicidade a milhares de miseráveis. Trouxe a eles consolo mental e físico. Lançou um raio de luz na noite negra e sombria de uma existência cuja desesperança não tem paralelos nos registros do sofrimento humano. Ele foi um *verdadeiro teósofo*, e sua memória viverá para sempre em nossos anais.

Em nossa visão, esse pobre sacerdote belga é imensuravelmente superior — por exemplo — a todos aqueles sinceros mas/ tolos 239
missionários de glória inútil que sacrificaram suas vidas nas Ilhas dos Mares do Sul ou na China. Que bem fizeram eles? Em um caso, foram ao encontro daqueles que não estão ainda maduros para nenhuma verdade; no outro, de uma nação cujos sistemas de filosofia e religião são tão grandiosos quanto quaisquer outros, caso os homens que os possuem vivessem à altura de Confúcio e de seus outros sábios. Morreram vítimas de canibais e selvagens irresponsáveis, e do fanatismo e ódio populares. Enquanto que, se tivessem ido para as favelas de Whitechapel, ou outra localidade como essa, que apodrecem sob o brilhante Sol de nossa civilização, cheia de selvagens cristãos e leprosos mentais, poderiam ter feito um bem real e preservado suas vidas para uma causa melhor e mais valiosa.

P: Mas os cristãos não pensam o mesmo?

T: É claro que não, porque agem baseados em uma crença errada. Eles acham que, batizando o corpo de um selvagem irresponsável, salvam sua alma da danação. Uma igreja se esquece de seus mártires, e outra beatifica e erige estátuas para homens como Labro, que sacrificou seu corpo por quarenta anos apenas para beneficiar os vermes que nele se alimentavam. Tivéssemos os meios para tal, erigiríamos uma estátua para o Padre Damião, o santo verdadeiro e prático, e perpetuaríamos sua memória para sempre como um exemplo vivo de heroísmo teosófico e de misericórdia e autossacrifício à semelhança de Buddha e de Cristo.

P: Então vocês consideram o autossacrifício como um dever?

T: Sim, e o explicamos mostrando que o altruísmo é uma parte do autodesenvolvimento. Mas temos que discernir. Um homem não tem
o direito de se deixar *morrer* de fome para que outro/ homem te- 240
nha alimento, a menos que a vida daquele homem seja obviamente mais útil para a maioria do que a sua própria vida. Mas é seu dever sacrificar seu próprio conforto e trabalhar para outros, se estes forem incapazes de trabalhar por si mesmos. É seu dever dar tudo o que é inteiramente seu e pode beneficiar apenas a si mesmo, se for egoisticamente resguardado dos demais. A Teosofia ensina a autoabnegação, mas não o autossacrifício irrefletido e inútil, e nem justifica o fanatismo.

P: Mas como poderemos atingir *status* tão elevado?

T: Através da esclarecida aplicação prática de nossos preceitos. Do uso de nossa razão superior, da intuição espiritual e do senso moral, e seguindo os ditames do que chamamos "suave e tranquila voz" da nossa consciência, que é a do nosso EGO, e que fala mais alto em nós do que os terremotos e trovões de Jeová, nos quais "o Senhor não está".

P: Se tais são os nossos deveres para com a humanidade em geral, o que vocês entendem como sendo os nossos deveres para com o nosso ambiente imediato?

T: Exatamente os mesmos, *mais* aqueles que surgem das obrigações especiais com relação aos laços de família.

P: Então não é verdade, como é dito, que assim que um homem entra na Sociedade Teosófica ele começa a ser gradualmente afastado de sua esposa, filhos e deveres familiares?

T: Isso é uma infundada calúnia, como tantas outras. O primeiro dos deveres teosóficos é cumprir com os deveres para com *todos* os homens, e especialmente para com aqueles a quem devemos responsabilidades *específicas*, seja porque voluntariamente as assumimos, tais como ligações conjugais, ou porque o destino nos ligou a elas; refiro-me àquelas que devemos aos nossos pais ou parentes./ 241

P: E qual pode ser o dever de um teósofo para consigo mesmo?

T: Controlar e conquistar o *eu inferior através do Eu Superior*. Purificar-se interiormente e *moralmente*; não temer ninguém e nada, a não ser o tribunal de sua própria consciência. Nunca fazer uma coisa pela metade, isto é, se pensa que é a coisa certa a fazer, que a faça aberta e corajosamente, e, se errada, não tocá-la de forma alguma. É dever do teósofo aliviar seu peso lembrando-se do sábio aforismo de Epictetus que diz: "Não te desvies de teu dever *por qualquer reflexão leviana que o tolo mundo possa vir a fazer de ti*, pois suas censuras não estão sob o teu controle, e consequentemente não deveriam fazer parte de tuas preocupações."

P: Mas suponhamos que um membro de sua Sociedade alegasse incapacidade de praticar o altruísmo para com outras pessoas, com base no argumento de que "caridade começa em casa", e insistindo ser ocupado ou pobre demais para poder beneficiar a humanidade ou mesmo qualquer de seus elementos. Quais são os seus preceitos em vista de um tal caso?

T: Ninguém tem o direito ou mesmo qualquer pretexto para dizer que não pode fazer nada pelos outros. "Ao fazer o dever apropriado no local apropriado, um homem pode tornar o mundo seu devedor", disse um escritor inglês. Um copo de água fresca dado no momento oportuno a um caminhante sedento é um dever mais nobre e mais valioso do que dar uma dúzia de jantares inoportunamente para pessoas que podem pagá-los. Ninguém que não tenha dentro de si esse sentido jamais irá se tornar um teósofo; mas poderá, assim mesmo, permanecer membro da nossa Sociedade. Não temos regras pelas quais possamos forçar qualquer pessoa a se tornar um teósofo prático, se ela não desejar sê-lo.

P: Então por que ele se torna membro da Sociedade?

T: Isso só ele mesmo sabe. Pois, novamente,/ não temos o direito de 242
prejulgar uma pessoa, nem mesmo se a voz de uma comunidade inteira falasse contra ela, e posso dizer-lhe por quê. Nos nossos dias, a *vox populi* (pelo menos no que concerne à voz das pessoas cultas) não é mais *vox dei*, mas sim a voz do preconceito, dos motivos egoístas, e, com frequência, simplesmente a da impopularidade. O nosso dever é plantar sementes para o futuro por toda parte, e ver que sejam boas; e não parar para perguntar *por que* devemos fazê-lo, como e por qual razão somos obrigados a perder nosso tempo, uma vez que não seremos nós que faremos a colheita nos dias que hão de vir.

Sobre a caridade

P: Como vocês teósofos veem o dever cristão da caridade?

T: A que caridade você se refere? A caridade da mente ou a caridade prática no plano físico?

P: Refiro-me à caridade prática, já que a sua ideia de fraternidade universal inclui, com certeza, a caridade da mente.

T: Então você tem em mente a realização prática dos mandamentos de Jesus no Sermão da Montanha?

P: Precisamente.

T: Por que chamá-los "cristãos", então? Pois embora o seu Salvador os tenha pregado e praticado, a última coisa que os cristãos de hoje pensam em fazer é realizá-los em suas vidas./ 243

P: No entanto, muitos passam suas vidas espalhando caridade.

T: Sim, mas com o excedente de suas grandes fortunas. Mas aponte-me o cristão, dentre os mais filantropos, que daria algo ao mais trêmulo e esfomeado ladrão que lhe roubasse o casaco e também o manto, ou ofereceria a sua face direita àquele que o esbofeteasse na esquerda, sem jamais pensar em se ressentir disso?

P: Ah, mas você deve se lembrar que esses preceitos não podem ser tomados literalmente. O tempo e as circunstâncias mudaram desde os dias do Cristo. Além disso, ele falava em parábolas.

T: Então por que as suas igrejas não ensinam que a doutrina da danação e do fogo do inferno também tem de ser entendida como uma *parábola*? Por que alguns dos seus pregadores mais populares, por um lado, realmente permitem que essas "parábolas" sejam compreendidas da forma como vocês o fazem, e por outro insistem na interpretação literal dos fogos do inferno e das torturas *físicas* de uma alma "semelhante ao amianto"? Se uma é uma "parábola", então a outra também o é. Se o fogo do inferno é uma verdade literal, então os mandamentos de Cristo no Sermão da Montanha têm de ser obedecidos até a última palavra. E digo-lhe que muitos dos que não acreditam na divindade de Cristo – como o conde Leo Tolstoy e vários teósofos – realizam esses preceitos nobres, porque universais, literalmente; e muitos outros bons homens e mulheres o fariam também, se não estivessem mais do que certos de que tal caminho na vida os levaria, muito provavelmente, a um asilo de lunáticos – *tão cristãs são as suas leis*!

P: Mas, certamente, todos sabem que milhões e milhões são gastos anualmente em caridade, privada ou pública?

T: Oh, sim; metade deles fica nas mãos pelas quais passa,/ antes de 244
chegar aos necessitados; enquanto uma boa porção, ou o restante, vai para as mãos de mendigos profissionais, aqueles que são preguiçosos demais para trabalhar, e, portanto, não fazem nenhum bem aos que realmente estão em miséria e sofrimento. Você não ouviu falar que o primeiro resultado do grande efluxo de caridade para o East End de Londres foi o de elevar os aluguéis em Whitechapel em cerca de 20 por cento?

P: O que vocês fariam, então?

T: Agiríamos individualmente, e não coletivamente; seguiríamos os preceitos do *Buddhismo* do Norte: "Nunca alimente as bocas dos

famintos pela mão de outrem"; "nunca permita que a sombra de teu vizinho (*uma terceira pessoa*) se interponha entre ti e o objeto de tua generosidade"; "nunca dê tempo ao Sol de secar uma lágrima antes que tu a tenhas secado". E ainda: "Nunca dê dinheiro ao necessitado, ou alimento ao sacerdote, que pedem à tua porta, *através dos teus servos*, a fim de que teu dinheiro não diminua a gratidão,/ 245
e teu alimento não se converta em fel."

P: Mas como isso poderia ser aplicado na prática?

T: As ideias teosóficas de caridade significam esforço *pessoal* para os outros; misericórdia e bondade *pessoais*; interesse *pessoal* pelo bem-estar daqueles que sofrem; simpatia, previdência e assistência *pessoais* em suas dificuldades e necessidades. Nós, teósofos, não acreditamos em dar dinheiro (note bem, caso o tivéssemos) através das mãos de outras pessoas ou organizações. Acreditamos dar ao dinheiro um poder e eficácia mil vezes maiores através do nosso contato e solidariedade pessoais com aqueles que necessitam. Acreditamos no alívio da inanição da alma tanto quanto, senão mais, do que do estômago; porque a gratidão faz um bem maior ao homem que a sente do que àquele que a fez sentir.

Onde está a gratidão que seus "milhões de libras" deveriam ter despertado, ou os bons sentimentos provocados por eles? Está no ódio dos pobres do East End pelos ricos? No crescimento do partido da anarquia e da desordem? Ou naquelas milhares de moças trabalhadoras desafortunadas, vítimas do sistema do "trabalho à exaustão", levadas diariamente a complementar o sustento indo às ruas? Os seus desamparados velhos e velhas lhes agradecem pelos asilos? Ou os seus pobres pelas moradias poluídas e insalubres nas quais se permite que criem novas gerações de crianças doentes, escrofulosas e raquíticas, apenas para encher de dinheiro os bolsos dos insaciáveis Shylocks[1] proprietários de casas? Portanto, cada níquel de todos esses "milhões", doado por pessoas boas e pretensamen-

[1] O implacável agiota do Mercador de Veneza, de Shakespeare. (N. ed. bras.)

te caridosas, cai como uma causticante maldição em vez de uma bênção sobre os pobres a quem deveria aliviar. Chamamos a isso *geração de Karma nacional*, e terríveis serão seus resultados no dia do ajuste de contas.

Teosofia para as massas

P: E você acha que a Teosofia, inserindo-se na vida diária, ajudaria a remover esses males, sob as condições práticas e adversas do nosso mundo moderno?

T: Tivéssemos mais dinheiro, e se a maioria dos teósofos não tivesse de trabalhar pelo pão de cada dia, acredito firmemente que sim.

P: Como? Você espera que suas doutrinas possam um dia cativar/ as 246
massas ignorantes, sendo elas tão abstrusas e difíceis que mesmo as pessoas instruídas mal podem compreendê-las?

T: Você se esquece de uma coisa: que é precisamente a sua tão vangloriada educação moderna que torna difícil para vocês compreenderem a Teosofia. Sua mente é tão cheia de sutilezas e preconcepções intelectuais que a sua natural intuição e sua percepção da verdade não podem atuar. A metafísica e a cultura não são necessárias para que um homem compreenda as amplas verdades do *Karma* e da reencarnação. Aí estão os milhões de *buddhistas* e hinduístas pobres e ignorantes para quem o *Karma* e a reencarnação são realidades sólidas, simplesmente porque suas mentes nunca foram limitadas e distorcidas por terem sido forçadas dentro de um molde artificial. Eles nunca tiveram seu senso de justiça humano inato pervertido por terem sido ensinados a acreditar que seus pecados seriam perdoados porque um outro homem havia sido morto por eles. E os *buddhistas*, note bem, vivem à altura de suas crenças sem um único murmúrio contra o *Karma* ou contra o que eles consideram uma justa punição, enquanto a população cristã nem vive à altura de seu ideal moral nem aceita a sua sorte com contentamento. Daí os murmúrios e a insatisfação, e a intensidade da luta pela existência nas terras ocidentais.

P: Mas esse contentamento, que você tanto louva, acabaria com todo e qualquer motivo de esforço, e paralisaria o progresso.

T: E nós, teósofos, dizemos que o progresso e a civilização de que vocês tanto se vangloriam nada mais é do que uma hoste de fogos-fátuos bruxuleando sobre um brejo que exala um miasma venenoso e mortal. Isso porque vemos egoísmo, crime, imoralidade/ e todos os ma- 247
les imagináveis, que caem sobre a desafortunada humanidade dessa caixa de Pandora que você chama de era de progresso e que crescem *pari passu* com a sua civilização material. A um tal preço, melhor a inércia e a inatividade dos países *buddhistas*, que surgiram apenas como consequência de séculos de escravidão política.

P: Então toda essa metafísica e esse misticismo com que vocês se ocupam tanto não têm importância?

T: Para as massas, que precisam apenas de direcionamento e ajuda prática, eles não trazem grande consequência, mas para os instruídos, os líderes naturais das massas, aqueles cujas formas de pensar e agir serão mais cedo ou mais tarde adotadas por essas massas, eles são da maior importância. É apenas por meio da filosofia que um homem inteligente e culto pode evitar o suicídio intelectual de acreditar na fé cega; e é apenas assimilando a estrita continuidade e coerência lógica das doutrinas orientais, se não esotéricas, que ele pode perceber a verdade delas. A convicção produz o entusiasmo, e "o entusiasmo", diz Bulwer-Lytton, "é o gênio da sinceridade, e a verdade não conquista nenhuma vitória sem ele", enquanto Emerson com muito acerto observa que "todo acontecimento grandioso e dominante nos anais do mundo é o triunfo do entusiasmo". E o que é mais calculado para produzir tal sentimento do que uma filosofia tão grandiosa, tão consistente, tão lógica e tão abrangente quanto as nossas doutrinas orientais?

P: No entanto seus inimigos são muito numerosos, e todos os dias a Teosofia adquire novos oponentes.

T: E isso é precisamente o que comprova sua excelência/ e valor in- 248
trínsecos. As pessoas odeiam apenas as coisas que temem, e nin-

guém sai de seu caminho para destruir aquilo que nem ameaça nem se eleva acima da mediocridade.

P: Você espera um dia comunicar esse entusiasmo às massas?

T: Por que não? A história nos diz que as massas adotaram o *Buddhismo* com entusiasmo, enquanto, como dito anteriormente, o efeito prático dessa filosofia de ética sobre elas ainda é demonstrado pela pequenez da percentagem de crimes entre as populações *buddhistas*, se comparada com a de qualquer outra religião. A questão principal é erradicar aquela fonte demasiadamente fértil de todo crime e imoralidade — a crença de que é possível as pessoas escaparem das consequências de seus atos. Uma vez ensinada a elas a maior de todas as leis, *Karma* e *reencarnação*, além de sentirem em si mesmas a verdadeira dignidade da natureza humana, elas se afastarão do mal e o evitarão como fariam em caso de perigo físico.

Como os membros podem ajudar a sociedade

P: Como você espera que os membros de sua Sociedade ajudem no trabalho?

T: Em primeiro lugar, estudando e compreendendo as doutrinas teosóficas, de modo a poder ensinar outros, especialmente os jovens. Em segundo, aproveitando cada oportunidade de conversar com outras pessoas e explicar a elas o que é a Teosofia e o que ela não é, removendo as concepções erradas e difundindo o interesse pelo assunto. Em terceiro, ajudando a propagar a nossa literatura, comprando livros, quando possuem os meios,/ emprestando-os e dan- 249
do-os, e induzindo seus amigos a fazerem o mesmo. Em quarto, defendendo a Sociedade das difamações injustas lançadas sobre ela através de todo e qualquer meio legítimo ao seu alcance. Em quinto, e mais importante de todos, pelo exemplo de suas próprias vidas.

P: Mas toda essa literatura, a cuja divulgação você dá tanta importância, não me parece de muita prática no auxílio à humanidade. Isso não é caridade prática.

T: Nós pensamos diferente. Sustentamos que um bom livro, que dê às pessoas alimento para pensar, que fortaleça e clareie suas mentes e as capacite a compreender verdades que sentiram vagamente, mas não puderam formular – sustentamos que um livro como esse realiza um bem real e substancial. Em relação ao que você denomina atos práticos de caridade, para beneficiar os corpos de nossos semelhantes, fazemos o pouco que podemos; no entanto, como já lhe disse antes, a maioria de nós é pobre, e a própria Sociedade não tem dinheiro nem mesmo para contratar um grupo de trabalhadores. Todos os que trabalhamos por ela damos o nosso trabalho gratuitamente, e na maioria dos casos damos também dinheiro. Os poucos que têm meios de fazer o que usualmente se chama caridade seguem os preceitos *buddhistas*, fazendo o trabalho eles mesmos, e não por procuração ou subscrevendo publicamente fundos beneficentes. O que o teósofo tem de fazer, acima de tudo, é esquecer sua personalidade.

O que um teósofo não deve fazer

P: Existem quaisquer leis ou cláusulas proibitivas para os teósofos em
sua Sociedade?/ 250

T: Muitas, mas infelizmente nenhuma delas é obrigatória. Elas expressam o ideal da nossa organização – mas somos compelidos a deixar a aplicação prática de coisas como essas à discrição dos próprios membros. Infelizmente, o estado das mentes dos homens no presente século é tal que, a menos que deixemos que essas cláusulas permaneçam, por assim dizer, obsoletas, nenhum homem ou mulher ousaria correr o risco de ingressar na Sociedade Teosófica. E essa é a razão específica por que me sinto forçada a enfatizar tanto a diferença entre a verdadeira Teosofia e o seu veículo laborioso e bem-intencionado, porém ainda indigno – a Sociedade Teosófica.

P: Pode dizer-me quais são esses perigosos recifes no alto mar da Teosofia?

T: Você pode bem chamá-los de recifes, já que mais de um membro da ST, no geral sinceros e bem-intencionados, já tiveram suas canoas teosóficas feitas em pedaços sobre eles! E, no entanto, evitar certas coisas parece ser a tarefa mais fácil do mundo. Por exemplo, eis aqui uma dessas negativas que ocultam deveres teosóficos positivos: "Nenhum teósofo deveria guardar silêncio ao ouvir relatos maldosos ou calúnias difundidas sobre a Sociedade ou sobre pessoas inocentes, sejam seus companheiros ou pessoas de fora."

P: Mas suponha que aquilo que se ouve é a verdade, ou que possa ser verdade sem que se saiba?

T: Então se deve exigir boas provas sobre a afirmação, e ouvir ambos os lados imparcialmente, antes de permitir que a acusação fique incontestada. Você não tem direito de acreditar no mal/ até que tenha 251
provas indiscutíveis de que a acusação é correta.

P: E o que deve ser feito, então?

T: Piedade e paciência, caridade e resignação devem estar sempre presentes para nos impelir a desculpar nossos irmãos pecadores e a proferir a sentença mais suave possível àqueles que erram. Um teósofo nunca deveria se esquecer daquilo que se deve às falhas e debilidades da natureza humana.

P: Deveria perdoar completamente, em tais casos?

T: Em todos os casos, especialmente aquele em que é ofendido.

P: Mas se, ao fazer isso, ele se arrisca a prejudicar alguém ou permitir que outros sejam prejudicados? O que ele deveria fazer, então?

T: Seu dever; aquilo que a sua consciência e a sua natureza superior lhe sugerirem; mas apenas depois de uma madura deliberação. A justiça consiste em não causar dano a qualquer ser vivo, mas a justiça nos obriga também a nunca permitir que se cause dano à maioria, ou mesmo a uma pessoa inocente, permitindo que o culpado permaneça impune.

P: Quais são as outras cláusulas?
T: "Nenhum teósofo deveria se contentar com uma vida ociosa ou frívola, não fazendo nenhum bem real para si mesmo e muito menos para os outros. Deveria trabalhar em benefício dos poucos que precisam de sua ajuda se for incapaz de trabalhar pela humanidade, ajudando dessa forma a promover a causa teosófica."

P: Isso requer uma natureza excepcional, e seria muitíssimo difícil para determinadas pessoas.
T: Pois então seria melhor que elas permanecessem fora da ST, em vez
de/ navegarem sob falsa bandeira. A ninguém se pede mais do que 252
pode dar, seja em devoção, tempo, trabalho ou dinheiro.

P: E o que mais?
T: "Nenhum membro trabalhador deveria dar valor demasiado ao seu progresso pessoal ou proficiência nos estudos teosóficos, mas tem, antes, de estar preparado para realizar tanto trabalho altruísta quanto estiver ao seu alcance. Não deve deixar toda a carga pesada e a responsabilidade do movimento teosófico sobre os ombros dos poucos trabalhadores dedicados. Cada membro tem de sentir como seu dever assumir a parte que puder no trabalho comum, e ajudá-lo de todos os meios que estiverem ao seu alcance."

P: Nada mais justo. O que mais?
T: "Nenhum teósofo deveria colocar sua vaidade pessoal ou seus sentimentos acima dos de sua Sociedade como um todo. Àquele que sacrifica a Sociedade ou a reputação de outras pessoas sobre o altar de sua vaidade pessoal, benefícios mundanos ou orgulho não deveria ser permitido permanecer como membro. Um membro canceroso adoece todo o corpo."

P: É dever de todo membro ensinar aos outros e pregar Teosofia?
T: Sim, de fato. Nenhum membro tem o direito de permanecer ocioso, com a desculpa de saber muito pouco para ensinar, porque ele

pode estar certo de que sempre encontrará outros que sabem ainda menos do que ele. Além disso, não é antes de começar a ensinar aos outros que ele descobre sua própria ignorância e tenta removê-la. Mas essa é uma cláusula menor.

P: Qual você considera, então, ser o principal desses deveres teosóficos?/ 253
T: Estar sempre preparado para reconhecer e confessar suas próprias faltas. Pecar antes por louvar exageradamente os esforços de seu vizinho do que por não apreciá-los suficientemente. Nunca acusar ou caluniar uma pessoa pelas costas. Dizer-lhe sempre aberta e diretamente o que tem contra ela. Nunca fazer eco de qualquer coisa que você possa vir a escutar contra outra pessoa, nem alimentar vingança contra aqueles que vierem a prejudicá-lo.

P: Mas é frequentemente perigoso dizer a verdade de uma forma direta às pessoas, você não acha? Conheço um de seus membros que foi amargamente ofendido, deixou a Sociedade e se tornou seu maior inimigo, apenas porque lhe foram lançadas ao rosto algumas verdades desagradáveis, e foi censurado por elas.
T: Tivemos muitos desses casos. Nenhum membro, seja importante ou insignificante, jamais nos deixou sem ser para se tornar nosso implacável inimigo.

P: E a que se deve isso?
T: É simples: Tendo sido primeiramente, na maioria dos casos, intensamente devotado à Sociedade, e tendo prodigalizado sobre ela os mais exagerados elogios, a única desculpa possível que um tal apóstata poderia ter para seu comportamento subsequente e a sua curta visão anterior é *fazer-se passar por uma vítima inocente e enganada*, lançando assim a culpa de seus ombros para os da Sociedade em geral, e seus líderes em particular. Essas pessoas lembram uma daquelas antigas fábulas sobre o homem cujo rosto era deformado e que quebrou seu espelho, atirando-o ao chão porque refletia sua fisionomia de forma distorcida.

P: Mas o que faz com que essas pessoas se voltem contra a Sociedade?/ 254

T: Vaidade ferida de uma forma ou de outra, em quase todos os casos. Geralmente porque sua opinião e seu conselho não foram tomados como decisivos e realizados; ou então porque eles são daqueles que prefeririam reinar no inferno do que servir no paraíso. Porque, em resumo, não suportam ficar em segundo lugar em relação a ninguém em qualquer coisa. Assim, por exemplo, um membro — um verdadeiro "Senhor Oráculo" — criticava, e mesmo quase difamava, todos os membros da ST para pessoas de fora, assim como para os próprios teósofos, sob o pretexto de que eram todos *não teosóficos*, acusando-os de fazerem precisamente o que ele mesmo fazia todo o tempo. Finalmente ele deixou a Sociedade, dando como razão uma profunda convicção de que éramos todos (especialmente os fundadores) FRAUDES!

Um outro, depois de ter tramado por todos os meios possíveis para ser colocado à frente de uma grande Seção da Sociedade, ao perceber que os membros não o aceitariam, virou-se contra os fundadores da ST e tornou-se seu mais implacável inimigo, denunciando um deles sempre que podia, simplesmente porque este não pôde forçá-lo aos membros, e não o faria se pudesse. Esse foi meramente um caso extremo de vaidade ferida. Um outro, ainda, queria praticar *magia negra* — isto é, influência psicológica pessoal indevida sobre certos membros — e realmente o *fez*, enquanto fingia devoção e todas as virtudes teosóficas. Quando se pôs um fim a isso, o membro rompeu com a Teosofia, e agora calunia e mente sobre os mesmos desafortunados líderes da forma mais virulenta, empenhando-se para destruir a Sociedade ao denegrir a reputação daqueles a quem o digno "membro" foi incapaz de enganar.

P: O que você faria com tais personagens?/ 255

T: Eu os deixaria com seu *Karma*. Porque uma pessoa age mal, isso não é razão para que outras façam o mesmo.

P: Mas, retornando à calúnia, onde deve ser traçada a linha de demarcação entre a difamação e a crítica justa? Não é dever de uma pessoa alertar seus amigos e vizinhos quanto àqueles que ela sabe serem associados perigosos?

T: Se, ao permitirmos que eles permaneçam impunes, outras pessoas podem ser prejudicadas, certamente é nosso dever evitar o perigo alertando-as em particular. Mas, falsa ou verdadeira, nenhuma acusação contra outra pessoa deveria jamais ser propagada ao público. Se verdadeira, e a falta não ferir a mais ninguém a não ser ao próprio agente, então deixemo-lo com seu *Karma*. Se falsa, você terá evitado aumentar a injustiça no mundo. Portanto, guarde silêncio sobre tais coisas com qualquer pessoa que não esteja diretamente envolvida. Mas se sua discrição e silêncio tiverem possibilidade de ferir ou colocar em perigo a outros, então eu acrescento: *fale a verdade a todo custo* e diga, como Annesly: "Consulte o dever, não os acontecimentos." Há casos em que se é forçado a exclamar: "Morra a discrição, antes de consentir que ela interfira no dever."

P: Parece-me que, se você praticar essas máximas, é provável que faça uma bela colheita de problemas!

T: E assim sucede. Temos de admitir que estamos agora sujeitos aos mesmos insultos a que os primeiros cristãos estavam. "Veja como esses teósofos amam uns aos outros!", pode ser dito de nós agora, sem uma sombra de injustiça.

P: Já que você admite que existem tantas, se não mais, difamações,
calúnias e discussões na ST quanto nas/ igrejas cristãs, não con- 256
siderando as sociedades científicas — eu perguntaria: que tipo de fraternidade é essa?

T: Um tipo muito pobre, de fato, no momento presente, e, até passar cuidadosamente por um crivo e ser reorganizada, *não* melhor do que todas as outras. Lembre-se, no entanto, de que a natureza humana é a mesma tanto na Sociedade Teosófica como fora dela. Seus membros não são santos; na melhor das hipóteses, são pecadores tentando agir melhor, e passíveis de retrocesso devido a fraquezas pessoais. Acrescente-se a isso que a nossa "Fraternidade" não é nenhuma organização "reconhecida" ou estabelecida e está, por assim dizer, fora do âmbito de jurisdição. Além do mais, está numa condição caótica e tão injustamente *impopular quanto nenhuma outra organização.*

Não é surpreendente, portanto, que os membros que falham em realizar seu ideal, depois de deixarem a Sociedade, voltem-se para nossos inimigos em busca de proteção solidária e derramem todo o fel e a amargura em seus ouvidos por demais condescendentes! Sabemos que encontrarão apoio, solidariedade e imediata credulidade para todas as acusações, por mais absurdas, que lhes agradar lançar contra a Sociedade Teosófica, e eles se apressam a fazê-lo, desabafando sua ira sobre o espelho inocente que com demasiada fidelidade refletiu suas faces. *As pessoas nunca perdoam aqueles a quem ofenderam.* O sentimento de gentileza recebida e retribuída com ingratidão as leva a um furor de justificação pessoal perante o mundo e perante suas próprias consciências. Os primeiros estão demasiadamente prontos a acreditar em qualquer coisa dita contra uma Sociedade que odeiam. Os últimos — sobre eles não direi mais nada, temendo já ter falado em demasia.

P: Sua posição não me parece muito invejável.

T: E não é. Mas você não acha que tem de haver/ algo muito nobre, 257
muito exaltado e muito verdadeiro por trás da Sociedade e de sua filosofia, quando os líderes e fundadores do movimento ainda continuam a trabalhar por ele com todas as suas forças? Sacrificam a ele todo conforto, toda prosperidade e sucesso mundanos, mesmo seu bom nome e reputação — e até a sua honra —, recebendo em troca uma incessante maledicência, contínua perseguição e incansável calúnia, constante ingratidão e má compreensão de seus melhores esforços, golpes e bofetadas de todos os lados, quando simplesmente abandonando seu trabalho eles se livrariam imediatamente de toda responsabilidade e se escudariam de todo ataque posterior.

P: Confesso que tal perseverança me parece estarrecedora, e me pergunto o porquê de terem feito tudo isso.

T: Acredite que não por gratificação pessoal; é apenas na esperança de treinar alguns indivíduos para conduzir nosso trabalho pela humanidade, conforme o programa original, quando seus fundadores se forem. Eles já encontraram algumas almas nobres e devotadas para substituí-los. As gerações futuras, graças a esses poucos, encontrarão o caminho que conduz à paz um pouco menos espinhoso e a estrada um pouco mais larga, e então todo esse sofrimento terá produzido bons resultados, e seu autossacrifício não terá sido em vão. No presente, o principal e fundamental objetivo da Sociedade é lançar sementes nos corações dos homens, que a seu tempo poderão germinar, e sob circunstâncias mais propícias conduzir a uma reforma saudável, que ofereça às massas maior felicidade do que
elas até agora usufruíram./ 258

XIII

Sobre os Conceitos Errôneos a respeito da Sociedade Teosófica

Teosofia e ascetismo

P: Ouvi dizer que suas regras exigem que todos os membros sejam vegetarianos, celibatários e ascetas rígidos; mas você ainda não me disse nada sobre isso. Pode dizer-me a verdade sobre esse assunto de uma vez por todas?

T: A verdade é que nossas regras não exigem nada nesse sentido. A Sociedade Teosófica não espera, muito menos exige de *qualquer* membro que ele seja asceta em qualquer sentido, a não ser — se a isso você chama ascetismo — que eles tentem beneficiar outras pessoas e sejam altruístas em suas próprias vidas.

P: Ainda assim, muitos de seus membros são vegetarianos estritos e abertamente declaram sua intenção de permanecer solteiros. Esse também é frequentemente o caso dos que desempenharam um papel proeminente no trabalho de sua Sociedade.

T: Isso é natural, já que a maioria dos nossos trabalhadores realmente dedicados são membros da Seção Interna da Sociedade, da qual lhe falei anteriormente./ 259

P: Mas então são exigidas práticas ascéticas nessa Seção Interna?

T: Não; nós não as *exigimos* ou *impomos*, mesmo lá; mas devo explicar-lhe nossos pontos de vista sobre a questão do ascetismo em geral, e então você entenderá o vegetarianismo e as outras coisas.

P: Continue, por favor.

T: Como eu já lhe disse, a maioria das pessoas que se tornaram estudantes realmente sérios da Teosofia e trabalhadores ativos em nossa Sociedade desejam fazer mais do que estudar teoricamente as verdades que ensinamos. Elas desejam *conhecer* a verdade por sua própria e direta experiência pessoal e estudar Ocultismo, com o objetivo de adquirir a sabedoria e o poder que sentem que necessitam para ajudar os outros eficaz e sabiamente, em vez de cegamente e ao acaso. Portanto, mais cedo ou mais tarde elas entram para a Seção Interna.

P: Mas você disse que as "práticas ascéticas" não são obrigatórias, nem mesmo nessa Seção Interna?

T: Não são mais; porém a primeira coisa que os membros aprendem lá é uma concepção verdadeira da relação entre o corpo, ou o revestimento físico, e o homem interno, o homem verdadeiro. A relação e a interação mútua entre esses dois aspectos da natureza humana são explicadas e demonstradas a eles, de modo que logo ficam imbuídos da importância suprema do homem interno sobre o envoltório ou corpo externo. É ensinado a eles que o ascetismo cego e não inteligente é mera tolice; que uma conduta como a de São Labro, de que já lhe falei antes, ou a dos faquires indianos e dos ascetas da floresta, que cortam, queimam e dilaceram seus corpos do modo mais
cruel e horrendo, é apenas autotortura/ para fins egoístas, ou seja, 260
para desenvolver o poder da vontade; mas é completamente inútil para o propósito de ajudar no desenvolvimento verdadeiramente espiritual ou teosófico.

P: Compreendo; você considera necessário apenas o ascetismo *moral*. É como um meio para um fim, sendo esse fim o perfeito equilíbrio da natureza interna do homem, e a obtenção do completo domínio sobre o corpo, com todas as suas paixões e desejos?

T: Exatamente. Mas esses meios têm de ser utilizados inteligentemente e com sabedoria, e não cega e tolamente; como um atleta que treina e se prepara para uma grande competição, e não como o avarento que passa fome até ficar doente, de modo a satisfazer sua paixão por ouro.

P: Agora entendo a ideia geral, mas vejamos como vocês a aplicam na prática, por exemplo, em relação ao vegetarianismo.

T: Um dos grandes cientistas alemães demonstrou que todo tipo de tecido animal, não importa que seja cozido, conserva ainda certas características marcantes do animal ao qual pertenceu, características essas que podem ser reconhecidas. E, além disso, qualquer um sabe pelo gosto qual carne está comendo. Vamos um passo além e provamos que, quando a carne de animais é assimilada pelo homem como alimento, ela transmite a ele, fisiologicamente, algumas das características do animal do qual proveio. Além disso, a ciência oculta ensina e prova esse fato a seus estudantes por demonstração ocular, mostrando também que esse efeito "embrutecedor" ou "animalizante" sobre o homem é tanto maior quanto maior for o animal; é menor quanto às aves, ainda menor quanto aos peixes e outros animais de sangue frio, e o menor de todos quando ele come apenas vegetais.

P: Então seria melhor não comer nada?/ 261

T: Se ele pudesse viver sem comer, sem dúvida seria. Mas no que se refere à matéria, ele tem de comer para viver, e assim aconselhamos aos estudantes realmente dedicados que comam o alimento que menos obstrua e pese em seus cérebros e corpos, e que menos efeito tenha em tolher e retardar o desenvolvimento de sua intuição, suas faculdades e seus poderes interiores.

P: Então você não adota todos os argumentos que os vegetarianos em geral usam?

T: Certamente que não. Alguns de seus argumentos são muito fracos, e com frequência se baseiam em suposições inteiramente falsas.

Mas, por outro lado, muitas das coisas que eles dizem são completamente verdadeiras. Por exemplo, acreditamos que muitas doenças, especialmente a grande predisposição à doença, que vem se tornando uma característica tão marcante em nossos tempos, deve-se em grande parte ao consumo de carne, e especialmente de carnes enlatadas. Mas levaria tempo demais analisar completamente a questão dos méritos do vegetarianismo; portanto, passemos a outra coisa.

P: Só mais uma pergunta. O que devem fazer os membros da Seção Interna em relação à sua alimentação, quando estão doentes?

T: Seguir o melhor conselho prático que conseguirem obter, naturalmente. Você ainda não compreendeu que nunca impomos nenhum direcionamento rígido e fixo a esse respeito? Lembre-se, de uma vez por todas, que em todas essas questões nós assumimos uma postura racional, jamais fanática sobre as coisas. Se por questões de doença, ou por hábito duradouro, uma pessoa não pode se privar da carne, então, seja como for, deixe-a comê-la. Não é nenhum crime; isso apenas retardará um pouco o seu progresso, pois, depois de tudo o que foi dito e feito, as ações e funções puramente corporais são de muito menor importância do que aquilo que um homem
pensa e sente, e quais/ desejos ele anima em sua mente, permitindo 262
que se enraízem e cresçam nela.

P: Então, com respeito ao vinho e às outras bebidas alcoólicas, suponho que você não aconselha as pessoas a usá-los?

T: Esses são ainda piores para o crescimento moral e espiritual do que a carne, pois o álcool, em todas as suas formas, tem uma influência direta, marcante e muito perniciosa sobre a condição psíquica do homem. O uso de vinho e outras bebidas alcoólicas é somente menos destrutivo para o desenvolvimento dos poderes interiores do que o uso habitual de haxixe, ópio e drogas semelhantes.

Teosofia e matrimônio

P: Agora uma outra questão: um homem tem de se casar ou permanecer um celibatário?

T: Isso depende do tipo de homem a que você se refere. Se é a um homem que pretende viver *no* mundo, alguém que, mesmo sendo um bom e dedicado teósofo e um ardoroso trabalhador da nossa causa, ainda tem amarras e desejos que o ligam ao mundo; que, em resumo, não sente que já finalizou para sempre o que os homens chamam de vida e que deseja apenas uma coisa e somente essa coisa – conhecer a verdade e ser capaz de ajudar os outros –, então a esse homem eu diria que não há motivo para que não se case, se quiser assumir os riscos dessa loteria, onde há mais bilhetes brancos do que premiados. Com certeza você não acredita que sejamos tão ridículos e fanáticos a ponto de pregar contra o casamento também? Pelo contrário; salvo em alguns poucos e excepcionais casos de Ocultismo prático, o casamento é o único remédio contra a imoralidade./ 263

P: Mas por que não se pode adquirir esse conhecimento e esse poder na vida de casado?

T: Meu caro, não posso entrar em questões fisiológicas com você, mas posso dar-lhe uma resposta óbvia e, penso, suficiente, que explicará as razões morais que damos para isso. Pode um homem servir a dois senhores? Não! Da mesma forma, é igualmente impossível para ele dividir suas atenções entre a busca do Ocultismo e uma esposa. Se ele tentar, seguramente falhará em fazer as duas coisas adequadamente; além do mais, permita-me lembrá-lo, o Ocultismo prático é um estudo demasiado sério e perigoso para ser realizado sem a mais extrema dedicação e sem que se esteja pronto a sacrificar *tudo, e a si mesmo em primeiro lugar*, para atingir seu objetivo. Mas isso não se aplica aos membros da nossa Seção Interna. Refiro-me apenas àqueles que estão determinados a trilhar aquela senda de discipulado que leva à meta mais elevada. A maioria, se não todos os que entram para a nossa Seção Interna, são apenas principiantes, preparando-se, nesta vida, para entrar naquela senda em vidas futuras.

Teosofia e educação

P: Um dos seus mais fortes argumentos quanto à inadequação das formas de religião existentes no Ocidente, assim como, até certo ponto, da filosofia materialista que está agora tão popular – mas que você parece considerar como uma abominação da desolação –, são a miséria e a desgraça enormes que inegavelmente existem, especialmente nas nossas grandes cidades. Mas certamente você deve reconhecer o quanto tem sido e está sendo feito para remediar esse estado de coisas, através da propagação da educação e da difusão do conhecimento.[1]/ 264

T: As futuras gerações dificilmente lhe agradecerão por tal "difusão do conhecimento", e nem a sua educação atual fará grande bem às pobres massas famintas.

P: Ah! Mas você precisa nos dar tempo. Faz apenas alguns anos que começamos a educar o povo.

T: E o que tem feito a sua religião cristã desde o Século XV, já que você reconhece que a educação das massas não foi empreendida até agora – o trabalho por excelência, se algum pudesse existir –, aquele que uma igreja e um povo *cristão*, ou seja, seguidores de Cristo, deveriam realizar?

P: Bem, pode ser que você tenha razão; mas agora...

T: Consideremos essa questão da educação de um ponto de vista amplo e eu provarei a você que estão fazendo mal, e não bem, com muitos dos seus alardeados melhoramentos. As escolas para as crianças mais pobres, embora muito menos úteis do que deveriam ser, são boas se comparadas com as desprezíveis vizinhanças às quais estão condena-

[1] *Intelligence*, no original. (N. ed. bras.)

das pela sua sociedade moderna. A *infusão* de um pouco de Teosofia prática ajudaria centenas de vezes mais a vida das pobres massas sofredoras do que toda essa infusão (inútil) de conhecimento.

P: Mas, realmente...

T: Deixe-me terminar, por favor. Você iniciou um assunto que preocupa – a nós, teósofos – profundamente, e tenho de dizer o que penso. Concordo plenamente que há uma grande vantagem no fato de uma criança pequena, criada nas favelas com a sarjeta por *playground* e vivendo no meio de contínua brutalidade de gestos e palavras, ser colocada diariamente em uma sala de aula clara e limpa, com quadros pendurados e com frequência enfeitada de flores. Lá é
ensinada a ser limpa, gentil,/ ordeira; aprende a cantar e a brincar; 265
tem brinquedos que despertam sua inteligência; aprende a usar seus dedos habilmente; falam-lhe com um sorriso em vez de uma carranca; é censurada e persuadida gentilmente, em vez de ser insultada. Tudo isso humaniza as crianças, desperta seus cérebros e as torna suscetíveis a influências intelectuais e morais. As escolas não são tudo o que poderiam e deveriam ser, mas, comparadas com seus lares, são paraísos, e lentamente estão começando a agir sobre os lares. No entanto, ao mesmo tempo que isso é verdade em muitos dos internatos, o seu sistema merece o pior que se possa dizer sobre ele.

P: Então que seja. Continue.

T: Qual é o objetivo *real* da educação moderna? Cultivar e desenvolver a mente na direção correta; ensinar os deserdados e desamparados a suportar com coragem o fardo da vida (destinado a eles pelo *Karma*); fortalecer a sua vontade; inculcar-lhes o amor pelo próximo e o sentimento de interdependência mútua e de fraternidade; formar e treinar dessa maneira o caráter para a vida prática? Nem um pouco disso! E no entanto esses são os objetivos inegáveis de toda verdadeira educação. Ninguém o nega; todos os seus educadores o admitem, e fazem muito alarde sobre o assunto. Mas qual é o re-

sultado prático de sua ação? Todos os jovens e meninos, ou ainda toda a geração mais jovem de professores, responderá: “O objetivo da educação moderna é passar nos exames.” Não é um sistema para desenvolver a competição justa, mas para gerar e alimentar o ciúme, a inveja e o quase ódio entre os jovens, treinando-os assim para uma vida de egoísmo feroz/ e de luta pelas honras e lucros, em vez 266
de sentimentos amáveis.

P: Devo admitir que você está certa nesse ponto.

T: E o que são esses exames — o terror da infância e da juventude modernas? São simplesmente um método de classificação pelo qual os resultados do ensino de sua escola são tabulados. Em outras palavras, eles formam a aplicação prática do método da ciência moderna ao *genus homo, qua* intelecto. Hoje a “ciência” ensina que o intelecto é um resultado da interação mecânica da massa cerebral; portanto é apenas lógico que a educação moderna seja quase completamente mecânica — uma espécie de máquina automática que fabrica intelecto às toneladas. Um mínimo de experiência em exames é suficiente para mostrar que a educação que eles produzem é um mero treinamento da memória física, e, mais cedo ou mais tarde, todas as suas escolas afundarão até esse nível. Qualquer verdadeiro e saudável cultivo de poder pensante e racionalizador é simplesmente impossível enquanto tudo tiver de ser julgado pelos resultados de exames competitivos. Repetindo, o treinamento escolar é da maior importância na formação do caráter, especialmente no seu aspecto moral. No entanto, o seu sistema moderno é baseado nas pretensas revelações científicas, da primeira à última: “a luta pela existência” e “a sobrevivência do mais forte”. Desde a sua mais tenra idade, esses conceitos são impingidos em cada ser humano pelo exemplo e experiência práticos, assim como pelo ensinamento direto, até que se torne impossível erradicar de sua mente a ideia de que o “eu” inferior, pessoal e animal é o fim e a razão de ser de toda a vida. Aí está a grande fonte de todo/ egoísmo desumano, da 267
miséria e do crime subsequentes, que você admite tanto quanto eu.

O egoísmo, como repetido diversas vezes, é a maldição da humanidade e o gerador prolífero de todos os males e crimes nesta vida; e são as suas escolas o viveiro de tal egoísmo.

P: Isso tudo está muito bem enquanto generalidades, mas eu gostaria de ouvir fatos e saber como isso pode ser remediado.

T: Muito bem, tentarei satisfazê-lo. Existem três grandes tipos de estabelecimentos escolares: internatos, escolas de classe média e escolas públicas, que percorrem uma escala desde o tipo comercial mais grosseiro até o clássico idealista, com muitas permutas e combinações. O tipo prático-comercial origina o ensino moderno, e o clássico antigo e ortodoxo reflete sua pesada respeitabilidade de forma extrema nas escolas internas, tanto para os professores quanto para os alunos. Vemos claramente o tipo científico e comercial-material suplantando o já estéril clássico-ortodoxo. E a razão para isso não está longe de ser encontrada. Os objetivos desse tipo de educação são libras, xelins e centavos, o *summum bonum* do Século XIX. Portanto, as energias geradas pelas moléculas cerebrais de seus adeptos estão todas concentradas em um só ponto, e eles são, por isso, até certo ponto um exército organizado de intelectos cultos e especulativos de uma minoria de homens treinada para lutar contra as hostes das massas ignorantes e de mente simples, condenadas a ser vampirizadas, exploradas e dominadas pelos seus irmãos intelectualmente mais fortes. Tal treinamento não é apenas *não teosófico*, mas simplesmente NÃO CRISTÃO. Resultado: o produto direto desse ramo de educação é uma inundação do mercado
por/ máquinas de fazer dinheiro, por homens egoístas desumanos 268
— animais — que foram muito cuidadosamente treinados para oprimir seus semelhantes e se aproveitar da ignorância de seus irmãos mais fracos!

P: Bem, mas você não pode afirmar isso sobre as nossas grandes escolas públicas, pelo menos?

T: Não exatamente, é verdade. Mas embora a *forma* seja diferente, o espírito que as anima é o mesmo: *não teosófico* e *não cristão*, quer Eton e Harow formem cientistas ou clérigos e teólogos.

P: Você pretende acusar Eton e Harrow de serem "comerciais"?

T: Não. É claro que o sistema clássico é, acima de tudo, *respeitável*, e nos dias de hoje gera algum bem. Permanece ainda o favorito nas nossas grandes escolas públicas, onde se pode obter não só uma educação intelectual, mas também social. É, portanto, de primeira importância que os obtusos filhos dos pais aristocratas e opulentos frequentem tais escolas endinheiradas. Mas, infelizmente, há uma enorme competição mesmo para entrar nelas, pois as classes endinheiradas estão crescendo, e os jovens pobres mas inteligentes se empenham em entrar para as escolas públicas por causa de suas ricas bolsas de estudo, tanto nas próprias escolas quanto delas para as universidades.

P: De acordo com essa visão, os "embotados" mais abastados têm de estudar ainda mais do que seus companheiros mais pobres?

T: Assim é. No entanto, curioso é que os fiéis do culto da "sobrevivência do mais forte" não praticam o seu credo; todo o seu esforço é fazer com que os naturalmente inaptos suplantem os aptos. Assim, com suborno de grandes somas em dinheiro, eles seduzem os
melhores/ professores para abandonar seus discípulos naturais e 269
automatizar sua prole, naturalmente incapaz, em áreas que ficam, assim, inutilmente abarrotadas de profissionais.

P: E a que você atribui tudo isso?

T: Tudo isso é devido à perniciosidade de um sistema que produz por encomenda, sem considerar as inclinações e os talentos naturais dos jovens. O pequeno pobre candidato a esse progressivo paraíso do ensino vai quase diretamente do berçário para a monotonia de uma escola preparatória para filhos de homens de bem. Lá os trabalhadores da fábrica intelecto-material imediatamente o bitolam e o entulham de rudimentos de latim, francês e grego, de datas e tabuadas, de modo que, se ele tem algum talento natural, este é rapidamente extorquido pelos rolos compressores que Carlyle, tão propriamente, denominou "vocábulos mortos".

P: Mas com certeza se ensina a ele algo mais do que "vocábulos mortos", e um bom quinhão daquilo que pode levá-lo diretamente à Teosofia, se não inteiramente para a Sociedade Teosófica.

T: Não muito. Pois, de história, ele obterá apenas um conhecimento suficiente de seu país específico para equipá-lo com uma armadura de aço de preconceitos contra todos os outros povos, e encharcá-lo nos esgotos pútridos do ódio e dos sentimentos sanguinários crônicos nacionais, e certamente você não chamaria a isso Teosofia.

P: Quais são as suas outras objeções?

T: A isso tudo é acrescentada uma pincelada de pretensos "fatos bíblicos" selecionados, de cujo estudo todo o intelecto é eliminado, restando simplesmente uma lição de memorização, onde o "porquê" do professor torna-se um "porquê" das circunstâncias e não de razão./ 270

P: Sim, mas eu a ouvi congratular-se pelo crescente aumento do número de agnósticos e ateus nos nossos dias, parecendo assim que mesmo as pessoas que são treinadas dentro do sistema que você ataca tão vigorosamente *aprendem* a pensar e a raciocinar por si mesmas.

T: Sim, mas isso em função de uma saudável reação contra o sistema, e não devido a ele. Preferimos imensuravelmente mais na nossa Sociedade os agnósticos, e mesmo os ateus extremados, do que os fanáticos de qualquer religião. A mente de um agnóstico está sempre aberta à verdade, enquanto a última cega o fanático da mesma forma que o Sol cega a coruja. Os melhores — isto é, os maiores amantes da verdade, filantropos e honestos — de nossos membros foram, e são, agnósticos e ateus (descrentes em um Deus pessoal). Mas não existem meninos e meninas *livres*-pensadores, e em geral o treinamento precoce deixará suas marcas sob a forma de uma mente limitada e distorcida. Um sistema de educação adequado e saudável deveria produzir uma mente extremamente vigorosa e liberal, estritamente treinada no pensamento lógico e preciso, e não na fé cega. Como é possível esperar bons resultados quando vocês pervertem a faculdade racional de suas crianças, levando-as a acreditar nos milagres da Bíblia aos domingos, enquanto nos outros seis dias da semana vocês lhes ensinam que essas coisas são cientificamente impossíveis?

P: O que vocês fariam, então?

T: Se tivéssemos dinheiro, fundaríamos escolas que não produzissem candidatos alfabetizados à miséria. Deveríamos ensinar às crianças, acima de tudo, a autoconfiança, o amor por todos os homens, o altruísmo, a caridade mútua e, mais do que qualquer outra coisa, a pensar e raciocinar por si mesmas. Reduziríamos/ o trabalho 271
puramente mecânico da memória a um mínimo absoluto e dedicaríamos todo o tempo ao desenvolvimento e treinamento dos sentidos internos, das faculdades e das capacidades latentes. Nós nos empenharíamos em lidar com cada criança como uma unidade, educando-a de modo a produzir o desabrochar mais harmonioso e equilibrado de seus poderes, para que suas aptidões especiais se desenvolvam natural e plenamente. Deveríamos ter como objetivo a criação de homens e mulheres *libres* — livres intelectualmente, livres moralmente, sem preconceitos de qualquer natureza e, acima de tudo, não egoístas. E acreditamos que muito, se não tudo isso, poderia ser obtido por meio de uma educação *apropriada e verdadeiramente teosófica*.

Por que, então, existe tanto preconceito contra a ST?

P: Se a Teosofia é ao menos metade do que você diz, por que existe um sentimento tão terrível contra ela? Esse é um problema maior do que qualquer outra coisa.

T: Sim, é; mas você deve manter em mente o número de adversários poderosos que nós atraímos desde a formação da nossa Sociedade. Como acabei de dizer, se o movimento teosófico fosse uma das numerosas manias modernas, ao final tão inofensivas quanto evanescentes, seria apenas motivo de risos — como o é agora, por aqueles que ainda não compreendem seu verdadeiro alcance — e deixado completamente abandonado. Mas ele não é nada disso. Intrinsecamente, a Teosofia é o movimento mais sério dessa era; e, além do mais, um movimento que ameaça a própria vida da maioria das imposturas tradicionais, dos preconceitos e dos males sociais do momento — os males que engordam e tornam felizes os/ dez por cento 272
que estão por cima, seus imitadores e aduladores, as dúzias abastadas das classes médias, enquanto, na verdade, esmagam e condenam à miséria a existência de milhões de pobres. Pense nisso e você compreenderá facilmente a razão dessa incessante perseguição por parte daqueles que, mais observadores e perspicazes, veem, de fato, a verdadeira natureza da Teosofia, e portanto têm pavor dela.

P: Você está querendo sugerir que, pelo fato de uns poucos terem compreendido aonde a Teosofia pode levar, é que estão tentando esmagar o movimento? Mas se a Teosofia leva somente ao bem, certamente você não pode estar querendo proferir uma acusação tão terrível, pérfida, desumana e traiçoeira contra esses poucos?

T: Pelo contrário, estou. Não qualifico de poderosos ou "perigosos" os inimigos contra quem temos tido de lutar durante os primeiros nove ou dez anos de existência da Sociedade Teosófica, mas apenas aqueles que se insurgiram contra nós nos últimos três ou quatro anos. E estes não falam nem escrevem, ou mesmo pregam, contra a Teosofia, mas trabalham em silêncio e por trás dos tolos bonecos que agem como suas *marionetes* visíveis. No entanto, por mais *invisíveis* que sejam para a maioria dos membros da Sociedade, são bem conhecidos dos seus verdadeiros "fundadores" e protetores. Mas, por determinados motivos, eles têm de permanecer incógnitos neste momento.

P: E eles são conhecidos por muitos de vocês, ou unicamente por você?

T: Eu nunca disse que os conhecia. Posso conhecê-los, como posso não conhecê-los — mas *sei deles*, e isso é suficiente; *eu os desafio a fazer o pior que puderem*. Eles podem causar muitos danos e provocar confusão em nossas fileiras, especialmente entre os covardes/ e os 273
que julgam apenas pelas aparências. *Eles não esmagarão a Sociedade*, façam o que fizerem. À parte esses verdadeiramente perigosos inimigos — "perigosos", no entanto, apenas para os teósofos indignos desse nome, e cujo lugar é, de preferência, *fora*, não *dentro* da ST —, o número de nossos oponentes é mais do que considerável.

P: Pode dizer quem são esses, pelo menos, já que você não dirá quem são os outros?

T: Claro que posso. Temos de nos bater contra: (1) o ódio dos espíritas americanos, ingleses e franceses; (2) a oposição contínua do clero de todas as denominações; (3) em especial o ódio e a perseguição incessantes dos missionários na Índia, que levou ao ataque famoso e infame à nossa Sociedade Teosófica pela (4) Sociedade para Pesquisas Psíquicas (SPP), ataque esse que foi atiçado por uma conspiração metódica, organizada por esses missionários. Por último, devemos contar a deserção de vários membros proeminentes, pelos motivos que já expliquei, sendo que todos contribuíram o máximo que puderam para aumentar o preconceito contra nós.

P: Você não me pode dar maiores detalhes sobre esses casos, de modo que eu possa saber o que responder quando me perguntarem — uma rápida história da Sociedade, em resumo, e o porquê do mundo acreditar em tudo isso?

T: A razão é simples. A maioria das pessoas de fora não conhecia absolutamente nada sobre a Sociedade em si, suas motivações, objetivos ou crenças. Desde o início, o mundo nada viu na Teosofia além de certos fenômenos maravilhosos, nos quais dois terços dos que não são espíritas não acreditam. Logo em seguida a Sociedade passou a ser considerada como um organismo que fingia possuir poderes "milagrosos". O mundo nunca percebeu/ que a Sociedade ensinava 274
a absoluta descrença em *milagres*, ou mesmo na possibilidade deles existirem; que na Sociedade havia apenas uns poucos que possuíam tais poderes psíquicos, e apenas poucos que se importavam com eles. Tampouco compreendeu que os fenômenos nunca foram produzidos em público, mas somente para amigos, privadamente, e apresentados como simples acessórios, para se provar por demonstração direta que tais coisas podem ser produzidas sem salas escuras, espíritos, médiuns ou quaisquer das parafernálias costumeiras. Infelizmente, essa incompreensão foi fortalecida e exagerada pelo primeiro livro sobre o assunto, que suscitou muita atenção na Europa – *O Mundo Oculto*,[1] do Sr. Sinnett. Se por um lado esse trabalho realizou muito ao trazer a Sociedade à proeminência, atraiu ainda mais calúnia, escárnio e deturpação sobre os seus infelizes heróis e heroínas. Disso, o autor foi mais do que alertado em *O Mundo Oculto*, mas não prestou atenção à *profecia* – pois de fato era uma profecia, embora semivelada.

P: Por que e desde quando os espíritas os odeiam?

T: Desde o primeiro dia de vida da Sociedade. Tão logo ficou conhecido o fato de que, como um organismo, a ST não acreditava em comunicações com os espíritos dos mortos, considerando os assim chamados "espíritos", na sua maioria, como reflexos astrais das personalidades desencarnadas, cascas, etc. – os espíritas então conceberam um violento ódio contra nós e especialmente contra os fundadores. Esse ódio se expressou em todas as formas de calúnias, comentários

[1] Brasília: Editora Teosófica, 2000. (N. ed. bras.)

pessoais não caridosos e absurdas deturpações dos ensinamentos
teosóficos em todos os órgãos espíritas americanos. Durante anos
fomos perseguidos, denunciados e/ insultados. Isso começou em 275
1875 e continua até hoje. Em 1879, a sede da ST foi transferida de
Nova Iorque para Bombaim, na Índia, e depois em caráter permanente para Madras. Quando a primeira seção de nossa Sociedade, a ST britânica, foi fundada em Londres, os espíritas ingleses foram às armas contra nós, assim como o tinham feito os americanos; e os franceses seguiram o exemplo.

P: Mas por que o clero deveria ser hostil a vocês quando, afinal, a tendência principal das doutrinas teosóficas é oposta ao materialismo, o grande inimigo de todas as formas de religião nos dias de hoje?

T: O clero se opôs a nós sobre o princípio geral de que "aquele que não está comigo está contra mim". Visto que a Teosofia não concorda com nenhuma seita ou credo, é considerada inimiga de todos igualmente, porque ensina que estão todos, mais ou menos, errados. Os missionários na Índia nos odiavam e tentavam nos esmagar porque viam a flor da juventude indiana instruída e os brâmanes, que são quase inacessíveis para eles, unirem-se à Sociedade em grandes números. E no entanto, apesar desse ódio geral da classe, a ST conta em suas fileiras com muitos padres do clero, e mesmo um ou dois bispos.

P: E o que levou a SPP a entrar em campo contra vocês? Vocês estavam seguindo a mesma linha de estudo, em alguns aspectos, e vários pesquisadores psíquicos pertenciam à sua Sociedade.

T: A princípio éramos muito amigos dos líderes da SPP, mas quando
o ataque aos fenômenos apareceu na *Christian College Magazine*
(Revista da Faculdade Cristã), apoiado pelas pretensas revelações
de um serviçal, a SPP achou que havia se comprometido ao publicar
em sua *Proceedings* (Procedimentos)/ fenômenos demais dos que 276
haviam ocorrido em conexão com a ST. Sua ambição era se fazer passar por um corpo *estritamente científico* e *com autoridade*, e assim teve de escolher entre conservar essa posição, renegando a ST

e mesmo tentando destruí-la, ou ver-se misturada, na opinião dos saduceus do *grand monde*, aos teósofos e espíritas "crédulos". Não havia saída para seus membros, não havia duas escolhas, e eles preferiram nos renegar. Era uma questão de terrível necessidade para eles. Mas tão pressionados estavam para encontrar qualquer motivo aparentemente razoável para a vida de devoção e incessante trabalho vivida pelos dois fundadores, e para a completa ausência de qualquer vantagem para eles, financeira ou outra, que nossos inimigos foram obrigados a recorrer à teoria triplamente absurda, eminentemente ridícula, e agora famosa, da "espiã russa", para explicar tal devoção. Mas o velho ditado "o sangue dos mártires é a semente da Igreja" provou-se novamente correto. Após o primeiro choque desse ataque, a ST dobrou e triplicou seu número de membros, mas essa má impressão produzida ainda permaneceu. Um autor francês estava certo em dizer *calomniez, calomniez toujours et encore il en restera toujours quelque chose.*[1] Portanto, os preceitos injustos são correntes, e tudo o que está ligado à ST, e em especial aos seus fundadores, está falsamente distorcido, porque baseado apenas em falatórios maliciosos.

P: No entanto, nos catorze anos de existência da Sociedade, vocês devem ter tido muito tempo e oportunidade para mostrar a si mesmos e ao seu trabalho, na sua verdadeira luz?

T: Como, ou quando, nos deram tal oportunidade?/ Nossos mais proe- 277
minentes membros tinham aversão a qualquer coisa que parecesse com justificar a si mesmos publicamente. A política deles sempre foi "temos de deixar correr" e "o que importa o que os jornais dizem ou as pessoas pensam?" A Sociedade era pobre demais para fazer palestras públicas, e portanto a exposição de nossos pontos de vista e doutrinas foi confinada a umas poucas obras teosóficas que tiveram sucesso, mas que as pessoas com frequência compreendiam mal ou apenas conheciam através de falatórios. Nossos periódicos

[1] Caluniai, caluniai sempre, e ainda sempre restará qualquer coisa. (N. ed. bras.)

eram e ainda são boicotados; nossos livros ignorados; e até hoje ninguém parece nem mesmo ter plena certeza se os teósofos são um tipo de adoradores de "serpentes e demônios", ou simplesmente "*buddhistas* esotéricos" – seja lá o que isso queira dizer. Era inútil continuarmos negando, dia após dia e ano após ano, toda sorte de inconcebíveis contos da carochinha sobre nós, pois assim que um era destruído, um outro, ainda mais absurdo e malicioso, nascia das cinzas do anterior.

Infelizmente, a natureza humana é constituída de tal maneira que qualquer coisa positiva dita de alguém é imediatamente esquecida e jamais repetida. Mas basta alguém lançar uma calúnia ou iniciar uma história – não importa quão absurda, falsa ou inacreditável, mas que esteja ligada a algum personagem impopular – para ser bem-sucedida e imediatamente aceita como um fato histórico. Como a *Calumnia* de Don Basílio,[1] o rumor surge, a princípio, como uma brisa suave e macia que quase não agita a grama sob seus pés, vinda ninguém sabe de onde; então, no mais breve lapso de tempo, é transformada em um vento forte, vira uma ventania e imediatamente se torna um estrondoso temporal! Uma/ calúnia entre as 278
notícias é como um polvo entre os peixes; é absorvida pela mente das pessoas, grava-se em suas memórias, da qual se alimentam, deixando marcas indeléveis mesmo depois que ela foi materialmente destruída. Uma mentira caluniosa é a única chave-mestra capaz de abrir todo e qualquer cérebro. Com certeza receberá boas-vindas e hospitalidade em todas as mentes humanas, nas superiores assim como nas inferiores – se elas tiverem um mínimo de preconceito –, não importando onde e por que motivo, por mais forte que seja, ela tenha surgido.

P: Não acha que sua afirmação é generalizante demais? Os ingleses nunca foram crédulos demais para acreditar em qualquer coisa dita, e nossa nação é proverbialmente conhecida por seu amor à retidão.

---

[1] Da ópera *O Barbeiro de Sevilha*, de Rossini.

Uma mentira não tem pernas suficientes para se manter de pé por muito tempo, e...

T: Os ingleses estão tão prontos para acreditar no mal quanto qualquer outra nação, pois é uma característica da natureza humana, e não um traço nacional. Quanto às mentiras, se não têm pernas para se apoiar, têm asas excessivamente rápidas, de acordo com o provérbio; elas podem e de fato voam mais longe e em maior amplitude do que qualquer outro tipo de notícia, tanto na Inglaterra como em qualquer outro lugar. Lembre-se: mentiras e calúnias são o único tipo de literatura que podemos sempre receber grátis, sem fazer qualquer assinatura. Podemos fazer a experiência, se você quiser. Você, que está tão interessado em assuntos teosóficos e ouviu falar tanta coisa sobre nós, você me faria perguntas sobre tantos desses rumores e "falatórios" quantos puder imaginar? Eu responderei a verdade, e nada além da verdade, e sujeita à mais estrita verificação.

P: Antes de mudarmos de assunto, vamos à inteira verdade nesta única pergunta. Alguns autores chamaram seus ensinamentos de "imorais e perniciosos"; outros, com o argumento de que muitas das assim chamadas "autoridades"/ e dos orientalistas não veem nada nas 279
religiões indianas além de adoração ao sexo em suas muitas formas, acusam vocês de não ensinarem nada melhor do que o culto fálico. Eles dizem que, visto que a Teosofia moderna está tão intimamente aliada ao pensamento oriental, em especial ao indiano, não pode estar livre dessa mácula. De vez em quando, além disso, eles chegam ao extremo de acusar os teosófos europeus de reviverem as práticas ligadas a esse culto. O que acha disso?

T: Já ouvi e li sobre isso antes, e respondo que essa é a maior e mais infundada calúnia jamais inventada e divulgada. "Pessoas tolas somente podem ter sonhos tolos", diz um provérbio russo. Faz-nos o sangue ferver ouvir acusações tão vis, feitas sem o mais leve fundamento e por força de meras inferências. Pergunte às centenas de homens e mulheres ingleses honrados, que têm sido membros da Sociedade Teosófica há anos, se algum preceito *imoral* ou alguma doutrina *perniciosa* foram algum dia ensinados a eles. Abra *A Doutrina Secreta* e verá página após página denunciando os judeus e outras nações precisamente por essa devoção aos ritos fálicos, devido à interpretação literal do simbolismo da Natureza e às concepções grosseiramente materialistas de sua dualidade em todos os credos *exótericos*. Tais deturpações incessantes e maliciosas de nossos ensinamentos e crenças são realmente vergonhosas.

P: Mas você não pode negar que o elemento fálico *existe* nas religiões do Oriente?

T: Não o nego; apenas mantenho que isso não prova nada mais do que a sua presença no Cristianismo, a religião do Ocidente. Leia *The Rosicrucians* (Os Rosacruzes) de Hargrave Jenning, se/ quiser se certi- 280
ficar pessoalmente disso. No Oriente, o simbolismo fálico é, talvez, mais rude, porque mais fiel à Natureza; ou, melhor dizendo, mais ingênuo e sincero do que no Ocidente. Mas não é mais licencioso, nem sugere à mente oriental as mesmas ideias grosseiras e vulgares que no Ocidente, com, talvez, uma ou duas exceções, tais como a vergonhosa seita conhecida como Maharaja ou Vallabhacharya.

P: Um escritor do periódico *Agnóstico* — um de seus acusadores — acaba de sugerir que os seguidores dessa seita ignominiosa são teósofos que "reivindicam um *insight* teosófico verdadeiro".

T: Ele escreveu uma falsidade e é só. Nunca houve, nem há agora, um só Vallabhacharya em nossa Sociedade. Quanto a eles terem ou buscarem *insights* teosóficos, é uma outra lorota, baseada em crassa ignorância sobre as seitas indianas. O seu Maharaja reivindica apenas o direito ao dinheiro, esposas e filhas de seus tolos seguidores, e nada mais. Essa seita é desprezada por todos os outros hindus.

Mas você encontrará todo esse assunto discutido em profundidade em *A Doutrina Secreta*, e tenho de recomendá-la novamente para explicações detalhadas. Para concluir, a própria alma da Teosofia é implacavelmente contrária ao culto fálico, e mais ainda a sua seção oculta ou esotérica do que os ensinamentos exotéricos. Nunca houve uma afirmação tão mentirosa quanto a que você acaba de se referir. E agora, faça-me outras perguntas./ 281

A Sociedade Teosófica é um negócio para fazer dinheiro?

P: Algum dos fundadores, o Cel. Olcott ou H.P. Blavatsky, já recebeu algum dinheiro, lucro ou benefício da ST, como alguns jornais dizem?
T: Nem um centavo. Os jornais mentem. Ao contrário, ambos deram tudo o que tinham, e literalmente se reduziram à miséria. Quanto aos "benefícios mundanos", pense nas calúnias e nas vilipendiações a que foram submetidos, e então responda à pergunta!

P: Mas eu li em muitos órgãos missionários de divulgação que as taxas de inscrição e assinaturas cobririam com muita folga todos os gastos; e um deles disse que os fundadores estavam recebendo vinte mil libras por ano!
T: Isso é uma lorota, assim como tantas outras. Na prestação de contas de janeiro de 1889 você encontrará *todo* o dinheiro recebido desde 1879. O total recebido de todas as fontes (taxas de inscrição, doações, etc.) durante esses dez anos não chega a seis mil libras, e, desse total, uma grande parte foi doada pelos próprios fundadores, de seus próprios recursos e de seu trabalho literário. Tudo isso foi aberta e publicamente admitido mesmo por nossos inimigos da Sociedade para Pesquisas Psíquicas. E agora ambos os fundadores estão sem um centavo: uma, demasiado velha e doente para trabalhar como fazia antes, sem dispor de tempo vago para trabalhos literários externos, que ajudariam a Sociedade financeiramente, pode apenas escrever pela causa teosófica; o outro continua trabalhando por ela da mesma forma que antes, e recebendo sempre pouco reconhecimento por isso./ 282

P: Mas certamente eles precisam de dinheiro para viver?
T: De modo nenhum. Contanto que tenham alimento e moradia, mes-

mo que devam isso à dedicação de alguns amigos, eles necessitam muito pouco além disso.

P: Mas Madame Blavatsky, especialmente, não poderia ganhar mais do que o suficiente para viver, com o seu trabalho literário?
T: Quando na Índia, ela recebia em média umas mil rúpias por ano de artigos para jornais, russos e outros, mas deu tudo para a Sociedade.

P: Artigos políticos?
T: Nunca. Tudo o que ela escreveu durante os sete anos de permanência na Índia está lá impresso. Fala apenas de religiões, etnologia e costumes da Índia, e da Teosofia – nunca de política, da qual ela nada sabe e menos ainda se importa. Dois anos atrás ela recusou vários contratos que, juntos, chegavam a cerca de mil e duzentos rublos em ouro por mês, porque não poderia aceitá-los sem abandonar o trabalho pela Sociedade, que precisava de todo o seu tempo e forças. E ela tem documentos para provar isso.

P: Mas por que ela e o Cel. Olcott não poderiam fazer como um número considerável de teósofos faz: seguir suas respectivas profissões e dedicar o excedente de seu tempo ao trabalho da Sociedade?
T: Porque, servindo a dois senhores, ou o trabalho profissional ou o filantrópico teria de sofrer. Todo verdadeiro teósofo está moralmente comprometido a sacrificar o pessoal ao impessoal, o seu próprio *bem presente* ao benefício *futuro* de outras pessoas. Se os fundadores não dão o exemplo, quem o dará?/ 283

P: E há muitos que o seguem?
T: Devo responder-lhe a verdade. Na Europa, cerca de meia dúzia ao todo, dentre esse mesmo número de Lojas.

P: Então não é verdade que a Sociedade Teosófica tem um grande capital próprio?
T: É falso, pois ela não tem nenhum. Agora, então, que a taxa de ins-

crição de uma libra e a pequena contribuição anual foram abolidas, é até uma dúvida se os trabalhadores da Sede na Índia em breve não morrerão à míngua.

P: Então por que não levantam contribuições?

T: Não somos o Exército da Salvação; *não podemos mendigar* e *nunca o fizemos*, nem nunca seguimos o exemplo das igrejas e seitas que "fazem coletas". Tudo o que é ocasionalmente enviado para o sustento da Sociedade, as pequenas quantias que são contribuições de alguns membros dedicados, são doações voluntárias.

P: Mas ouvi falar de grandes somas de dinheiro dadas a Madame Blavatsky. Foi dito há quatro anos que ela recebeu cinco mil libras de um "membro" jovem e rico, que se juntou a eles na Índia, e dez mil libras de um outro cavalheiro americano abastado e bem conhecido – um de seus membros que morreu na Europa quatro anos atrás.

T: Diga àqueles que lhe disseram isso que eles estão ou afirmando ou repetindo uma grosseira falsidade. "Madame Blavatsky" *nunca pediu ou recebeu* UM ÚNICO CENTAVO dos dois cavalheiros acima mencionados, ou qualquer outra coisa nesse sentido, desde que a Sociedade foi fundada. Que qualquer homem vivente tente fundamentar essa calúnia e será mais fácil para ele provar que o Banco da Inglaterra está
falido do que/ a "fundadora" ter obtido algum dinheiro da Teosofia. 284
Essas duas calúnias foram iniciadas por duas senhoras bem-nascidas e pertencentes à aristocracia de Londres, e foram imediatamente detectadas e invalidadas. São as carcaças de duas invenções que, depois de terem sido enterradas no mar do esquecimento, foram mais uma vez trazidas à superfície das águas estagnadas da difamação.

P: Depois me falaram de várias grandes heranças deixadas para a ST. Uma delas – de umas oito mil libras – foi deixada por um inglês excêntrico que nem mesmo pertencia à Sociedade. A outra – três ou quatro mil libras – foi deixada em testamento por um membro australiano da ST. Isso é verdade?

T: Sei algo sobre a primeira; sei também que, legalmente deixada ou não, a ST nunca se beneficiou dela, nem foram os fundadores jamais notificados oficialmente. Pois, como a nossa Sociedade não era então legalizada, não tendo portanto existência jurídica, o juiz da corte de testamentos, segundo nos disseram, não prestou atenção a essa herança e entregou a quantia aos herdeiros. Isso quanto à primeira. Quanto à segunda, é plenamente verdadeira. O testamenteiro era um de nossos membros dedicados, e deixou tudo o que tinha para a ST. Mas quando o presidente, o Cel. Olcott, pôde examinar a questão, descobriu que ele tinha filhos, os quais havia deserdado por motivos de família. Portanto ele convocou o conselho, e foi decidido que a herança deveria ser recusada e a quantia entregue aos herdeiros legais. A Sociedade Teosófica seria indigna de seu nome caso se beneficiasse de dinheiro que pertencesse efetivamente a outras pessoas, senão legalmente, pelo menos pelos princípios teosóficos./ 285

P: Mas novamente, e digo isso baseado na autoridade de sua própria revista, *The Theosophist*, houve um rajá na Índia que doou à Sociedade vinte e cinco mil rúpias. Vocês não agradeceram a ele por sua grande generosidade no *The Theosophist* de janeiro de 1888?

T: Nós o fizemos nestas palavras: "Que os agradecimentos da Convenção sejam transmitidos a H. H., o marajá (...) por seu *magnânimo presente prometido* de vinte e cinco mil rúpias para o Fundo da Sociedade." Os agradecimentos foram devidamente transmitidos, mas o dinheiro ainda é uma "promessa", e nunca chegou à Sede.

P: Mas, se o marajá prometeu e recebeu agradecimentos por seu presente publicamente e na forma impressa, certamente honrará sua promessa?

T: Enquanto a ST contar com alguns membros dedicados, desejosos de trabalhar por ela sem recompensas ou agradecimentos, e enquanto alguns bons teósofos a apoiarem com doações ocasionais, ela existirá, e nada poderá destruí-la.

P: Ouvi muitos teósofos falarem de um "poder por trás da Sociedade", e de certos "*Mahatmas*", mencionados também nos trabalhos do Sr. Sinnett. Dizem que eles fundaram a Sociedade e que zelam por ela e a protegem.

T: Você pode rir, mas é verdade.

O grupo de trabalhadores da ST

P: Esses homens, segundo me disseram, são grandes Adeptos, alquimistas e muito mais. Se, então, eles podem transformar chumbo em ouro e fazer tanto/ dinheiro quanto quiserem, além de fazer 286
todo tipo de milagres à sua vontade, como foi descrito em *O Mundo Oculto*, do Sr. Sinnett, por que eles não lhes conseguem dinheiro e sustentam os fundadores e a Sociedade com conforto?

T: Porque eles não fundaram um "clube de milagres". Porque a intenção da Sociedade é ajudar os homens a desenvolver os seus poderes latentes através de seus próprios esforços e mérito. Porque, seja lá o que eles possam ou não possam produzir em termos de fenômenos, eles não são *falsificadores de dinheiro*, e nem lançariam uma tentação adicional e fortíssima no caminho dos membros e candidatos: *não se compra a Teosofia*. Até agora, nos últimos quatorze anos, nem um único membro trabalhador jamais recebeu pagamento ou salário, seja dos Mestres ou da Sociedade.

P: Então nenhum de seus trabalhadores é pago?

T: Até agora, nenhum. Mas como todo mundo tem de comer, beber e se vestir, todos aqueles que não têm quaisquer meios próprios, e dedicam todo o seu tempo ao trabalho da Sociedade, recebem o que necessitam na Sede em Madras, Índia, embora essas "necessidades" sejam bastante modestas, realmente! Mas agora que o trabalho da Sociedade aumentou tanto e ainda continua aumentando (note bem, *devido às difamações*) na Europa, precisamos de mais mãos trabalhadoras. Esperamos ter alguns membros que sejam remunerados de agora em diante — se tal palavra pode ser usada em tais casos. Pois cada um desses membros, que se prepara para dedicar todo o seu tempo à Sociedade, está deixando boas situações oficiais, com excelentes perspectivas, para trabalhar para nós por *menos do que a metade de seus salários anteriores*.

P: E quem vai fornecer os recursos para isso?/ 287

T: Alguns de nossos membros que são um pouco mais ricos do que o restante. Aquele que especulasse ou ganhasse dinheiro com a Teosofia seria indigno de permanecer em nossas fileiras.

P: Mas vocês com certeza devem ganhar dinheiro com os seus livros, revistas e outras publicações?

T: Apenas *The Theosophist*, de Madras, dentre as revistas, dá lucro, e este tem revertido regularmente para a Sociedade, ano após ano, como demonstram as prestações de contas publicadas. *Lucifer*, devagar mas constantemente, suga dinheiro, sem nunca ter ainda coberto suas próprias despesas – graças ao boicote que lhe fizeram os piedosos livreiros e donos de bancas. *Lotus*, da França – iniciada com os recursos particulares e não muito grandes de um teósofo, que dedicou a ela todo o seu tempo e trabalho –, deixou de existir pelas mesmas razões, infelizmente. Nem a *Path* de Nova Iorque se sustenta, enquanto a *Revue Theosophique* de Paris apenas acaba de ser lançada, também com os recursos particulares de uma senhora, membro da ST. Além do mais, sempre que os trabalhos lançados pela *Theosophical Publishing Company* (Companhia Publicadora Teosófica) em Londres *tiverem lucro*, este será destinado ao serviço da Sociedade.

P: Agora, conte-me por favor tudo o que puder sobre os *Mahatmas*. Tantas coisas absurdas e contraditórias são ditas sobre eles que não se sabe em que acreditar, e todo tipo de histórias ridículas se tornam conhecidas.

T: Bem, podem até ser chamadas "ridículas"!/ 288

XIV

Os "*Mahatmas* Teosóficos"

São eles "espíritos de luz" ou "duendes malditos"?

P: Quem são, afinal, aqueles a quem vocês chamam "Mestres"? Alguns dizem que são "espíritos", ou algum outro tipo de seres sobrenaturais, enquanto outros os denominam "mitos".

T: Nem uma coisa nem outra. Uma vez ouvi uma pessoa de fora dizer a uma outra que eles eram um tipo de *sereias do sexo masculino*, seja lá o que possam ser tais criaturas. Mas se você escutar o que as pessoas dizem, você nunca terá uma ideia verdadeira sobre eles. Em primeiro lugar, eles são *homens vivos*, nascidos da mesma forma que nós e condenados a morrer como todos os outros mortais.

P: Sim, mas existe um rumor de que alguns deles têm mil anos de idade. É verdade?

T: Tão verdade quanto o milagroso crescimento de cabelos na cabeça de Shagpat de Meredith. Verdadeiramente, como o "Idêntico", nenhum instrumento teosófico até agora foi capaz de cortá-los. Quanto mais negamos as invenções, quanto mais tentamos corrigir as pessoas, mais absurdas as invenções se tornam. Ouvi dizer que Matusalém viveu 969 anos; mas, como não sou obrigada a acreditar nisso,/ eu ri da afirmação, e por isso fui imediatamente considerada
por muitas pessoas uma herege blasfema.

P: Falando sério, eles ultrapassam a idade normal dos homens?

T: O que você considera idade normal? Lembro-me de ter lido na *Lancet* sobre um mexicano que tinha quase 190 anos; mas nunca ouvi falar de um mortal, leigo ou Adepto, que tenha conseguido viver metade do tempo atribuído a Matusalém. Alguns Adeptos de fato excedem, e em muito, o que você consideraria a idade normal; no entanto, não há nada milagroso nisso, e muito poucos deles se importam em viver muito.

P: Mas o que a palavra *Mahatma* significa realmente?

T: Simplesmente "grande alma", grande através de elevação moral e intelectual. Se o título de "Grande" pode ser dado a um soldado embriagado como Alexandre, por que não chamar "Grandes" àqueles que obtiveram conquistas muito mais grandiosas nos segredos da Natureza do que Alexandre jamais conseguiu nos campos de batalha? Além disso, o termo é indiano e muito antigo.

P: E por que vocês os chamam de "Mestres"?

T: Chamamos de "Mestres" porque são nossos instrutores, e porque deles nós recebemos todas as verdades teosóficas, por mais inadequadamente que alguns de nós possamos tê-las expressado e outros compreendido. São homens de grande conhecimento, a quem nós denominamos iniciados, e cuja santidade de vida é ainda maior. Não são ascetas no sentido comum, embora certamente permaneçam afastados do tumulto e da luta do seu mundo ocidental.

P: Mas não é egoísmo se isolar assim?

T: Onde está o egoísmo? A sina da Sociedade Teosófica/ já não é prova 290
suficiente de que o mundo não está pronto para reconhecê-los e se beneficiar de seus ensinamentos? Que utilidade haveria para o professor Clerk Maxwell[1] ajudar uma classe de criancinhas a apren-

1 James Clerk Maxwell (1831-1879), eminente físico escocês, autor da Teoria Eletromagnética da Luz. Ele deduziu as equações de campo que levam seu nome, a partir das quais, mais tarde, Albert Einstein elaborou, por sua vez, sua Teoria da Relatividade, revolucionando a física e revelando uma nova imagem do Universo. (N. ed. bras.)

der a tabuada de multiplicação? Além disso, eles se isolam apenas do Ocidente. Em seus países eles se movimentam tão publicamente quanto todas as outras pessoas.

P: Vocês não lhes atribuem poderes sobrenaturais?

T: Nós não acreditamos que algo seja sobrenatural, como já lhe disse. Se Edison tivesse vivido e inventado seu fonógrafo duzentos anos atrás, provavelmente teria sido queimado juntamente com ele, e tudo aquilo seria atribuído ao demônio. Os poderes que eles exercem são simplesmente o desenvolvimento de potencialidades que estão latentes em todos os homens e mulheres, e cuja existência até mesmo a ciência oficial começa a reconhecer.

P: É verdade que esses homens inspiram alguns de seus escritores, e que muitos, se não todos os trabalhos teosóficos foram ditados por eles?

T: Alguns foram. Há passagens inteiramente ditadas por eles, e *verbatim*,[1] mas na maioria dos casos eles apenas inspiram as ideias e deixam a forma literária aos autores.

P: Mas isso por si só é milagroso; é de fato um milagre. Como eles podem fazer isso?

T: Meu caro senhor, você está raciocinando com base em um grande erro, e é a própria ciência que irá refutar os seus argumentos, num dia não muito distante. Por que deveria isso ser um "milagre", assim como diz? Supõe-se que um milagre signifique alguma operação que seja sobrenatural, quando não existe realmente nada acima ou além
da Natureza e de suas leis. Dentre as muitas formas de "milagre"/ 291
que vieram a ser reconhecidas pela ciência moderna está o hipnotismo, e uma fase de seu poder é conhecida como "sugestão", um tipo de transmissão de pensamento utilizada com sucesso no combate a certas doenças físicas, etc. Não está muito distante o tempo em que o mundo da ciência será forçado a reconhecer que existe tanta inte-

[1] Ou seja, literalmente. (N. ed. bras.)

ração entre uma mente e outra, não importa a que distância, quanto entre um corpo e outro em estreito contato. Quando duas mentes estão simpaticamente relacionadas, e os instrumentos através dos quais elas operam estão sintonizados para responder magnética e eletricamente um ao outro, nada poderá impedir a transmissão de pensamentos de uma para a outra, à vontade; pois, já que a mente não é de natureza tangível, de modo que a distância possa separá-la do objeto de sua contemplação, então a única diferença entre duas mentes é a diferença de ESTADO. Assim, se esse último obstáculo é superado, onde está o "milagre" da *transmissão do pensamento*, a qualquer distância?

P: Mas você admite que o hipnotismo não é tão milagroso e maravilhoso quanto isso?

T: Ao contrário, é um fato bem conhecido que um hipnotizador pode afetar muito o cérebro de seu sujeito, a ponto de produzir uma expressão de seus próprios pensamentos, e mesmo de suas palavras, através do organismo dele; embora os fenômenos ligados a esse método de real transmissão ainda sejam poucos, ninguém, eu suponho, arriscará dizer o quanto sua ação poderá se estender no futuro, quando as leis que governam sua produção forem mais
cientificamente/ estabelecidas. E assim, se tais resultados podem 292
ser produzidos com o conhecimento de meros rudimentos do hipnotismo, o que poderia impedir o iniciado em poderes psíquicos e espirituais de produzir os resultados que você, com base em um atualmente limitado conhecimento de sua leis, se inclina a considerar "milagrosos"?

P: Então por que os nossos médicos não experimentam para ver se poderiam fazer o mesmo?[1]

T: Porque, em primeiro lugar, eles não são Adeptos que possuam uma

---

[1] Por exemplo, o professor Bernheim e o doutor C. Lloyd Tuckey, da Inglaterra; os professores Beaunis e Liégeois, de Nancy; Delboeuf de Liege; Burot e Bourru, de Rochefort;

profunda compreensão dos segredos e das leis dos reinos psíquico e espiritual, mas materialistas temerosos, com medo de pisar fora da estreita trilha da matéria; e em segundo, porque eles *têm de falhar* por agora – na verdade, até que venham a reconhecer que tais poderes podem ser obtidos.

P: E eles poderiam ser ensinados?

T: Não, a menos que fossem preparados, em primeiro lugar, por uma limpeza de toda a escória materialista que acumularam em seus cérebros, até o último átomo.

P: Isso é muito interessante. Diga-me: os Adeptos inspiraram ou ditaram dessa maneira a muitos teósofos?

T: Não; ao contrário, a muito poucos. Tais operações exigem condições especiais. Um Adepto da Fraternidade Negra ("Irmãos da Sombra" e *Dugpas*, como os chamamos), inescrupuloso mas habilidoso, tem
muito menos dificuldades a enfrentar. Pois,/ não tendo leis do tipo 293
espiritual para entravar suas ações, esse "feiticeiro" *Dugpa* obterá controle sobre qualquer mente da forma mais sem-cerimônia, sujeitando-a inteiramente aos seus poderes maléficos. Mas nossos mestres nunca fariam isso. Eles não têm nenhum direito, a menos que caiam na magia negra, de obter pleno domínio sobre o Ego imortal de qualquer pessoa, e portanto somente podem atuar sobre as naturezas física e psíquica do sujeito, deixando completamente imperturbado o seu livre-arbítrio. Consequentemente, a menos que uma pessoa tenha sido levada a um relacionamento psíquico com os Mestres, e seja assistida em virtude de sua plena fé e devoção a seus Instrutores, estes, sempre que transmitem seus pensamentos a alguém que não preencha essas condições, enfrentam enorme dificuldade de penetrar no enevoado caos da esfera de tal pessoa. Mas

---

Fontain e Sigard, de Bordeaux; Forel, de Zurique; e os doutores Despine, de Marseilles; Van Renterghem e Van Eeden, de Amsterdam; Wettrstrand, de Estocolmo; Schrenck Notzing, de Leipzig; e muitos outros médicos e escritores eminentes.

essa não é a melhor oportunidade de tratar de um assunto dessa natureza. É suficiente dizer que, se o poder existe, então há Inteligências (encarnadas ou desencarnadas) que guiam esse poder e também instrumentos vivos e conscientes pelos quais ele é transmitido e através dos quais é recebido. Temos apenas de nos acautelar quanto à "magia *negra*".

P: Mas o que você quer realmente dizer por magia negra?

T: Simplesmente *abuso de poderes psíquicos*, ou de qualquer *segredo da Natureza*; o fato de se utilizar para fins egoístas e pecaminosos dos poderes do Ocultismo. Um hipnotizador que, aproveitando-se de seus poderes de "sugestão", força um sujeito a roubar ou matar, seria apontado por nós como um *mago negro*. O famoso "sistema rejuvenescedor" do Dr. Brown-Sequard, de Paris, que consiste em uma repugnante *injeção animal* no sangue humano – uma descoberta que todos os jornais médicos da Europa estão discutindo atualmente –, se real, é *magia negra inconsciente*./ 294

P: Mas isso é crença medieval em feitiçaria e bruxaria! Mesmo a própria lei deixou de acreditar em tais coisas!

T: Pior para a lei, pois, por causa de uma tal falta de discernimento, foi levada a cometer mais de um erro e crime judicial. É o termo em si que o assusta, com a conotação de "superstição" ligada a ele. A lei não puniria o abuso de poderes hipnóticos tais como o que acabei de mencionar? Além disso ela já puniu assim, na França e na Alemanha. E, no entanto, negaria indignada que aplicou uma punição a um crime de evidente *feitiçaria*. Você não acredita na eficácia e realidade dos *poderes da sugestão* por médicos e mesmerizadores (ou hipnotizadores), e portanto se recusa a acreditar nos mesmos poderes, quando utilizados para motivos maléficos. E se você acredita, então acredita em *feitiçaria*. Você não pode acreditar no bem e não acreditar no mal: aceitar dinheiro legítimo e recusar-se a acreditar na existência de dinheiro falso. Nada pode existir sem o seu contraste – nenhum dia, nenhuma luz e nenhum bem poderiam ter qualquer representação como tais em sua consciência se não existissem a noite, a escuridão e o mal para compensá-los e contrastá-los.

P: De fato, conheci homens que, ao mesmo tempo que acreditavam plenamente no que você chama de grandes poderes psíquicos ou mágicos, riam à simples menção de feitiçaria ou bruxaria.

T: O que isso prova? Simplesmente que não são lógicos. Pior para eles, novamente. Mas nós, sabendo da existência de Adeptos bons e santos, acreditamos também plenamente na existência de Adeptos maus e ímpios – ou *Dugpas*.

P: Mas se os Mestres existem, por que eles não se apresentam perante
todos os homens/ e refutam de uma vez por todas as muitas acusa- 295
ções feitas contra Madame Blavatsky e a Sociedade?

T: Que acusações?

P: As de que *eles* não existem, e que ela os inventou. Que eles são homens de palha, "*Mahatmas* de balões e musselina". Tudo isso não prejudica a sua reputação?

T: De que maneira uma acusação como essa poderia prejudicá-la de fato? Alguma vez ela já ganhou dinheiro, benefício ou fama com a sua suposta existência? Respondo que ela recebeu apenas insultos, difamações e calúnias, que teriam sido muito dolorosos caso ela não tivesse aprendido há muito tempo a permanecer perfeitamente indiferente a tais falsas acusações. Pois a que isso leva, afinal? Ora, *para um elogio implícito*, se seus tolos acusadores não tivessem sido levados por seu ódio cego, pensariam duas vezes antes de proferir. Dizer que ela inventou os Mestres leva ao seguinte: que ela tem de ter inventado cada noção filosófica divulgada na literatura teosófica. Ela tem de ser a autora das cartas a partir das quais foi escrito *O Budismo Esotérico*;[1] ser a única inventora de cada princípio encontrado em *A Doutrina Secreta*, a qual, se o mundo fosse justo, seria

[1] Brasília: Editora Teosófica, 2023.

reconhecida como preenchendo muitos dos elos perdidos da ciência, como será descoberto daqui a uns cem anos.

Dizendo o que dizem, estão também dando a ela o crédito de ser muito mais inteligente do que as centenas de homens (muitos deles *muito* inteligentes, e não apenas uns poucos homens de ciência) que acreditam no que ela diz – visto que tem de ter feito a todos de tolos! Se eles falam a verdade, ela tem então de ser vários *Mahatmas* em um só, encaixados um dentro do outro, como num jogo de caixas chinesas,/ já que entre as assim chamadas "Cartas 296
dos *Mahatmas*" muitas têm estilos totalmente diferentes e distintos, e os acusadores declaram terem sido todas escritas por ela.

P: É justamente o que dizem. Mas não é muito doloroso para ela ser denunciada publicamente como "a mais perfeita impostora do século, cujo nome merece ficar para a posteridade", assim como é feito no relatório da Sociedade para Pesquisas Psíquicas?

T: Poderia ser doloroso se fosse verdade, ou se viesse de pessoas menos furiosamente materialistas e preconceituosas. Da forma que é, pessoalmente ela despreza todo esse assunto, enquanto os *Mahatmas* simplesmente riem dele. Na verdade, e digo isso novamente, é o maior elogio que lhe poderia ser feito.

P: Mas os seus inimigos declaram que provaram o que dizem.

T: Infelizmente, é fácil demais fazer tal declaração quando você constitui a si mesmo juiz, júri e promotor ao mesmo tempo, como eles fizeram. Mas quem, exceto seus seguidores diretos e os nossos inimigos, acredita nisso?

P: Eles mandaram um representante à Índia para investigar o assunto, não foi?

T: Sim, e suas conclusões finais se baseiam inteiramente nas colocações não confirmadas e afirmações não verificadas desse jovem cavalheiro. Um advogado que leu todo o seu relatório disse a um amigo meu que, em toda a sua experiência, nunca havia visto "um documento tão *ridículo* e autocondenatório". Descobriu-se que estava cheio de suposições e "hipóteses de trabalho" que se anulavam mutuamente. Isso é uma acusação séria?

P: No entanto causou um grande mal à Sociedade. Por que, então, ela não se defendeu, pelo menos perante uma corte de justiça?/ 297

T: Em primeiro lugar porque, como uma teósofa, é seu dever ignorar todos os insultos pessoais. Em segundo, porque nem a Sociedade nem ela mesma tinham meios materiais para gastar com um processo como esse. E por último, porque teria sido ridículo para ambos serem desleais aos seus princípios por causa de um ataque desferido por um rebanho de carneiros castrados ingleses, velhos e estúpidos, atiçados por um cordeirinho galhofeiro da Austrália.

P: Isso é um elogio. Mas você não acha que teria feito um genuíno bem à causa da Teosofia se ela tivesse, com base na autoridade, esclarecido tudo isso de uma vez por todas?

T: Talvez. Mas você acredita que qualquer júri ou juiz inglês teria sequer admitido a realidade dos fenômenos psíquicos, mesmo se a princípio fossem inteiramente desprovidos de preconceitos? E lembrando que eles já foram predispostos contra nós pelo medo da "espiã russa", pela acusação de *ateísmo* e *infidelidade*, e todas as outras calúnias que circularam contra nós, você não pode deixar de ver que essa tentativa de obter justiça em uma corte judicial teria sido pior do que estéril! Os pesquisadores da SPP sabiam disso muito bem, e se aproveitaram de sua posição de forma vil e mesquinha para se elevarem sobre nossas cabeças e se salvarem às nossas custas.

P: A SPP agora nega completamente a existência dos *Mahatmas*. Eles dizem que do princípio ao fim eles foram um romance que Madame Blavatsky tirou de sua própria cabeça.

T: Bem, ela pode ter feito muitas coisas menos inteligentes do que essa. Pelo menos ela não faz a menor objeção a essa teoria. Como
ela sempre diz agora, quase prefere que/ as pessoas não acreditem 298
nos Mestres. Declara abertamente que seria melhor que as pessoas pensassem seriamente que a única "Terra de *Mahatmas*" que existe

é a massa cinzenta de seu cérebro, e que, em resumo, ela os tirou das profundezas de sua própria consciência interna, e assim não profanassem os seus nomes e seu grandioso ideal tão infamemente quanto o fazem agora. A princípio ela costumava protestar com indignação contra quaisquer dúvidas sobre a sua existência. Agora, ela nunca se abala em prová-la ou negá-la. Deixa que as pessoas pensem o que quiserem.

P: Mas, naturalmente, esses Mestres existem de fato?

T: Afirmamos que sim. No entanto, isso não ajuda muito. Muitas pessoas, mesmo alguns teósofos e ex-teósofos, dizem que nunca tiveram qualquer prova de sua existência. Muito bem; então Madame Blavatsky responde com a seguinte alternativa: se ela os inventou, inventou também sua filosofia e o conhecimento prático que alguns poucos adquiriram; se é assim, o que importa se eles existem ou não, já que ela está aqui, e a *existência dela própria*, de qualquer modo, dificilmente poderia ser negada? Se o conhecimento que se supõe ter sido transmitido por eles é intrinsecamente bom, e é aceito da forma como é por tantas pessoas de inteligência mais do que mediana, por que deveria haver tanto *escarcéu* sobre esse assunto? O fato de ela ser impostora *nunca foi provado*, e ficará sempre *sub judice*, enquanto é um fato certo e inegável que, seja lá por quem foi inventada, a filosofia pregada pelos "Mestres" é uma das mais grandiosas e mais benéficas, quando adequadamente compreendida. Assim os difamadores, movidos pelos sentimentos mais baixos/ e mais mesquinhos 299
— de ódio, vingança, malícia, vaidade ferida ou ambição frustrada —, parecem estar completamente inconscientes de que estão prestando o maior tributo aos poderes intelectuais dela. Assim seja, se os pobres tolos assim o desejam. Realmente, Madame Blavatsky não faz a menor objeção em ser apresentada por seus inimigos como um triplo Adepto, e um *Mahatma*, além disso. É apenas a sua relutância em fazer-se passar, perante si mesma, por um "corvo desfilando com penas de pavão" que a obriga até hoje a insistir na verdade.

P: Mas se vocês têm tantos homens sábios e bons para conduzir a Sociedade, por que então tantos erros foram cometidos?

T: Os Mestres *não* conduzem a Sociedade, nem mesmo os Fundadores, e ninguém jamais afirmou que o fizeram; eles apenas zelam por ela e a protegem. Isso é amplamente comprovado pelo fato de que nenhum erro jamais foi capaz de danificá-la, e nenhum escândalo interno ou os mais prejudiciais ataques externos foram capazes de destruí-la. Os Mestres olham para o futuro, não para o presente, e todo erro é ainda mais sabedoria acumulada para os dias que virão. Aquele outro "mestre" que despachou o homem com os cinco talentos não lhe disse como dobrá-los, nem evitou que o servo tolo enterrasse o seu único talento. Cada um tem de adquirir sabedoria através de sua própria experiência e mérito. As igrejas cristãs, que afirmam ter um "Mestre" muito superior, o próprio Espírito Santo, têm sido sempre, e ainda são, culpadas não apenas de "erros", mas de uma série de crimes sangrentos através dos séculos. No entanto, nenhum cristão negaria, por causa disso, sua crença *naquele* "Mestre" – suponho eu?! –, embora sua existência seja muito mais/ 300
hipotética do que a dos *Mahatmas*, já que ninguém jamais viu o Espírito Santo; e além disso, a própria história eclesiástica distintamente contradiz que ele de fato guie a Igreja. *Errare humanum est*. Retornemos ao nosso assunto.

O abuso dos nomes e termos sagrados

P: Então o que eu ouvi, ou seja, que muitos dos seus escritores teosóficos declaram ter sido inspirados por esses mestres, ou ter visto e conversado com eles, não é verdade?

T: Pode ser e pode não ser verdade. Como poderia eu dizer? O ônus da prova está com eles. Alguns poucos – muito poucos, na verdade – claramente ou *mentiram* ou estavam alucinados quando se gabaram de tal inspiração; outros foram realmente inspirados por grandes Adeptos. A árvore é conhecida por seus frutos; e como todos os teósofos têm de ser julgados pelos seus atos e não pelo que escrevem ou dizem, assim *todos* os livros teosóficos têm de ser aceitos pelos seus méritos, e não de acordo com qualquer declaração de autoridade que possam apresentar.

P: Mas Madame Blavatsky aplicaria isso às suas próprias palavras — em *A Doutrina Secreta*, por exemplo?

T: Certamente. Ela diz expressamente, no Prefácio, que divulga as doutrinas que aprendeu dos Mestres, mas não diz ter tido nenhuma inspiração para o que tem escrito ultimamente. Quanto aos nossos melhores teósofos, eles desejariam também, nesse caso, muito mais que os nomes dos Mestres nunca tivessem sido relacionados com os nossos livros, de qualquer forma. Com poucas exceções, a maioria de tais trabalhos são não apenas imperfeitos, mas positivamente errôneos
e/ enganosos. São grandes as profanações às quais os nomes de dois 301
dos Mestres foram submetidos. Quase não há mais um médium que não declare tê-los visto. Todas as sociedades falsas e espúrias, com propósitos comerciais, declaram agora ser guiadas e direcionadas por "Mestres", que com frequência se supõem ser muito superiores aos nossos! Muitos e graves são os pecados daqueles que fizeram essas declarações, incitados pelo desejo de lucro, pela vaidade ou por uma mediunidade irresponsável. Muitas pessoas foram espoliadas por tais sociedades, que dizem vender os segredos do poder, do conhecimento e da verdade espiritual em troca de ouro sem valor. Pior do que tudo, os nomes sagrados do Ocultismo e os seus santos guardiães foram arrastados nesse lodaçal imundo e poluídos pela sua associação com motivações sórdidas e práticas imorais, enquanto milhares de pessoas foram impedidas de entrar no caminho da verdade e da luz em vista do descrédito e das más referências que tais vergonhas, trapaças e fraudes trouxeram a todo esse assunto. Digo, novamente, que todo teósofo sério lastima, hoje, do fundo do seu coração, que esses nomes e coisas sagradas tenham sido mencionados para o público, desejando ardorosamente que eles tivessem sido mantidos em segredo nos limites de um pequeno círculo de amigos fiéis e dedicados.

P: De fato, os nomes aparecem com muita frequência hoje em dia, enquanto que não me lembro de alguma vez ter ouvido falar de "Mestres" até muito recentemente.

T: Assim é; e se tivéssemos agido pelo sábio princípio do silêncio, em vez de termos nos lançado à notoriedade e publicado tudo o que aprendemos e ouvimos, tal profanação nunca teria ocorrido. Veja
bem, há apenas catorze anos atrás, antes da Sociedade Teosófica/ 302
ser fundada, tudo o que se falava era sobre "espíritos". Estavam por toda parte, em todas as bocas, e ninguém, nem mesmo por acaso, sequer sonhava em falar sobre "Adeptos vivos", *Mahatmas* ou "Mestres". Quase não se ouvia falar nem nos Rosacruzes, enquanto que somente muito poucos suspeitavam da existência de algo tal como o "Ocultismo".

Agora tudo isso mudou. Nós, teósofos, infelizmente fomos os primeiros a falar dessas coisas, e a tornar conhecido o fato da existência, no Oriente, de "Adeptos", "Mestres" e conhecimento oculto; e agora o nome se tornou propriedade comum. Foi sobre nós, agora, que o *Karma*, as consequências resultantes da profanação dos nomes e das coisas sagradas, recaiu. Tudo o que você encontra agora sobre tais assuntos na literatura corrente – que não é pouca – remonta ao impulso dado nesta direção pela Sociedade Teosófica e seus fundadores. Nossos inimigos se aproveitam até hoje do nosso erro. Alega-se que o livro mais recente dirigido contra nossos ensinamentos foi escrito por *alguém que já é um Adepto há vinte anos*. Ora, é uma *mentira palpável*. Conhecemos o copista e seus *inspiradores* (já que ele próprio é demasiado ignorante para ter escrito qualquer coisa desse tipo). Esses "inspiradores" são pessoas de carne e osso, sedentas de vingança e inescrupulosas na mesma proporção de seus poderes intelectuais; e esses *falsos* Adeptos não são um, mas muitos.

O ciclo dos "Adeptos" usados como marretas para quebrar as cabeças teosóficas começou há doze anos atrás, com o "Louis" de Emma Hardinge Britten, em *Art Magic* (Magia Artística) e *Ghost Land* (Terra dos Espíritos), e termina agora com o "Adepto" e "au-

tor" de *The Light of Egypt* (A Luz do Egito), escrito por espíritas contra a Teosofia e/ seus ensinamentos. Mas é inútil lamentar o que 303
já está feito; podemos apenas sofrer, na esperança de que nossas indiscrições possam ter facilitado algo para as outras pessoas, ao encontrar o caminho para esses Mestres, cujos nomes são agora tomados em vão por toda parte, e sob os quais tantas iniquidades já foram perpetradas.

P: Vocês rejeitam "Louis" como um Adepto?

T: Não denunciamos ninguém, e deixamos essa nobre tarefa aos nossos inimigos. A autora espírita de *Art Magic* etc. pode ter como pode não ter conhecido um Adepto – e dizendo isso, digo muito menos do que aquela senhora tem dito e escrito sobre nós e sobre a Teosofia nos últimos anos –; isso é assunto dela. Apenas quando, em uma cena solene de visão mística, o suposto "Adepto" vê "espíritos" presumivelmente em Greenwich, Inglaterra, pelo telescópio de Lord Rosse, que foi construído e nunca transportado de Parsonstown, Irlanda,[1] posso me permitir maravilhar-me com a ignorância desse "Adepto" em matérias científicas. E isso vence todos os crassos erros e asneiras cometidos de tempos em tempos pelos *chelas* dos nossos Instrutores! E é desse "Adepto" que se servem agora para destruir os ensinamentos de nossos Mestres!

P: Compreendo muito bem os seus sentimentos em relação a esse assunto, e considero-os apenas naturais. E agora, em vista de tudo o que você disse e explicou, existe um assunto sobre o qual eu gostaria de fazer-lhe algumas perguntas.

T: Se eu puder respondê-las, eu o farei. O que é?/ 304

1 Veja *Ghost Land*, Parte 1, p. 133 *et seg.*

Conclusão

O futuro da Sociedade Teosófica

P: Diga-me: o que você espera para a Teosofia no futuro?

T: Se você está falando da TEOSOFIA, respondo que, assim como ela tem existido eternamente através dos infindáveis ciclos do passado, existirá sempre por toda a infinitude do futuro, porque Teosofia é sinônimo de Verdade Eterna.

P: Desculpe-me. Eu me referia às perspectivas da Sociedade Teosófica.

T: Seu futuro dependerá quase inteiramente do grau de altruísmo, seriedade, devoção, e por último, mas não menos importante, da soma de conhecimento e sabedoria que possuírem aqueles membros sobre os quais recairá a responsabilidade de continuar o trabalho e dirigir a Sociedade depois da morte dos fundadores.

P: Vejo perfeitamente a importância de sermos altruístas e dedicados, mas não consigo perceber como o seu conhecimento pode ser um fator tão vital nesta questão quanto as outras qualidades. Com certeza a literatura que já existe, e à qual adições constantes ainda estão sendo feitas, deveria ser suficiente?

T: Não me refiro ao conhecimento técnico da doutrina esotérica, embora seja de grande importância; referia-me à grande/ necessidade de julgamento claro e sem preconceitos que nossos sucessores na direção da Sociedade terão. Todas as tentativas como a da Sociedade Teosófica até agora terminaram em fracasso, porque, mais cedo ou mais tarde, degeneraram em seitas, estabeleceram dogmas próprios rígidos e fechados, e logo foram perdendo, pouco a pouco e imperceptivelmente, a vitalidade que apenas a verdade viva pode transmitir. Você deve se lembrar de que todos os nossos membros nasceram e foram criados em algum credo ou religião; que todos pertencem, mais ou menos, tanto física como mentalmente, à geração que pertencem, e consequentemente seu julgamento mais que provavelmente poderá ser deformado e inconscientemente determinado por algumas ou todas essas influências. Se, portanto, eles não puderem se livrar desses preconceitos inerentes, ou pelo menos, se não forem ensinados a reconhecê-los instantaneamente, e assim evitar serem desencaminhados por eles, o único resultado possível é a Sociedade ficar à deriva e ser arrastada para algum banco de areia mental, e permanecer ali como uma carcaça encalhada, para morrer e apodrecer.

P: E se esse perigo for evitado?

T: Daí a Sociedade continuará vivendo e alcançará o Século XX. Gradualmente ela fermentará e permeará a grande massa de pessoas pensantes e inteligentes com suas ideias amplas e nobres de religião, dever e filantropia. Vagarosa mas certamente ela despedaçará os grilhões de ferro dos credos e dos dogmas, dos preconceitos sociais e de castas; colocará abaixo as antipatias e barreiras raciais e nacionais, e abrirá o caminho para a realização prática da Fraternidade de todos os homens. Através dos seus ensinamentos, através da filosofia que tornou acessível e compreensível à mente moderna, o Ocidente aprenderá a compreender e apreciar o Oriente em seu
verdadeiro valor./ Mais que isso: o desenvolvimento de faculdades e 306
poderes psíquicos, cujos sintomas premonitórios já estão visíveis na América, prosseguirá saudável e normalmente. A espécie humana será salva dos terríveis perigos – mentais e físicos – que são inevitáveis quando aquele desenvolvimento tem lugar, como ameaça ter, em um viveiro de egoísmo e de todas as paixões maléficas. O crescimento mental e psíquico prosseguirá em harmonia com o seu

aperfeiçoamento moral, enquanto seu entorno material refletirá a paz e a boa vontade fraternal que reinará em sua mente, em vez da discórdia e luta que aparecem por toda parte, nos dias de hoje.

P: Uma perspectiva realmente encantadora! Mas diga-me, você de fato espera que tudo isso seja alcançado em apenas um século?

T: Dificilmente. Mas devo dizer-lhe que, durante o último quarto de cada século, aqueles "Mestres" dos quais falei têm feito uma tentativa de ajudar o progresso espiritual da humanidade de uma forma específica e definida. Perto do final de cada século você perceberá que ocorreu, invariavelmente, uma efusão e uma revolução espirituais – pode chamá-la misticismo, se preferir. Uma ou mais pessoas apareceram no mundo como seus agentes, e uma quantidade maior ou menor de conhecimento e ensinamento oculto foi fornecida. Se você se interessar, poderá investigar esses movimentos retroativamente, século a século, indo tão longe quanto permitam os nossos registros históricos detalhados.

P: Mas como isso se relaciona ao futuro da Sociedade Teosófica?

T: Se a presente tentativa – na forma de nossa Sociedade – for melhor sucedida do que as suas predecessoras, então ela estará existindo como um corpo organizado, vivo e saudável quando chegar o momento/ do esforço para o Século XX. A condição geral das men- 307
tes e dos corações dos homens terá sido aperfeiçoada e purificada pela difusão de seus ensinamentos e, como já mencionei antes, seus preconceitos e suas ilusões dogmáticas terão sido removidas, pelo menos até certo ponto. E não apenas isso; além de uma literatura extensa e acessível, pronta para as mãos dos homens, o próximo impulso encontrará um grupo numeroso e unido de pessoas prontas a receber o novo portador da tocha da Verdade. Ele encontrará as mentes dos homens preparadas para a sua mensagem; uma linguagem já pronta, com a qual vestirá as novas verdades que trouxer, e uma organização aguardando a sua chegada, a qual removerá do caminho as dificuldades e os obstáculos meramente mecânicos e

materiais. Imagine o quanto alguém poderia realizar, ao lhe ser oferecida tal oportunidade. Compare isso com o que a Sociedade Teosófica já conseguiu nos últimos catorze anos, sem nenhuma dessas vantagens e rodeada por uma grande quantidade de obstáculos, que não impediriam o novo líder. Considere tudo isso e então me diga se estou muito otimista quando afirmo que, se a Sociedade Teosófica sobreviver, e viver fiel à sua missão e aos seus impulsos originais pelos próximos cem anos – diga-me se estou indo longe demais ao afirmar que a Terra será um paraíso no Século XXI, em comparação com o que é agora!

Maiores informações sobre Teosofia e o caminho espiritual podem ser obtidas *online* ou escrevendo para a Sociedade Teosófica no Brasil no seguinte endereço: SGAS Quadra 603, Conj. E, s/nº, CEP 70.200-630 – Brasília (DF).

Telefone: (61) 3226-0662
E-mail: secretaria@sociedadeteosofica.org.br
Site: www.sociedadeteosofica.org.br

gráfika
papel&cores

(61) 985924886
comercial@grafikapapelecores.com.br